직분자반

세움북스는 기독교 가치관으로 교회와 성도를 건강하게 세우는 바른 책을 만들어 갑니다.

건강한 교회 세움 시리즈 ④

직분자반

초판 1쇄 발행 2020년 4월 30일
초판 3쇄 발행 2024년 9월 30일

지은이 ㅣ 안재경
펴낸이 ㅣ 강인구

펴낸곳 ㅣ 세움북스
등　록 ㅣ 제2014-000144호
주　소 ㅣ 서울특별시 종로구 대학로 19 한국기독교회관 1010호
전　화 ㅣ 02-3144-3500
팩　스 ㅣ 02-6008-5712
이메일 ㅣ cdgn@daum.net

교　정 ㅣ 이윤경
디자인 ㅣ 참디자인

ISBN 979-11-87025-63-4 (03230)

직분자반

성경과 역사에서 배우는 올바른 직분자의 모습

안재경 지음

세움북스

서문

　한국 교회의 대부분의 문제는 직분자의 문제이다. 직분을 계급처럼 생각하는 것이 가장 큰 문제인데 이런 생각에는 유교적인 사고방식이 자리잡고 있다. 직분을 서열화하는 것도 전형적인 유교적 사고방식이라고 볼 수 있다. 중세 로마교회도 직분을 서열화한 것을 보면 이것은 비단 동양적인 문화의 문제가 아니라 인류 보편적인 문제라는 것이 드러났지만 말이다. 솔직한 이야기로 우리는 직분에 대해 제대로 배워 본 적이 없다. 직분자가 되었지만 무엇을 어떻게 해야 할지 알지 못하기 때문에 세상에서 하는 방식대로 자신의 영향력을 끼치기 위해, 자신의 유익을 위해 일하는 경우가 많다. 자리다툼을 하는 경우도 많고 말이다. 가면 갈수록 개인주의가 팽배하고 모든 권위에 대한 불신이 지배하면서 직분에 대한 반발은 더 심해지고 있다. 극소수일지라도 직분자들의 비위와 전횡도 큰 몫을 하고 있다

　하나님은 직분을 통해 이 땅을 다스리신다. 직분을 통해 교회를 세우신다. 직분자가 직분사역을 제대로 감당할 때 교회가 그리스도의 몸으로 든

든히 서고, 성도들이 봉사를 하기에 온전하게 준비된다. 직분자가 없이는 교회와 성도가 온전할 수 없다. 그런데 직분자가 문제인데 왜 직분자를 그렇게 떠받드느냐고 할 것이다. 직분자를 떠받드는 것이 아니라 하나님의 다스림을 인정하는 것이다. 그렇기 때문에 더더욱 직분자의 책임이 막중하다. 직분을 사모하라고 말씀하고 있지만 직분을 되도록 피해야 할지도 모르겠다. 하지만 얼마나 영광스러운 직분인가? 하나님이 직접 하셔야 할 일을 직분자들에게 맡기셨으니 말이다.

이 책은 총 4부로 구성되어 있다. 1부는 총론격으로 직분이 권위의 문제라는 것, 그리고 직분과 하나님 나라, 교회, 예배와의 관계를 차례대로 살펴본다. 2부는 직분의 역사를 살펴본다. 구약시대로까지 직분을 거슬러 올라가서 살펴보고, 그 모든 직분을 그리스도께서 집약하셨다는 것, 그리고 이후에 신약교회 역사를 통해 직분에 대한 이해가 어떻게 변천해왔는지 살펴본다. 3부는 각 직분의 직무를 구체적으로 살펴본다. 항존직인 목사, 장로, 집사를 먼저 다루고 기타 임시직분들도 살펴본다. 마지막 4부는 직분자를 세우는 구체적인 과정을 다룬다. 공동의회를 통한 선출을 포함하여 직원을 세우는 절차, 그리고 피택자를 교육하고 고시를 치르는 것, 마지막으로는 임직과 임기에 관해 살펴본다.

어떤 조직이든지 결국에는 사람 문제라는 말이 있기도 하고, 인사가 만사라는 말도 있듯이 어떤 직분자를 세우느냐가 교회가 서고 넘어지는 것을 결정한다. 직분자는 하나님을 보여 주는 사람이다. 그리스도께서 하나님의 형상이신데, 직분자는 하나님의 회복된 형상의 첫 번째 주자로 부름받았다. 신자들은, 심지어 세상 사람들은 교회의 직분자를 통해 하나님을 볼 수 있다. 성부의 다스림을 눈으로 볼 수 있고, 그리스도의 말씀을 귀로 들을 수 있고, 성령의 긍휼 베푸심을 온몸으로 느낄 수 있다.

모쪼록 이 작은 『직분자반』이 교회에서 직분자를 제대로 세우는 일에 일조하기를 바란다. 직분자를 세우기 위해서는 직분자 교육이 필수적인데, 각 장마다 그 장의 내용을 정리하고 토론할 문제를 실어서 이 책의 제목처럼 '직분자반 교재'로 구성하였다.

2020년 4월

한강이 내려다보이는 남양주 서재에서

목차

1부
직분의
의의

하나님, 우리는 주님이 그들에게 주신 영광과 명예를 인정합니다. 주님은 주님의 장엄하고 표현할 수 없는 권능을 통하여 그들에게 주권을 주셨기에 우리는 그들에게 복종합니다. 주님, 그들이 정부를 흠 없이 다스릴 수 있도록 건강, 평화, 조화, 그리고 안정을 허락하여 주옵소서. 하늘에 계신 주인이시요 만세의 왕이시여, 주님은 사람의 아들들에게 영광과 명예와 권위를 주셨나이다. 주여, 주님의 선하고 기쁘신 뜻에 따라 그들의 계획을 인도하여 주옵소서. 그들이 주님이 주신 권위를 평화와 온유함 속에서 헌신적으로 집행함으로 우리가 주님의 자비를 경험하게 하옵소서. 우리는 이러한 것들과 더 위대한 선한 일들을 홀로 하실 수 있는 주님을 찬양합니다. 우리 영혼의 대제사장이며 안내자이신 예수 그리스도를 통하여 주님께 이제와 모든 세대와 영원히 영광과 권능이 있으리로다. 아멘. _ 클레멘트 1세(알렉산드리아 교부)

우리는 교회권위로부터 우리 자신을 떼어놓지 않는다. 교회 안에는 교회의 선을 위한 것 이외의 어떤 다른 권위도, 권능도 없다. 그리스도의 봉사자들이 누구든지 간에, 그들이 가진 타이틀이 무엇이든지 간에, 우리는 기꺼이 그들을 경청한다. 우리가 그리스도의 양들이 되고자 한다면, 우리는 낯선 사람의 음성으로부터 도망쳐야 한다(요 10:5). 비록 그들이 하늘로부터 온 천사들일지라도(갈 1:8), 우리는 다른 복음을 가지고 오는 자들이 정죄되었다는 것을 알아야 한다. 우상숭배자들, 교회를 탈취하는 자들, 전 삶이 가장 무시무시한 악습들에 감염되어 있으면서도 교회의 형제들과 지체들이 되기를 요구하는 자들과 조금도 관계하지 말고 그들을 완전히 거부해야 한다. 교황, 추기경들, 감독들처럼 이런 사람들이 자신들을 위해 교회 안에 있는 더 큰 권위를 요구할 때, 우리는 이것을 더욱 심각하게 예의주시해야 한다. _ 마틴 부써(스트라스부르크의 개혁자)

직분과 권위

권위가 사라진 사회

현대 사회의 가장 큰 문제 중에 하나는 권위 자체를 인정하지 않으려는 것에 있다. 민주주의가 권위를 인정하지 않는 데에 결정적인 기여를 했다고 보아야 할까? 민주주의는 프랑스 혁명의 기치인 자유, 평등, 박애를 충실히 따르고 있다. 민주주의는 사람의 인권이 무엇보다 중요하다고 생각하기에 자연스럽게 신분을 철폐하고 모든 억압을 거부하기 시작했다. 어느 누가 이것을 옳지 않다고 하겠는가? 권위주의에 물들어 있는 사람들은 여전히 반대하겠지만 말이다. 우리는 민주주의 사회에 살고 있기 때문에 모든 권위주의로부터 결별해야 한다고 생각하고 있다. 맞는 말이다. 권위주의는 시대착오적이다. 하지만 권위주의를 거부하는 것과 권위를 인정하지 않는 것은 다른 문제이다. 현대인들의 문제는 "목욕물을 버리려다가 아이까지 함께 내버린다"는 말처럼 권위주의에 대한 반발을 넘어 모든 권위 자체를 부정하는 자리에까지 가게 되었다. 지나치게 나간 것이다.

'민주주의 사회에서는 권위가 필요 없다'는 말은 뭔가 크게 착각하고 있는 것이다. 민주주의 사회라고 하더라도 권위를 인정하지 않을 수 없다. 권위에 대한 인정이 없는 곳에서는 어떤 제도도 설 수 없다. 아무리 평등사회를 강조하고, 심지어는 국가체제 자체를 거부하는 아나키즘(anarchism, 무정부주의)이 활동한다고 하더라도 최소한의 질서를 가정하기 때문이다. 모든 질서, 즉 모든 조직과 권위를 부정하는 것은 우리 사회를 더 큰 혼란으로 몰아갈 수밖에 없다. '아무리 악한 정부라도 무정부보다는 낫다'는 말은 민중을 호도하기 위해 내세우는 구호가 아니라 타락한 현실에 대한 분명한 이해에서 기인하는 말이다.

우리 사회의 권위가 어떻게 형성되어 왔는지를 살펴보자. 근대사회 이전에는 소위 말하는 '타고난 신분'이 모든 권위의 원천이었다. 역사는 신분을 타파하는 쪽으로 방향을 잡았다고 할 것이다. 아직도 귀족계급이 존재하고 왕정이 존재하는 나라들이 있기는 하지만 말이다. 계급이 존재하는 나라들이 소위 말하는 후진국이 아니라 선진국 반열에 서 있는 경우가 많다는 것을 생각해 보면 계급사회가 무조건 나쁜 것만은 아니라는 것을 알 수 있다. 그러나 사람의 타고난 신분 자체가 권위로 작용하는 사회는 바람직하지 못하다. 우리나라도 예전에는 사농공상이라고 해서 엄격하게 서열화된 사회였지 않은가? 사농공상 아래에 노예가 있었는데 그중에 하나가 백정이지 않았는가?

지금도 계속되는 신분사회의 대표적인 예가 인도의 카스트 제도이다. 카스트 제도에는 불가촉천민(不可觸賤民)이 있는데 접촉해서는 안 되는 사람들이라는 뜻이다. 얼마나 모욕적인 표현인가? 문제는 왜 신분의 차별을 말하고 승인하는가 하는 것이다. 특정종교는 신이 계급을 정해 놓고 그 계급대로 사람을 이 땅에 보낸다고 주장한다. 태어날 때부터 계급이 정해져 있다는 말이다. 예정론을 믿는 우리도 이런 생각에 빠지기 쉽지 않겠는가? 즉, 종교가 신분차별을 강화하기 쉽다는 것이다. 신이 처음부터 모든 사람의 신분을 정해 놓고 이 세상에 보냈다면 신분을 철폐하겠다는 것은 신의 뜻을 거스르는 죄악일 수밖에 없다.

근대 이후에는 신분과 계급이 타파되고 개인주의가 판을 치면서 상황이 완전히 바뀌었다. 신분의 자리를 차지한 것은 개인의 능력이다. 이제는 개인의 '후천적인 능력'이 모든 권위의 원천으로 자리 잡았다. 자신의 능력을 입증하기만 하면 그 사람에게 권위가 주어진다. 아이러니하게도 '개천에서 용 난다'는 표현은 양반과 천민으로 나뉘었던 계급사회에서 개인의 능력발휘를 인정한 혁명적인 발언이었던 셈이다. 현대 자본주의 사회는 개천에서 용 나는 것을 원천적으로 차단하고 있기는 하지만 말이다. 한국 사람들이 아직도 족보를 들먹이는 경우를 볼 수 있지만 개인의 능력이 모든 권위를 차지하려는 것을 볼 수 있다. 개인의 후천적인 능력이 선천적인 계급의 역할을 떠맡기 시작했다.

제5계명과 직분

모든 권위의 원천으로 자리 잡은 신분이 한순간에 능력으로 옮겨가 버렸다. 권위의 원천이 선천적인 것에서 후천적인 것으로 옮겨 갔다. 권위의 행사가 집단에서 개인에게로 옮겨갔다. 선천적인 신분에서 후천적인 능력으로 그 권위의 주체가 바뀌었지만 사실 모든 권위의 원천은 '직분'(Office)에 있다고 해야 할 것이다. 직분의 사전적인 의미는 '직무상의 본분', '마땅히

해야 할 본분'이다. 한글사전이 '직분'을 '본분'이라고 해설한 것이 재미있다. 직무상 마땅히 해야 할 일이라고 보고 있으니 말이다. 그러나 이런 해설은 하나님이 세우신 직분의 의미를 제대로 드러내지 못하고 있다. 하나님은 세상의 모든 영역에 직분을 주시고, 그 직분을 수행할 직분자를 세워서 세상을 다스리신다. 직분은 하나님의 세상 통치수단인 것이다. 직분이 아니고는 어느 누구도 다스릴 권리가 없다.

십계명의 제5계명은 우리가 잘 알고 있듯이 부모공경 계명이다. 부모에게 효를 다하면 하나님께서 복 주신다는 식으로 해석하는 것은 이 계명을 피상적으로만 파악한 것이다. 우리가 알고 있듯이 부모공경계명은 하나님과의 바른 관계를 요구한 1-4계명과 이후의 사람과의 바른 관계를 진술한 나머지 계명들 사이에 다리를 놓고 있다. 부모공경이 하나님공경과 이웃사랑을 이어주고 있다. 부모를 공경하라는 것은 부모가 하나님을 대신하여 자녀들에게 나타나는 자리라는 것을 보여 주기도 한다. 즉, 부모는 직분자이다. 웨스트민스터 대교리문답은 이 5계명이 직분자에 대한 우리의 태도를 보여 준다고 해설하고 있다. 대교리문답은 "제5계명이 말하는 부모는 누구를 의미합니까?"라는 질문을 한다. 참으로 어리석은 질문이지 않은가? 하지만 이런 질문은 의도적인 것이다. 답에서 다음과 같이 말한다.

"제5계명이 말하는 부모는 육신의 부모뿐 아니라 연령과 은사에 있어서 모든 윗사람들과, 특히 가정과 교회와 국가에 하나님께서 우리 위에 세우신 권위의 자리에 있는 자들을 의미합니다."

하나님은 사회의 각 영역에 권위자들을 세우신다. 가정에서는 그 권위자들이 부모고, 교회에서는 목사와 장로이다. 국가에서는 대통령, 혹은 왕이다. 대교리문답은 윗사람들 전체를 직분자로 포섭하려는 경향마저 보인다. 이런 입장은 동양의 유교적인 사고방식, 즉 '군사부일체'(君師父一體)와 유사하다고 할 수 있다. 소위 말하는 삼강오륜(三綱五倫) 말이다. 그런데 삼강, 즉 군위신강(君爲臣綱), 부위자강(父爲子綱), 부위부강(夫爲婦綱)은 가부장적 논리 외에 다름이 아니다. 군주가 신하를 다스리고, 아비가 자식을 다스리고, 남편이 아내를 다스려야 한다는 해석 말이다. 이런 유교의 윤리가 권위를 권위주의로 변질시켰다는 혐의가 짙다. 그럼에도 우리는 하나님께서 처음부터 모든 영역에 직분자를 세워서 그들을 통해 우리를 다스리신다는 것을 깊이 받아들여야 한다. 이것은 민주주의 사회에서도 예외가 아니다. 모든 사람은 법 앞에 평등하다는 것과 하나님께서 권위자를 세워서 우리를 다스리신다는 것은 모순되는 것이 아니다.

자녀는 부모를 자신의 육체를 존재하게 한 생명의 근원으로서만이 아니라 하나님께서 세우신 직분자로서 받아야 한다. 자식은 부모가 늙어 자신보다 힘이 없고, 자신보다 아는 것이 모자라고, 자신에게 물질을 공급하지 못한다고 해서 무시해서는 안 된다. 하나님께서 그분들의 모습이 어떠하든지 우리 위에 직분자로 세워 주셨기 때문이다. 교인이 교회의 직분자에 대해서 취해야 할 태도도 마찬가지이다. 국민이 대통령에 대해서 취해야 할 태도도 다르지 않다. 대통령이 그 직을 잘 감당하지 못하면 사람들이 대통령을 욕하는 것이 다반사이다. 요즘은 전 국민이 심심풀이 땅콩으로 대통령을 욕하지 않는가? 심지어는 대통령이라는 직 자체가 필요 없다는 주장을 하기도 한다. 아무리 대통령의 직무수행이 마음에 들지 않더라도 우리는 하나님께서 직분자를 세워서 우리를 다스리신다는 것을 명심해야 한다. 직분자를 대항하고 조롱하는 것은 하나님의 백성으로서의 태도가 아니다. 그것은 하나님을 대적하는 것과 다르지 않다.

하나님께서 각 영역을 다스리는 이들을 세우셨기에 모든 직분적 봉사는 그 권한이 무제한적이 아니다. 모든 직분은 독특한 직무가 있고, 그 직무는 한계가 있다. 여기서 소위 말하는 '정교분리'원칙이 나왔다고 볼 수 있다. 그리고 네덜란드의 신칼빈주의자 아브라함 카이퍼(Abraham Kuyper) 박사의 '영역주권'원리도 바로 여기에서 나왔다고 볼 수 있다. 직분자는 자신이 세움 받은 그 영역에서 권위를 행사한다. 그는 다른 영역에 세워주신 직분자와 협력해야 한다. 예를 들어, 교회는 영적인 칼을 가지고 있고, 세상정부는 물리적인 칼을 가지고 있다. 이 두 개의 칼이 합력하여 잘 사용될 때 질서 있고 정의로운 사회가 될 수 있다. 교회는 세상정부처럼 인신을 구속하는 물리력을 사용할 수 없다. 세상정부는 교회처럼 사람의 양심조차도 검열하려고 해서는 안 된다. 교회는 당회를 통해 교인들의 삶을 돌아보아야 하고, 정부는 법률을 통해 국민의 삶을 이끈다. 어떤 직분도 모든 영역을 다 지배하는 절대적인 권위를 주장할 수 없다. 교회직분자도 그 권위 주장에 한계가 있다. 이 한계를 인정하지 않는 것이 이단(異端)의 행태이기도 하다.

직분과 인격

직분은 공허한 것이 아니라 구체적인 일과 관련이 있다. 그것을 '직무'라고 부른다. 모든 직분은 구체적인 일을 위해 주어진 것이다. 직분을 직무라는 관점에서 보면 '무임'(無任) 직분자가 있을 수 없다. 교회에서 무임집사, 무임권사 등을 세우는 것 말이다. 우리는 유교문화의 영향 때문에 직무를 수행할 능력이 없는 나이든 사람들에게 직분을 주는 경우가 왕왕 있지 않은가? 타 교회 직분자가 이명해 왔다면 3년을 기다렸다가 교회가 필요시 시무를 위한 투표를 할 수 있다. 이럴 경우에는 시무하기 전까지 그 직분자를 무임이라고 부를 수 있다. 하지만 본 교회 회원 중에 직분자로 두기가 힘든 사람들에게 무임집사, 무임권사라는 타이틀을 주는 것은 합당하지 않다. 그것은 명예직에 불과하다. 교회에서 명예를 위해 직분을 주는 것은 바람직하지 않다. 모든 직분은 그 직분이 요구하는 구체적인 일, 즉 직무를 수행하라고 세우는 것이다.

직무에 합당한 권위를 부여하는데 그것이 '직위'이다. 직위는 직분에 주어져 있는 권위를 가리킨다. 사회에서의 직위를 생각해 보라. 대리, 과장, 부장이라는 직위 말이다. 직무를 수행하기에 걸맞은 영예를 부여하는 것이 직위이다. 직무와 직위는 서로 연결되어 있다. 직무를 수행하도록 직위를 부여한다. 이것을 거꾸로 뒤집을 수도 있다. 직위에 걸맞은 직무를 수행해야 한다. 그래야 그 직위가 존경을 받을 수 있다. 직위가 높을수록 요구되는 직무가 더 중해진다고 말할 수 있다. 그런데 직위가 높다고 해서 직무가 무조건 많아지는 것은 아니다. 종종 직위가 높은 사람이 놀고먹는 사람처럼 보이기도 한다. 하는 일이 크게 없어 보이기 때문이다. 직위가 높은 사람은 사소한 일을 많이 하는 것이 아니라 회사의 방향성을 정하고, 중요한 결정을 한다. 그것이 사소한 일을 많이 하는 것보다 훨씬 중요하다고 말할 수 있다. 이제 직위를 가지고 직무를 수행하는 직분자 자신을 살펴보자. 결국은 사람이 일하기 때문이다. 직분자 자신 말이다. '인사가 만사(萬事)'라는 말은 우연히 나온 것이 아니다. 일보다 중요한 것이 사람이다. 우리는 우선 직분과 직분자를 구분할 필요가 있다. 사실, 직분에 온전하게 부합하는 직분자는 한 사람도 없다고 할 수 있다. 하나님은 부족한 사람을 직분자로 세워서 직분사역을 감당하게 하신다. 하나님은 직접 나타나 말씀하거나 행하시지 않고 직분자들을 세워서 일하신다. 이것을 간접적인 방식이라고 말할지 모르겠다. 그래서 직접적으로 하나님과 소통하고 하나님의 다스림을 받고자 하는 직통계시를 주장하는 사람들이 생긴다. 종교개혁 시대에도 재세례파와 신령주의자들이 하나님의 이런 직접적인 통치, 성령의 감동을 통한 직접적인 계시를 주장했다. 그들은 하나님께서 주신 성경 말씀조차도 상대화시켰다.

현대 교회는 권위를 어디에 둘 것이냐를 가지고 우왕좌왕하고 있다. 한쪽 끝에는 성직자가 구원을 관장하는 성직주의가 있다. 성직자단이 구원의 중재자가 되어 있다. 다른 쪽 끝에는 성직주의에 대한 반동으로 개인들의 은사가 지배하는 은사주의가 자리 잡고 있다. 여기서는 은사자들이 성도들의 신앙생활을 지배하고 있다. 현대 교회의 시계추는 성직주의와 은사주의 사이에서 왔다 갔다 하고 있다. 직분에 대한 바른 이해를 가지면 이 양 극단, 경직된 성직주의와 무분별한 은사주의를 구원(?)할 수 있을 것이다. 직분은 모든 권위의 근거이며, 모든 다스림의 구체화이다. 우리는 직분을 통해 하나님께서 교회를 친히 다스리시는 것을 경험할 수 있을 것이다. 직분이 우리를 구원할 것이다.

직분에 대한 존경

현대인들은 모든 권위에 저항해야 한다는 생각을 은연중에 하고 있다. 참으로 인본주의적인 사고방식이라 하지 않을 수 없다. 다스림 자체를 부정하는 것이 아니라 권위자들이 제대로 다스리지 못한 것에 대한 반발일 것이다. 사실 우리는 직분과 관련된 제반 사항에 대해 주목하지 않는다. 직분자, 직무, 직무수행 등에 대해 깊이 고민하지 않는다. 우리는 모든 권위의 원천이 직분을 수행하는 직분자 자신의 인격에 달렸다고 생각한다. 아니면 그의 직분수행능력에 달렸다고 생각한다. 공적인 직무수행에 사적인 도덕성을 어느 정도로 개입시킬 수 있을까? 공인(公人)에게 요구되는 도덕적인 잣대가 점점 엄격해지고 있는 것이 사실이다. 심지어는 연예인들을 공인이라고 생각하기도 한다. 그들의 인기와 그들이 미치는 영향력이 크기에 공인이라고 여기는지 모르겠는데 이것은 과도한 생각이다. 한편, 그들의 은밀한 부분을 들여다 보고 싶은 욕구 때문에 이런 주장을 한다.

직분자의 인격이 혹 부족할 수 있다. 심지어 직분자가 직무를 제대로 수행하지 못할 수도 있다. 이때 우리는 그 직분자에 대해 어떤 태도를 취해야 할까? 우리는 그 직분자를 무시할 것이 아니라 존경의 마음을 잃지 않은 채 그 부족함을 위해 기도해야 할 것이다. 이런 태도는 기존질서를 무조건 승인하는 것과는 다르다. 하이델베르크 교리문답 104문은 제5계명을 해설하면서 이 사실을 분명하게 지적하고 있다.

"나의 부모님, 그리고 내 위에 있는 모든 권위에 모든 공경과 사랑과 신

실함을 나타내고, 그들의 모든 좋은 가르침과 징계에 대해 합당한 순종
을 하며, 또한 그들의 약점과 부족에 대해서는 인내해야 합니다. 왜냐하
면 그들의 손을 통해 우리를 다스리시는 것이 하나님의 뜻이기 때문입
니다."

우리는 부모를 포함한 모든 직분자들의 약점과 부족에 대해 인내해야 한
다는 고백에 주목해야 하겠다. 우리가 직분자에게 완벽함을 요구하는 것은
바람직하지 않다. 더 나아가 그들의 약점과 부족 때문에 그 직분 자체의 무
용론에 사로잡히는 것은 더 심각한 문제이다.

제네바의 종교개혁자 존 칼빈(John Calvin)은 그의 「기독교강요」(4권 제3장
1절)에서 하나님께서 사람을 도구로 사용하시는 목적들 몇 가지를 밝히고
있다. 그중에서 흥미로운 것이 우리로 하여금 겸손을 실천하고 훈련하는
가장 유용한 방법이라고 말하는 것이다. 하나님이 직접 나타나 말씀하신다
면 까무러치겠지만 비천한 사람이 말한다면 우리는 심드렁할 것이다. 그러
니 이름 없는 연약한 사람이 하나님의 말씀을 전할 때 그 말씀을 듣는 것이
야말로 순종한다는 표시이다. 그들이 우리보다 하나도 나은 것이 없는데도
우리가 그 가르침을 순전하게 받는다면 이것이야말로 우리가 하나님께 순
종하고 있음이 드러나는 것이다. 사실 우리는 은혜받을 준비가 되어 있다.
말씀을 선포하는 사람이 큰 명성을 가지고 있다면 말이다. 그 사람이 어떤
말을 하든지 은혜받을 준비가 되어 있다. 은혜는 명성에 달렸다고 해야 할
까? 아니다. 하나님은 연약하고 부족한 직분자를 세워서 일하신다. 하나님
께서 세우신 직분자에게 순종하는 것이 그를 세우신 하나님께 순종하는 것

이다. 하나님께서 세우신 직분자에게 순종하지 않으면서 하나님께 순종한다고 떠벌리고 다니는 것은 자신을 속이는 것이다.

양심의 자유와 저항권

우리는 양심의 자유를 정당하게 주장할 수 있다. 예를 들어 일제 강점기에 한국장로교회가 신사참배를 가결했는데 신사참배는 십계명의 제1계명을 위반하는 것이 아니라 국가의례에 불과하다고 주장했다. 이에 몇몇 양심적인 기독교인들은 그 신사참배가 계명을 정면으로 위반한 것이라고 보았다. 하나님 외에 다른 신을 섬기지 말라고 한 계명을 정면으로 위반하는 것이라고 보았다. 그들은 양심의 자유를 주장하면서 신사참배에 동참하지 않겠다고 했다. 권위에 불순종한 것이다.

"자녀들아 주 안에서 너희 부모에게 순종하라. 이것이 옳으니라"(엡 6:1). 우리가 너무나 잘 아는 말씀이다. 자녀들은 부모에게 순종해야 한다. 그런데 무조건 순종해야 하는 것이 아니라 '주 안에서' 순종하라고 하셨다. 그리스도의 말씀이 기준이요, 하나님의 다스림이 기준이다. 어떤 경우에는 부모에게 불순종할 수 있다는 뜻이다. 직분자의 약점과 부족 정도가 아니라 그들이 명백하게 큰 실수를 하고, 심지어 죄악을 저지른 경우에는 어떻게 해야 할까? 아무리 큰 잘못이 있어도 목사는 하나님께서 처리하실 것이니 교인은 아무런 말도 해서는 안 되는가? 목사의 잘못을 지적하면 하나님이 저주하실까? 흔히들 구약성경 사무엘상 1장에 등장하는 제사장 엘리 이야기를 한다. 엘리는 자기 아들들을 단속하지도 못했고 영적으로 무지했음에도 불구하고, 한나도 그랬고 그의 아들인 사무엘도 그를 책망하지 않았다는 것이다. 하나님의 심판에 맡겨 두었다는 것이다. 그런데 직분자들에게 불순종할 수밖에 없을 때가 있다. 그들이 하나님의 말씀을 위반할 때 말이다. 하나님의 말씀에 반하는 것을 요구할 때 말이다.

양심의 자유가 무엇보다 중요하지만 신자라도 그 양심의 자유를 얼마든지 악용할 수 있다. 권위에 불순종하기 위해 양심의 자유를 들먹이는 경우 말이다. 교회 정치 원리 중에 첫 번째가 '양심의 자유'이기도 한데 이 양심의 자유는 하나님의 뜻에 자신을 묶어 두어야 한다는 뜻이다. 신자는 하나님의 뜻 외에는 그 어떤 것에도 매이지 않는다. 이것을 구체화시켜 보자면 신자는 성경 외에는 그 어떤 것에도 얽매일 필요가 없다고 말할 수 있다. 신자는 오직 성경에 매이기 때문에 동시에 직분자들의 직분수행에 매인다. 직분의 권위를 거부하는 것은 하나님의 명령을 거부하는 것이기 때문에 양심의 자유에도 위배된다.

장로교 정치 원리 중에 '저항권'이라는 것이 있다. 과거 잉글랜드의 경우를 생각해 보면 청교도들은 교회의 우두머리라고 자처했던 왕(이것을 수장권首長權이라고 부른다)을 향해 대항했다. 직분에 대한 저항은 개인의 권리로부터 나오는 것이 아니다. 개인들이 모여서 폭력을 사용하여 직분에 대항하는 것은 바람직하지 않다. 직분에 대한 저항은 또 다른 직분이 저항권을 발휘할 때 합법적이 된다. 직분끼리 투쟁하고, 견제해야 한다는 말이 아니다. 직분은 공적인 것이기에 직분의 타락은 다른 공적인 직분을 통해 대항해야 한다는 뜻이다. 국회와 헌법재판소를 통한 대통령탄핵의 과정을 생각해보면 될 것이다. 교회법정(치리회)에서도 이런 절차가 있다.

교회가 정부에 대해 저항할 수 있을까? 교회가 자신들의 요구를 관철하기 위해서 특정사안에 대해 성명서를 발표할 수 있을까? 개별 교회가 아니라면 교단적으로, 그리고 기독교의 이름으로 성명서를 낼 수 있을까? 웨스트민스터 신앙고백서 제31장 '대회와 공회의'에서는 이 문제에 대해 다음과 같이 고백한다.

"대회와 공회의는 교회적 사안만을 다루어야 한다. 비상시국에 겸허한 청원이나 국가 공직자의 요청을 받아 양심상 행하는 조언 외에는 국가와 연관된 시민적 사안에 개입하지 말아야 한다."

교회 회의는 교회적 사안을 잘 다루고 교인들을 잘 가르쳐서 그들이 이 땅에서 하나님의 백성으로 살아갈 수 있도록 도와야 한다. 교회는 교인들이 시민적 사안에 적극적으로 개입하고 발언할 수 있도록 바른 원리와 방향을 제시해야 한다. 직원이 제대로 일했는지는 교인들이 세상에서 어떻게 살아가는지를 보면 알 수 있다. 교인들의 삶이 직분수행을 검증하는 시험지이다. 교회와 직분자가 얼마나 신중하게 직분을 수행해야 할 것인가?

내용 요약

1 우리는 권위를 무시하는 시대를 살고 있다. 권위를 제대로 세우는 것이 무엇보다 중요하다. 권위의 원천은 '타고난 신분'에 있는 것도, '후천적인 능력'에 있는 것도 아니다. 모든 권위의 원천은 하나님께서 세우신 직분에 있다. 하나님은 교회만이 아니라 사회의 각 영역에 직분자를 세워서 그 영역을 직접적으로 통치하신다.

2 직분은 구체적인 직무를 위해 세운다. 일이 없는 직분은 없다. 직무가 있다면 그 직무에 합당한 권위를 부여하는데, 그것이 직위이다. 이제 그 직위에서 그 직무를 수행하는 사람 자신을 생각해야 한다. 결국에는 사람이 일하기 때문에 그 직무와 직위에 걸맞은 사람을 세워야 한다. '인사가 만사'라는 말은 맞는 말이다.

3 직분자가 그 직무에 걸맞은 일을 하지 못하고, 자신이나 특정한 세력의 유익을 위해 일할 때 그의 통치를 받는 이들이 어떻게 해야 할까? 다스림을 받는 이들은 직분자의 부족함을 담당하고 순종해야 한다. 제5계명이 바로 이것을 잘 보여 주는 계명이다. 이 계명은 모든 권위자들에게 순종하고, 그들의 부족함까지 받아야 한다는 것을 보여 준다.

4 직분자가 하나님의 말씀을 정면으로 대적할 때에 불순종해야 한다. 적법한 절차를 밟아서 직무수행의 잘못에 대해 항의할 수 있다. 물론, 교회는 혁명을 승인하지 않는다. 직분자의 잘못에 대해 또 다른 직분자가 절차를 밟아서 잘못과 죄악을 처리할 수 있다. 하나님이 직분자를 세우셨기 때문에 사람이 절대로 손댈 수 없다는 말은 잘못된 말이다.

토론할 문제

1. 역사를 통해 권위의 원천(타고난 신분, 후천적인 능력 등)이 어떻게 바뀌어 왔는지 말해 봅시다.

2. 하나님께서 각 영역(가정, 교회, 학교, 기업, 국가 등)에 직분을 세워서 통치 하신다는 것을 말해 봅시다.

3. 직분의 구성요소라고 할 수 있는 직무, 직위, 직원을 구분하여 말해 봅시 다.

4. 직분자의 부족함이 드러났을 때 어떻게 반응하는 것이 좋을지, 제5계명에 대한 하이델베르크 교리문답의 해설을 통해 살펴봅시다.

5. 직분자에 대해 불순종하고 저항할 수 있나요? 개인적으로나 무리를 이루 어서 직분자에게 대항하는 것이 아니라 다른 직분자를 통해 그 직분자의 타락을 바로잡을 수 있다는 것을 나누어 봅시다.

여러분들이 실제 행하고 있듯이, 감독의 마음과 조화를 이루어 행동하는 것이 옳습니다. 그 이름에 합당하고 하나님에게 유용한 장로와 감독에 대한 관계는 가야금 줄과 가야금의 관계와 같습니다. 여러분들의 일치하는 마음과 조화로운 사랑을 통해 그리스도께서 찬양을 받습니다. 여러분이 선을 행한다면 하나님은 여러분을 들으시고, 여러분이 그분의 아들이라는 것을 인정하실 것입니다. 여러분 모두는 하나님으로부터 가락을 취하여 예수 그리스도를 통하여 한 목소리로 일제히 노래하십시오. 이것이 여러분이 참여해야 할 찬양입니다. 여러분이 하나님 안에서 한몫을 차지하려면 언제나 완전한 통일을 이루어야 합니다. _ 이그나티우스(안디옥의 감독)

 복음서는 그리스도의 왕국이 외적인 나라가 아니라 영적인 나라라고 분명히 시사해 준다. 그리스도께서는 하늘에 오르셨고, 하나님의 우편에 앉으셔서 우리를 위하여 기도하신다. 그분이 모든 신실한 신자들을 아버지께 화목시키시고, 성령의 위로와 힘을 주신다. 여기 이 땅에 있는 교회에서 그리스도를 부른 이는 모두가 성화되었고, 하나님을 아는 지식에서 점점 더 밝아진다. 그리스도는 교회를 보호하시고, 마지막 심판의 날에 영생과 영광을 위해 일으키실 것이다. 다음의 간단하지만 위로에 찬 문장에 묘사되어 있듯이 말이다. 그 누구도 내 양을 내 손에서 빼앗을 자가 없느니라(요 10:28). 선포하는 사도적 직분은 그리스도의 이 말할 수 없는 보화를 얻기 위해 세워졌다. 하나님께서는 이 직분을 통해서 모든 사람을 하나님과 그리스도를 아는 지식에로 부르신다. 또한 복음의 말씀을 통하여 주님의 성령을 주신다. _ 필립 멜란히톤(독일의 개혁자)

2

직분과 하나님 나라

'하나님의 선택'으로서의 직분

하나님은 주권자이시다. 하나님께서 홀로 모든 것을 창조하셨다. 하나님과 겨룰 수 있는 존재가 없다. 하나님은 자신의 주권을 다른 신들과 나누지 않으신다. 솔로몬은 성전을 건축하고는 하나님께서 그 성전에 거하시기를 간구하면서 먼저 고백하였다. 하나님은 캄캄한 데 계시는 분이라고 말이다(왕상 8:12 참고). 하나님은 빛 가운데 계실 뿐만 아니라 어둠 가운데도 계신다. 하나님은 빛만이 아니라 어둠도 지으셨다. 하나님께서 캄캄한 데 계신다는 것은 사람이 하나님을 다 파악할 수 없다는 고백이기도 하다. 하나님은 우리의 이성으로 파악할 수 있는 분이 아니라 우리가 경배해야 할 분이다.

또한 솔로몬은 하늘과 하늘들의 하늘이라도 하나님을 감당할 수 없는데 어떻게 이 초라한(?) 성전이 하나님을 감당할 수 있겠냐고 말했다. 속으로는 '그래도 이 건물이 대단하지 않냐'고 우쭐대면서 겉으로만 겸손한 체 한 말이 아니다. 솔로몬이 지은 성전은 진짜로 보잘것없었다. 온 우주를 초월하시는 하나님이 머무실 곳이니 말이다. 솔로몬은 하나님의 위대하심과 성전의 초라함을 분명하게 알았다.

하나님은 주권자이시기에 홀로 행하신다. 굳이 사람을 통할 필요도 없으시다. 하나님은 자유롭게 행하시는 분이다. 하나님이 외로워서 우주 만물을 만드시고, 사람을 만드셔서 외로움을 달래시는 것이 아니다. 하나님 안에 거룩한 사회가 이루어져 있는데 무슨 외로움이 있으시겠는가? 삼위하나님께서 서로 논의하실 수 있는데 무엇이 부족하여 인생과 논의하여 결정하셔야 하겠는가? 우주 만물은 하나님의 다스리심 아래 있다. 사람도 마찬가지이다. 그런데 하나님은 사람을 하나님의 형상대로 지으사 만물을 다스리게 하셨다. 사람의 다스림은 독자적인 것이 아니다. 사람의 다스림은 하나님의 다스림을 대행하는 차원이지 하나님과 경쟁하거나 하나님을 배제하고 다스리는 것이 아니다. 하나님은 그 어떤 것에도 얽매이지 않고 자유롭게 행하시는 분이지만 하나님의 다스림을 대행하는 자를 세우신다.

직분은 성부 하나님의 선택을 보여 준다. 성부 하나님의 선택이야말로 직분의 기원이다. 창세전에 아들을 이 땅에 보내기로 선택하셨고 말이다. 하나님의 그 역사적인 선택을 보여 주는 대표적인 사례가 야곱의 선택이다. 에서와 야곱은 쌍둥이였다. 에서가 형인데, 하나님은 왜 에서가 아닌 야곱을 선택하셨는가? 이유가 없다. 하나님 마음이란다. 하나님께서 그 기쁘신 뜻대로 선택하셨다고 한다. 우리는 종종 이것에 대해 반발한다. 사람들은 하나님의 이 선택을 오해할 뿐만 아니라 욕한다. 사람들은 이유를 대라고 소리친다. 지음 받은 물건이 지은 자를 향해 '당신이 어리석다'고, '당신이 나를 만들지 않았다'고 말하는 것과 같다(사 29:16 참고).

하나님은 세상의 모든 영역을 위해 어떤 이들을 직분자로 선택하시고, 그들을 통해 일하신다. 하나님은 하나님의 직접적인 통치를 사람을 통해서 수행하신다. 하나님께서 직분자를 통해 다스리신다고 해서 그 다스림을 간접적이라고 말해서는 안 된다. 하나님은 직분자를 통해 자신이 창조하신 세상, 하지만 타락한 세상을 직접 다스리신다. 사람이 스스로 나서서 직분자가 되겠다고 할 수 없다. 교회에서는 더더욱 그렇다. 구약시대에 뚜렷하게 나타나듯이 하나님께서 친히 직분자를 선택하시고 그를 세우신다. 사도 바울이 모든 권세는 하나님께로부터 나지 않음이 없다고 말한 이유도 바로 여기에 있다(롬 13:1 참고). 우리는 직분자를 하나님이 선택하여 세우신 자로 받는다. 직분은 사람의 능력에 달린 문제가 아니다. 직분은 하나님의 자유로운 선택, 즉 하나님께서 그 무엇에도 얽매이지 않고 자유롭게 행하시는 분임을 잘 보여 준다.

'그리스도의 다스림'으로서의 직분

직분은 그리스도와 직접적으로 관련을 맺고 있다. 그리스도라는 용어는 기름 부음 받은 자, 즉 직분자라는 뜻이다. 히브리어인 메시아를 헬라어로 번역한 것이 바로 그리스도이다. 예수 그리스도는 단순한 구원자가 아니다. 예수 그리스도는 하나님께서 보내 주겠다고 약속하신 여자의 씨요, 새로운 아담이요, 모든 직분자들의 사역을 성취하신 분이다. 그리스도는 구약의 모든 직분사역을 성취하신 것뿐만 아니라 그 모든 직분사역들을 가능케 하신 분이다. 구약의 모든 직분은 오실 직분자를 비추는 방식으로 일했다. 구약의 직분자들은 오실 구원자의 모습을 온전히 반영하지 못할 뿐만 아니라 그들의 죄악으로 인해 하나님의 백성들에게 구원을 누리게 하기는커녕 큰 고난과 징계를 받게 했다. 이에 하나님의 백성들은 참된 직분자를 더 간절히 사모하게 되었다.

예수 그리스도는 이 땅에서 직분자로 사셨다. 그분의 말씀과 행위 하나하나가 다 직분자로서 행하신 것이었다. 그분은 마술사가 아니었고, 사람을 미혹한 분도 아니다. 그분은 구약의 모든 직분자들이 수행하였던 역할을 한 몸으로 수행하셨다. 예를 들어, 구약의 대표적인 직분이 왕, 선지자, 제사장이다. 이 세 직분은 나누어져 있었다. 삼권분립이라고 할까? 왕이 제사장 노릇을 할 수 없었고, 선지자가 제사장 노릇을 할 수도 없었다. 물론 초기에는 제사장과 레위 지파가 하나님의 백성들에게 율법을 가르치는 역할을 했다. 이후에 하나님께서 선지자를 세우셨을 때 그들은 율법에 대한 해설을 넘어서 그 시대를 향한 하나님의 예언적인 말씀을 선포했다. 그리스도는 그 모든 직분들을 한 몸에 통합하셔서 왕으로, 선지자로, 제사장으로 사역하셨다. 그리스도는 모든 직분자들이 나누어 가졌던 역할을 한 몸으로 구현하심으로써 자기 백성의 구원을 이루셨다.

그리스도가 십자가와 부활로 구원을 이루시고, 하늘에 오르심으로 이제는 새로운 사역을 시작하신다. 그리스도는 하늘 성전에 들어가셨는데, 그 곳은 지상의 모든 제사가 궁극적으로 드려지는 곳이다. 모세가 시내산에서 하나님께서 보이신 양식대로 성막을 지었듯이 성전도 하늘 성전을 본떠서 지었다.

그리스도는 지상성전의 원형인 하늘 성전에 오르셔서 하나님 보좌 우편에 앉으셨다(히 8:1,2 참고). 아들은 하늘 아버지께 지상사역을 보고하셨고, 아버지께서는 그것을 흡족하게 받으셨다. 이제 아들은 천상의 사역을 시작하실 수 있게 되었다. 아들은 지상에서 이루신 일이 부족해서 새로운 일을 계획하시는 것이 아니라 지상에서 이루신 일을 적용하는 사역을 시작하신다. 아들이신 그리스도는 천상의 직분자로 일하신다. 하늘과 땅의 모든 권세를 지니고서 이 세상을 통치하는 일을 시작하신다.

그리스도는 교회의 머리이시다. 직분은 머리이신 그리스도의 통치를 대행한다. 그리스도는 지상에 있는 주의 백성들을 다스리고 돌보기 위해 인간 직분자를 세우신다. 주님 자신이 인간이 되셨듯이, 인간 직분자를 세워서 주님이 이루신 일을 적용하고 누리게 하신다. 교회는 직분자를 통해 그리스도의 직접적인 통치를 받는다. 직분은 세상에서 소위 말하는 우두머리 역할을 하는 것이 아니라 그리스도가 교회를 친히 통치하시는 일을 대행한다. 직분자는 그리스도의 다스림을 대행함으로 하나님의 직분자가 된다.

직분이 그리스도의 통치를 구현하는 것이기에 우리는 직분자의 사역을 감사함으로 받을 수 있다. 직분자는 그리스도의 다스림을 아름답게 구현한다. 우리는 직분자를 통해 그리스도가 친히 다스리는 것을 볼 수 있다. 성자께서 사람이 되어 일하셨듯이 자신의 형제들 중 일부를 세워서 주님의 다스리심을 나타내 보이신다.

그리스도의 다스림은 교회에 국한된 것이 아니다. 그리스도는 하늘과 땅의 모든 권세를 아버지로부터 받으셨다(마 28:18 참고). 하늘위로 올라가신 그리스도는 그곳으로부터 온 땅을 다스리신다. 아직까지는 만물이 그리스도께 온전히 복종하지 않고 오히려 그리스도를 대적하고 있다. 장차 만물이 그리스도께 복종하게 될 날이 올 것이다. 그 날에는 그리스도께서도 아늘 아버지께 복종하실 것이다(고전 15:28 참고). 직분은 만물을 그리스도께 복종케 하기 위해서 주어졌다. 각 영역에 세워진 직분자는 그 영역을 그리스도께 복종하게 하기 위해서 세움을 입었다는 것을 잊지 않아야 한다. 물론, 자신이 먼저 그리스도의 다스림을 받아야 하고 말이다. 자신이 먼저 그리스도의 다스림을 잘 받아야 다스리는 직분을 제대로 수행할 수 있다. 그리스도를 믿는 것이야말로 제대로 다스리기 시작할 수 있는 길이다.

'성령의 활동'으로서의 직분

성령은 창조의 영이시다. 하나님께서 온 세상을 창조하실 때에 성령이 세상을 품고 계셨다(창 1:2 참고). 마치 독수리가 날개를 펴서 자기 새끼를 품듯이 말이다. 인간의 타락 이후 하나님은 성령을 통해 자기 백성을 인도하신다. 성령은 오실 그리스도를 내다보는 믿음의 눈을 주신다. 성령은 멀리 내다보는 눈을 가지도록 하시고, 하나님의 음성을 들을 수 있는 귀를 주신다. 성령은 선지자들을 감동시키시고, 선지자들의 입에서 나오는 말을 하나님의 말씀으로 받을 수 있도록 역사하신다. 성령은 자기 백성들에게 회개하는 영을 부어 주신다. 마지막 시대는 남녀노소를 불문하고, 신분귀천을 막론하고 누구든지 성령을 받아서 예언하는 자리에 서게 될 것이다.

성령은 하나님의 백성들 전체를 감동하시지만 직분자를 세워서 그들을 통해 활동하신다. 성령은 우주적인 영이시지만 교회를 주 사역지로 삼으신다. 사도신경에서 고백하고 있듯이 성령이 일하시는 주된 터전은 교회이다. 사도신경에서 "나는 성령을 믿는다"고 고백하고 난 다음에 바로 "거룩한 공교회를 믿는다"고 고백하는 것이 보여 주는 바가 바로 이것이다. 성령의 우선적인 사역은 거룩한 공교회를 세우시는 것이다. 온 세상 전체가 성령이 일하시는 터전이지만 성령은 교회를 세우는 일을 먼저 하신다. 성령은 직분자에게 능력을 주셔서 그리스도의 다스림을 대행하게 하신다. 직분은 세상적인 능력의 문제가 아니라 성령의 활동의 문제이다.

교회가 성령의 활동의 주된 장이기는 하지만 우리는 성령이 교회에서만 활동하신다고 제한시켜서는 안 된다. 성령은 우주적인 영이시다. 성령은 온 우주 만물을 새롭게 하신다. 보좌에 앉으셔서 "보라, 내가 만물을 새롭게 하노라"(계 21:5)라고 하시는 하나님은 성령을 통해 만물을 새롭게 하신다. 성령은 하나님이 시작하신 일을 마무리하신다. 직분자는 성령을 받아서 일해야 한다. 자기의 재주와 능력으로 일해서는 안 된다. 성령이 주시는 은사와 능력으로 일해야 한다. 성령이 주시는 은사는 사람이 태어날때부터 가지고 있는 재능과는 다르다. 초자연적인 은사를 주셔서 그것을 통해서 일하게 하신다. 특히, 교회에서는 자신의 재능이 아니라 성령의 은사로 일해야 한다.

성령활동과 직분수행은 대립하지 않는다. 성령과 직분은 배타적인 관계가 아니다. 직분이야말로 성령의 활동이라고 보아야 한다. 직분을 성령의 활동이 고착화되거나 화석화된 것이라고 생각하는 것은 엄청난 착각이다. 직분은 성령의 부어 주심이요, 성령의 흘러넘침이다. 직분은 성령이 구체적으로 활동하시는 장이요, 도구이다. 우리는 성령의 역사라고 하면 개인이 받은 은사에만 집중한다. 성령은 신자 개인에게 은사를 주시는 일을 주로 하신다는 생각 말이다.

반대로 성령은 온 세상의 거대한 변혁을 위해 일하신다고 생각하는 이들도 많다. 성령은 개인의 내면에 국한해서 일하시는 것만도, 온 우주 가운데 신비한 능력으로 역사하시는 것만도 아니다. 성령은 직분을 통해 교회를 세우는 일을 하신다. 주님의 교회를 건설하기 위해 성령이 사용하시는 주된 도구가 다름 아닌 직분이다. 우리는 직분을 통해 성령이 그리스도를 적용하는 일을 계속적으로 하시는 것을 본다. 직분은 인간적인 활동이 아니라 성령의 활동이다.

구원역사 속에서의 직분

하나님은 창조의 하나님이실 뿐만 아니라 구원의 하나님이시다. 구원은 타락으로 인해 그 구체적인 모습을 띈다. 하나님은 인생의 타락으로 인해 온 우주 만물이 신음하는 것을 안타깝게 보시고는 구원을 계획하셨다. 온 세상 만물에 대한 하나님의 역사를 '작정'이라고 부른다면, 인생에 대한 하나님의 구원계획을 '예정'이라고 부른다. 개혁파에서는 예정이 타락 전에 이루어졌는지, 아니면 타락 후에 이루어졌는지를 가지고 논쟁하곤 했다. 타락 전이든지 후이든지 우리는 시간여행을 하여 예정을 확인할 수 없다. 예정은 하나님이 이루어 가시는 구원역사를 통해 현실화될 때 우리가 확인할 수 있다. 구원역사를 행하기 위해 하나님께서 사용하시는 방편이 직분이다. 직분은 삼위 하나님의 역사이고, 삼위 하나님께서 합력하여 행하시는 구원역사 속에 위치하고 있다. 직분은 인간의 활동이 아니라 삼위 하나님께서 이루어 가시는 구원역사 속에 자리 잡고 있다.

하나님은 구원을 효력 있게 하기 위해 직분을 사용하신다. 구원이 철저하게 하나님의 사역이라면 직분은 그 구원을 이루기 위한 하나님의 역사라고 보아야 한다. 직분은 사회질서를 유지하기 위해 아래에서 만든 것이 아니다. 직분은 아래에서 나온 것이 아니라 위에서 내려온 것이다. 많은 정부가 그 정권을 있게 한 공신들을 공기업 사장으로 내리꽂는 경우가 많은데 이것처럼 직분은 위에서 내리꽂는 것이 아니다. 직분은 하나님께서 구원을 친히 이루어 가신다는 것을 보이는 방편이다. 직분은 하나님의 구원을 가

시화한다. 하나님은 직분을 통해 구원이 역사 속에서 뚜렷하게 성취되게 하신다.

　우리는 일상 속에서 하나님께서 이루어 가시는 구원을 체험할 수 있다. 그런데 그 구원은 전적으로 하나님의 지혜와 능력으로 이루어 가시는 것이기에 우리 인생에게는 늘 낯설 수밖에 없다. 십자가가 대표적인 낯섦이다. 능력을 추구하는 유대인들은 십자가를 무능하다고 생각했고, 지혜를 추구하는 헬라인들은 십자가를 어리석다고 생각했다. 직분도 마찬가지이다. 지배하고 군림하려는 인생에게는 하나님께서 허락하신 직분이 낯선 것일 수밖에 없다. 하나님의 직분은 그리스도의 십자가처럼 자신을 구원치 않는 모습을 통해 구원의 능력을 선보인다. 오직 하나님만이 구원하시는 분이라는 것을 보이는 것이 직분이다. 직분은 하나님의 구원역사 속에 오롯이 자리를 잡고 있다.

하나님 나라를 위한 직분

　하나님께서 역사를 운행하시는 목표는 '하나님 나라 건설'에 있다. 나라에 대한 고전적인 정의인 영토, 국민, 주권의 삼요소로 설명해 보자. 하나님 나라의 영토는 하나님께서 지으신 물리적인 세상 전체이고 국민은 생물 전체이며, 주권은 하나님이 주권적으로 그 모든 것을 다스리시는 것이다. 하나님은 주님 자신의 주권을 다른 어떤 존재와 나누지 않으신다. 그것을 구약적인 방식으로는 왕이라고 부른다. 이런 관점에서 보자면 우주 전체가 하나님의 나라였고, 에덴동산은 우주 전체의 축소판으로서 가장 구체적인 하나님의 나라였다. 타락 이후에 하나님은 하나님 나라를 세우는 일을 본격적으로 수행하신다.

하나님 나라 건설의 획기적인 전환점은 아브라함을 부르신 사건(창 12장)이다. 이 부르심의 배경을 이루고 있는 것이 세상 나라를 건설하려는 바벨탑 사건(창 11장)이다. 바벨탑 사건은 인간이 흩어지지 않고 인간의 뜻과 이름을 내기 위한 세상 나라를 세우기 위함이었다. 하나님은 언어를 나누셔서 서로의 말과 뜻을 알아듣지 못하게 하시므로 그들을 흩으셨다. 이에 대해 하나님은 아브라함 한 사람을 부르셔서 하나님의 도모와 하나님의 이름을 내기 위한 하나님 나라를 건설하고자 하셨다. 하나님은 불의와 불법이 판을 치는 이 세상에서 공의와 정의가 넘치는 나라를 세우려고 하셨다(창 18:19 참고). 아브라함의 후손인 이스라엘은 세상나라와 다를 바 없는 하나의 나라이면서 동시에 하나님 나라를 지향하고 있었다. 온 세상을 하나님의 나라로 초대하기 위한 나라 말이다(출 19:5-6 참고).

이스라엘은 하나님 나라를 건설하는 일에 실패했다. 하나님은 예수 그리스도를 새로운 아담, 새로운 이스라엘로 보내셨다. 예수님이 공생애를 시작하시면서 가장 먼저 "회개하라, 천국이 가까이 왔느니라"(마 4:17)라고 외치신 것이 우연이 아니다. 복음서 기자 마태는 하나님의 이름을 입에 담기를 꺼리는 유대인들을 위해 하나님 나라를 하늘나라로 바꾸었는데 예수님이 하나님 나라를 끌고 오셨다는 것을 보여 준다. 아니, 예수 그리스도 자신이 하나님 나라였다.

하나님 나라는 인간 활동의 산물이 아니다. 하나님 나라는 역사 발전의 자연스런 귀결도 아니다. 하나님 나라는 하나님께서 친히 다스리시는 나라인데 온 역사와 세상을 다 포괄한다. 하나님 나라는 온 세상 역사, 그리고 온 세상과 동일한 것이 아니라 그 모든 것을 초월한다. 하나님 나라와 역사, 하나님 나라와 지상이 대립관계에 있다는 뜻이 아니다. 예수님이 제자들에게 가르쳐 주신 기도 속에 나오듯이 우리는 하나님 나라가 이 땅에 임하기를 구해야 하고, 하나님의 뜻이 하늘에서 이루어진 것처럼 땅에서 이루어지기를 구해야 한다.

위에서부터 이 지상에 임한 하나님 나라는 아주 구체적인 모습을 띠고 나타난다. 세상역사는 하나님 나라가 임하는 역사이다. 세상역사는 죄악으로 넘쳐나는 역사이면서 동시에 하나님께서 하나님 나라를 세워 가시는 역사이다. 우리는 예수님이 지상에서 행하신 모든 기적들과 사역들을 통해 하나님 나라가 구체적으로 임하는 모습을 볼 수 있다. 그 나라는 완성을 향해 달려간다. 하나님 나라는 종말론적인 나라라는 말이다. 그 나라가 현재에 국한된 것이 아니라 미래에 완성되는 나라요, 미래로부터 온 나라이다.

하나님 나라를 세우기 위해 하나님께서 사용하시는 방편이 직분이다. 우리는 직분을 주로 교회의 영역으로 한정해서 생각하는 경우가 많다. 직분을 교회의 활동과 조직화의 관점에서만 바라볼 때가 많다. 이것은 좁은 생각이다. 직분은 교회 안에 매여 있는 것이 아니다. 직분은 그 활동범위가 훨씬 넓다. 직분활동은 우주적이다. 하나님의 구원사역이 우주적이듯이 직분활동도 우주적이다. 직분을 하나님 나라의 관점에서 바라보아야 한다는 뜻이다. 하나님은 타락한 지상의 모든 영역을 새롭게 하기 위해 직분을 세우신다. 직분은 사회의 모든 영역에 피져 있다. 하나님은 지상의 각 영역을 하나님의 다스림 속에 두시기 위해 그 모든 곳에 직분을 세우신다. 하나님은 직분을 통해 온 세상을 포섭하신다.

내용 요약

1 직분은 조직을 이끄는 원리가 아니라 삼위 하나님의 일하심이다. 하나님께서 교회에 직분을 주셨지만 직분은 교회 안에만 있는 것이 아니다. 하나님께서 세상의 모든 영역을 다스릴 직분자들을 세우신다. 즉, 직분은 하나님께서 교회 안에서만이 아니라 온 세상을 다스리시고 일하시는 방편이다.

2 직분은 성부 하나님의 '선택'을 잘 보여 준다. 원하는 사람이 직분을 가지는 것이 아니라 하나님께서 친히 선택하셔 직분으로 부르신다. 직분은 성자 하나님의 '다스림'을 체현하는 것이다. 그리스도는 이 땅에서 직분자로 일하셨고, 이제는 하늘에 오르셔서 자신을 대신할 직분자를 세우신다. 직분은 성령 하나님의 '활동'이다. 성령이 구원을 구체적으로 적용하시는 방편이 직분이다. 삼위 하나님은 자기 백성을 구속하시고, 온 세상을 충만케 하시기 위해 직분자를 세워서 일하신다.

3 모든 직분사역은 하나님의 역사목표인 '하나님 나라'를 세우시기 위함이다. 직분자는 교회에만 있는 것이 아니라는 말이다. 하나님은 타락한 세상 전체를 하나님 나라로 만들기 위해 인간 직분자를 세워서 일하신다. 하나님은 직접 일하시지 않고 직분자를 통해 일하신다.

4 하나님이 직분자를 통해 역사하신다면 하나님은 간접적으로만 일하시는가? 그렇지 않다. 하나님은 직분자를 통해 직접적으로 일하신다. 직분은 인간적인 일이 아니라 삼위 하나님의 일하심이다. 우리는 직분을 통해 삼위 하나님께서 이 땅에서 일하시는 것을 우리 눈으로 볼 수 있다. 이 세상 가운데서 하나님이 일하신다는 것을 분명하게 보여 주는 것이 직분이다.

토론할 문제

1. 직분을 '성부 하나님의 선택'이라는 관점에서 말해 봅시다. 교회가 직분자를 선택하여 세우지만 궁극적으로는 하나님이 선택하여 세우신다는 것을 숙고합시다.

2. 직분을 '그리스도의 다스리심'이라는 관점에서 말해 봅시다. 그리스도는 죽음으로부터 부활하셔서 다스리는 분이 되셨는데, 그 다스림(그 머리되심)이 교회에 세우신 직분자를 통하여 시행된다는 것을 말해 봅시다.

3. 직분을 '성령의 활동'이라는 관점에서 말해 봅시다. 직분은 성령역사가 화석화된 것이라고 말하는 것의 문제점이 무엇인가요?

4. 하나님은 타락한 이 세상에 구속의 역사를 일으키시는데 그 방편이 바로 직분이라는 것을 말해 봅시다.

5. 하나님 나라를 세우는 데 직분이 어떻게 기여하는지 말해 봅시다.

여러분은 거룩한 장로들의 어린 모습을 업신여기지 않아야 하고, 오히려 하나님 안에서 현명하게 행하는 그에게 복종해야 합니다. 이와 같이 여러분이 감독의 연소함을 업신여기지 않아야 할 뿐만 아니라, 하나님 아버지께서 권능을 주셨으니 그에게 합당한 모든 존경을 표해야 합니다. 이것이 실질적으로는 그에게 복종하는 것이 아니라 모든 사람의 감독이신 예수 그리스도의 아버지에게 복종하는 것입니다. 여러분은 사랑으로 행하는 그에게 아무런 위선도 없이 순종해야 합니다. 위선으로 행하면 눈에 보이는 감독을 속이는 것이 아니라 보이지 않는 분을 속이는 것입니다. 그러한 경우에 여러분은 육체가 아니라 우리의 비밀을 아시는 하나님을 평가하는 것입니다. _ 이그나티우스(안디옥의 감독)

 바울은 그리스도께서 '모든 하늘 위에 오르신 자니 이는 만물을 충만하게 하려 하심이라'(엡 4:10)고 말한다. 주님은 직분을 맡기시고, 그 직분을 수행하도록 은혜를 베푸신 사역자들을 통해 교회에게 주의 은사들을 나누어 주시므로 만물을 충만케 하신다. 또한 주께서 세우신 그 일에 성령의 능력을 드러내셔서 주님의 임재를 보여 주시고, 그 일이 헛되거나 쓸데없는 것이 되지 않도록 하신다. 이렇게 해서 성도들을 새롭게 하는 일이 이루어지고, 그리스도의 몸이 세워진다(엡 4:12). 우리는 머리이신 그분에게까지 범사에 자라나며(엡 4:15), 서로 연합된다. 우리 모두 그리스도의 연합 속으로 이끌려 들어간다. 예언이 흥왕하며, 사도들을 받아들이고, 전해 주신 교훈들을 멸시하지 않을 때에 그런 일이 충만히 이루어진다. _ 존 칼빈(제네바의 개혁자)

3

직분과 교회

교회를 세우는 직분

이런 질문을 해 보자. "교회가 먼저인가, 직분이 먼저인가?" 웃기는 질문이지 않은가? 너무나 당연한 것을 물으니 말이다. 당연히 교회가 먼저 있지 직분이 먼저 있다는 것이 말이 되는가? 교회가 먼저 있고, 그 교회가 필요한 일을 위해 직분을 세우니 말이다. 그런데 우리가 이 질문을 교회와 말씀의 관계로 바꾸어 보면 그렇게 쉽게 결정할 문제가 아니라는 것을 알 수 있다. "교회가 먼저인가, 아니면 말씀이 먼저인가?" 로마교회는 '교회의 우위성'을 주장한다. 교회가 먼저 있고, 그 교회가 말씀을 받았다는 것이다. 이것은 시간적인 순서를 말하는 것이 아니다. 교회가 성경을 하나님의 말씀이라고 결정하고 선포했기 때문에 교회가 성경을 성경 되게 했고, 그래서 교회가 성경에 앞서 있다는 뜻이다. 하지만 우리 개혁한 교회는 성경이 먼저라고 말한다. '성경의 우선성'을 말한다. 성경은 교회가 결정했기 때문에 유효한 것이 아니다. 교회는 하나님의 말씀인 성경을 받아들인 것뿐이다. 성경의 권위는 성경 자체에서 나오고, 하나님께 의존한다.

"성경을 믿고 순종해야만 하는 권위는 어떤 사람이나 교회의 증거가 아니라 저자이고 진리 자체이신 하나님께 진적으로 의존한다. 그러므로 성경은 하나님의 말씀이기 때문에 받아들여야 한다"(웨스트민스터 신앙고백서 1장 4절).

교회가 성경을 성경 되게 하는 것이 아니라 그 반대이다. 성경이 교회를 교회 되게 한다. 교회와 직분의 관계도 마찬가지이다. 교회의 모든 직분은 다 말씀의 직분이기 때문이다. 말씀이 나타나는 것이 직분이다.

교회가 필요에 의해서 직분이라는 것을 만들었다고 생각하는 것은 잘못이다. 하나님께서 세우신 직분이 교회를 구성한다. 직분은 교회의 청사진이다. 하나님은 인간의 그 어떤 조직이나 활동이 아니라 직분을 통해 교회를 세우신다. 직분의 발생은 그리스도의 승천에 있다. 직분은 부활 승천하신 그리스도께서 교회에 내려 주신 가장 귀하고 복된 선물이다. 승천하신 그리스도께서 성령을 보내어 주셔서 어떤 이들을 직분자로 임명하셨다. 사도 바울은 구약의 말씀(시 68:18 참고)을 인용하면서 그리스도께서 승천하실 때에 포로를 끌고 가셨다는 뉘앙스마저 풍긴다(엡 4:7-12 참고). 이것은 로마의 장군들이 전쟁에서 승리하고 개선행진을 할 때 포로들을 끌고 다닌 것을 연상시키기 위함인 것 같다. 그리스도께서 하늘로 끌고 가신 그 포로들 중에서 교회에 직분자로 보내신다는 말인가? 포로가 직분자로 바뀐다는 말인가? 이렇게 생각하는 것이 과도한 상상일 수 있겠지만 어쨌든 우리는 직분 자체가 무한한 은혜라는 것을 알 수 있다. 그리스도는 공중으로 사라지신 것이 아니라 하늘 보좌에 좌정하신 후 교회에 놀라운 선물, 직분자를 보내신다. 하나님은 직분을 통해 온 세상을 포섭하시지만 교회에 직분을 주셔서 하나님 나라의 베이스캠프가 되게 하신다.

장로교 헌법(교회정치)에서는 교회정치원리를 먼저 언급하고는 교회를 본격적으로 다루기 시작한다. 교인을 먼저 다루고, 그다음에 직분자를 다룬다. 교인이 있고, 그다음에 직분자가 있다는 생각이다. 그런데 대륙의 개혁교회에서는 그 순서가 다르다. 대륙의 개혁교회정치에서 가장 중요하게 다루는 것은 직분이다. 직분이 가장 먼저 나온다. 예배와 성례들보다도 직분을 먼저 다룬다. 계급제도가 골수에 사무쳐 있기 때문에 회중이 아니라 직분을 먼저 다루는 것이 아니다. 이 순서가 의미심장하다. 교인이 모인다고 해서 교회인 것이 아니다. 교인이 모여 예배한다고 해서 예배인 것이 아니다. 직분자가 있어야 교회가 교회답고, 예배가 예배다울 수 있다는 것이다. 직분자의 다스림과 인도가 있어야 한다는 것이다. 아무리 교인이 많아도 그 교회에 직분자가 세워지지 않으면 그 교회는 회중교회일 수는 있어도 장로교회일 수는 없다.

직분이 교인보다 앞선다는 것은 직분만능을 주장하는 것이 아니다. 직분을 앞세우는 것은 교회가 인간의 활동이 아니라 하나님의 활동이라는 것을 보여 주는 것이다. 직분은 교회가 만든 하나의 기능이나 활동이 아니라 하나님께서 교회를 세우기 위해 허락하신 은혜로운 선물이다. 교회가 직분을 만든 것이 아니라 직분이 교회를 만든다. '직분 없이 교회 없다'는 말도 가능하다. 더 나아가 '직분 없이 구원 없다'는 말도 가능하다. 직분자가 되지 않으면 구원받지 못한다는 말이 아니다. 직분을 받으면 다른 신자보다 구원 얻기에 훨씬 유리한 위치에 선다는 뜻도 아니다. 이렇게 직분을 지극히 개인적인 관점에서 보면 안 된다. 교회는 하나님의 백성이요, 주님의 몸이요, 성령의 전이다. 교회는 삼위 하나님의 활동인 직분을 통해 생겨나고 유지된다. 직분은 교회의 기획과 활동이 아니라 교회를 세우시려는 하나님의 역사이다.

교회와 함께하는 직분

직분은 우선적으로 교회를 향해 서 있다. 교회를 마주 보고 서 있다. 로마교회의 미사에 참석해 보면 알겠지만 사제는 회중을 향해 서 있기도 하고, 회중과 같은 방향으로 서서 제단을 향할 때도 있다. 이렇게 사제의 몸이 회중을 향하냐, 아니면 제단을 향하냐가 중요하다. 회중과 함께 제단을 향할 때는 회중을 대표해서 하나님께 나아가는 것을 보여 주는 것이고, 회중을 향해 서 있을 때는 하나님을 대신하여 회중에게 나아가는 것을 보여 준다. 직분이 교회를 향해 서 있다는 것은 로마교회의 입장을 대변하는 것이 아니라 직분이 하나님으로부터 왔다는 것을 보여 주는 것이다. 그 직분으로 교회가 생겼다는 것을 보여 주는 것이다. 이것이야말로 교회의 신적 기원을 보여 주는 것이다. 직분자는 점령군이 아니다. 직분은 교회가 필요에 따라 만든 직임과 기능이 아니라 하나님의 구원계획 가운데 만드셔서 제공하신 선물이라는 뜻이다. 교회의 각종 기능과 활동이 교회를 교회 되게 하는 것이 아니다. 교회에 모인 신자들이 재미있게 잘 지내면 교회가 활성화되는 것이 아니다. 직분이 교회를 교회 되게 한다. 직분은 교회의 한 활동이 아니라 하나님의 모든 활동이다. 직분은 교회가 필요해서 고안해 낸 것이 아니라 주님께서 교회를 세우기 위해 주신 선물이다. 직분은 우리의 활동과 공로가 아니라 하나님의 은혜와 활동이라는 것을 아는 것이 중요하다. 하나님께서 허락하신 직분이야말로 교회의 존재 근거이기에 자신 앞에 서 있는 직분을 지속적으로 바라보아야 한다.

직분에는 직무가 주어지지만 우선적으로는 파송을 생각하지 않을 수 없다. 직분이 교회의 작품이 아니라는 것은 직분이 파송받은 직분이라는 것을 생각할 때에 분명해진다. 사도라는 직분이 이것을 분명하게 보여 준다. 사도(使徒, 아포스톨로스, $\dot{\alpha}\pi\acute{o}\sigma\tau o\lambda o\varsigma$)는 '보냄을 받은 자'라는 뜻이지 않은가? 보냄 받은 자가 없이는 들을 수가 없다(롬 10:15 참고). 보낸 분이 없이 보냄을 받을 수가 없다. 보냄을 받은 자는 보낸 분의 뜻을 이루어야 한다. 보냄 받은 자는 자신의 뜻을 이루는 자가 아니다. 하나님은 직접 온 세상을 다스리지만 자기 사람을 세우고 파송하셔서 하나님의 다스림을 대신하게 하신다. 대신하기 때문에 간접적인 것이 아니라 대신의 방식으로 직접 다스리신다. 대신의 방식이 직접의 방식보다 못하다고 생각해서는 안 된다. 대신의 방식은 사실 죄인인 우리를 아끼기 위함이다. 하나님께서 직접 나타나셔서 말씀하시고 꾸짖으신다면 우리는 견딜 수 없을 것이다. 이에 하나님은 인간 대리자를 세워서 우리를 친히 다스리신다.

직분은 하나님께서 교회에 은혜로 베푸신 선물이기에 교회와 유리되어서 존재해서는 안 된다. 하나님으로부터 나온 직분은 교회를 마주 보고 서 있기만 한 것이 아니라 교회를 향해 들어간다. 직분은 교회 위에 군림하는 특별한 존재가 아니다. 직분이 교회 속으로 들어가는 것이야말로 하나님의 은혜의 침투라고 해야 할 것이다. 직분은 하나님의 은혜로운 개입이다. 이것이 바로 언약이다. 하나님께서 언약에 신실하셔서 보내시는 것이 직분이다. 하나님이 자기 백성과 맺으신 언약은 세상 계약과는 달리 하나님이 주권적으로 찾아오셔서 자기 백성에게 맺자고 하시는 것이다. 이 언약으로 인해 하나님의 백성들은 영광스럽게도 언약의 파트너가 된다. 하나님과 언약의 파트너가 된 하나님의 백성들 사이에 서 있는 자들이 언약의 중보자이다. 그분이 바로 우리 주 예수 그리스도시라는 것을 우리는 안다. 교회에 세워지는 모든 직분자들은 언약의 중보자 예수 그리스도께서 수행하신 일을 이어받고 있다. 그리스도께서 수행하신 직분사역이 부족해서가 아니라 이루신 직분사역을 적용하기 위해 인간 직분자들을 세우신다. 교회는 직분자들로 인해 하나님의 구원을 누리고, 하나님과 함께하는 기쁨을 누린다.

우리는 흔히 직분자들이 축복을 선언해야 한다고 생각한다. 특히, 목사는 교인을 축복하기 위해 존재한다고 말이다. 그래서 목사가 축복하는 기도를 해 주기를 바란다. 그런데 직분은 정죄하는 역할도 한다. 이 세상은 타락했고 인생이 그 타락의 주범이기 때문에 직분은 정죄하는 역할을 한다. 직분은 그리스도를 정죄하였던 세상을 정죄한다. 세상은 직분으로 인해 책망을 듣는다. 직분이 없이는 우리가 타락했고, 죄인이라는 것을 알지 못할 것이다. 교회도 세상에 존재하는 한 정죄로부터 완전히 벗어나 있지는 않다. 신자는 타락한 본성을 가지고 살아갈 수밖에 없기 때문이다. 종교 개혁자들이 말씀선포를 양 날 가진 칼에 비유했듯이 직분은 '체질하는 효과'를 가지고 있다. 과거에 추수할 때 체질을 하지 않았는가? 체질을 하면 알곡은 안으로 모이고, 쭉정이는 날려간다. 이처럼 하나님은 직분자들을 세워서 알곡은 모아 곡간에 들이고, 쭉정이는 꺼지지 않는 불에 태우신다. 이렇듯 교회의 직분은 정죄의 직분이면서 동시에 구원을 선포하는 직분이다. 직분은 정죄를 넘어 구원을 선포하고, 교회가 그 구원을 맛보고 누리게 한다.

신자를 활성화하는 직분

사람은 하나님께 나아가려고 애를 쓴다. 종교가 바로 그것이다. 사람은 하나님과의 단절을 극복하기 위해 이런저런 노력을 경주하지만 그 골은 메울 길이 없고 소외감은 더 커져 간다. 인간은 스스로의 자원으로는 하나님과 소통할 수 없다. 자신의 외부로부터 자원을 끌어와도 하나님께 이를 수 없다. 인생은 타락했기 때문에 자신의 그 어떤 기능이나 활동으로도 하나님을 찾아갈 수 없다. 방향이 바뀌어야 한다. 하나님께서 친히 찾아와 주셔야 한다. 하나님이 인간과 소통하기 위해 직분을 제공하셨다. 하나님은 직분을 통해 사람과 소통하실 뿐만 아니라 그들을 하나님께로 이끄신다. 하나님과 직접적으로 소통하려고 하는 것이 '신비주의'이다. 신비주의는 참으로 무모한 것이다. 그리스도를 통하지 않고 하나님을 만나려고 하는 것은 나비가 불을 향해 뛰어드는 것과 다를 바가 아니다. 우리는 하나님이 허락하신 방편(수단)을 통해 하나님께 나아갈 수 있다. 하나님도 방편을 통해서 자기 백성을 찾아오신다. 그 방편, 수단이 바로 직분이다. 하나님은 직분을 통해 자기 백성을 찾으시고 직분을 통해 자기 교회를 세우신다. 이제 교회는 직분을 통해 찾아오시는 하나님을 기쁨으로 맞이할 수 있다.

하나님이 세우신 직분은 교회가 어떤 기관인지, 신자가 어떤 사람들인지 상기시키는 역할을 한다. 구체적인 직분을 가지고 설명해 보자. 목사, 장로, 집사를 '항존직'이라고 부르는데, 교회에 항상 존재해야 할 직분이라는 뜻이다. 목사는 신자들에게 그들이 하나님으로부터 받은 말씀을 상기시킨다. 신자들은 목사를 보면서 자신들이 이 세상에서 선지자의 역할을 수행해야 한다는 것을 확인한다. 장로는 신자들에게 그들이 하나님의 직접적인 다스림을 받고 있다는 것을 상기시킨다. 신자들은 장로를 보면서 자신들이 세상을 다스려야 할 자라는 것을 확인한다. 집사는 신자들에게 그들이 그리스도의 크신 긍휼을 힘입었다는 것을 상기시킨다. 신자들은 집사를 보면서 자신들이 그리스도의 긍휼을 나타내 보여야 한다는 것을 환기하게 된다. 이렇게 직분은 모든 면에서 교회와 신자를 상기시키는 역할을 한다. 직분은 교회가 이 세상에서 자신의 정체성을 잃고 방황하지 않도록 하는 나침반이다.

직분이 신자의 정체성을 상기시키기 때문에 직분이 없이는 교회가 활성화될 수 없다. 각종 위원회와 친교모임들을 많이 만들어야만 교회가 활성화되는 것이 아니다. 직분만으로 교회는 충분히 활성화될 수 있다. 직분이 예배와 성도의 교통에 있어서 필수적이다. 직분적 봉사가 없이는 말씀과의 교제가 있을 수 없고, 성령 안에서의 교제가 있을 수 없다. 직분이 하나의 계급이 되어 가고, 직분자들의 폐해가 크다고 해서 직분을 없애려는 것은 너무나 어리석은 짓이다. 그것은 교회됨을 버리려는 것과 같다. '빈대 잡으려다 초가삼간 태우는' 것과 같고, '목욕물을 버리면서 아이도 버리는' 오류를 저지르는 것이다. 직분은 교회의 활동이기 이전에 교회에 주신 생명이다. 직분은 교회의 짐이 아니라 교회의 정체성이다. 직분이 없이는 교회가 하나의 종교기관이 될 수밖에 없고, 직분이 없이는 참된 예배와 봉사도 있을 수 없다.

직분과 회중의 관계

로마교회는 사제직 중심의 교회이다. 사제는 회중과 철저하게 구분된다. 그래서 교회를 '가르치는 교회'(*Ecclesia Docens*)와 '듣는 교회'(*Ecclesia Discens*)로 나눈다. 가르치는 교회란 다름 아닌 사제단을 가리킨다. 그러면 듣는 교회는 누구를 가리키겠는가? 평신도를 가리킨다. 이렇게 사제와 일반 교인을 구분하기 위해 만든 용어가 소위 말하는 '평신도'이다. 개혁한 교회가 피해야 하는 용어 중에 하나가 바로 평신도이다. 사제단, 즉 교계제도(教階制度, *hierarchia*-'거룩한 권한')가 로마교회의 근간이다. 교계제도는 그리스도의 인격을 대리하여 구원을 중재한다. 교계제도는 구원을 전달하고, 평신도는 교계제도를 통해 구원을 제공받는다. 평신도는 사제가 없이는 구원받을 수 없다. 로마교회는 교계제도와 평신도를 영과 육으로 구분하기도 한다. 사제는 영적이고, 평신도는 육적이다. 이렇듯 로마교회는 교계제도가 곧 교회이다. "감독이 있는 곳에 교회가 있다"는 고대 교부 이그나티우스(Ignatius)의 말이 로마교회를 세웠다고 할 수도 있다. 평신도가 없이 사제들만 있어도 교회이다. 평신도들은 사제들을 섬기기 위해 존재한다. 최근에는 이런 이원화가 웃음거리가 된다고 생각했는지 '평신도 사도직'이라는 표현을 사용하기도 한다. 욕하면서 닮는다고 우리 개신교회가 로마교회를 닮아 직분자와 평신도로 나누는 일이 버젓이 일어나고 있다.

사실, 모든 직분자는 교회 회중으로부터 나온다. 하나님의 백성이 아닌 자 중에서 직분자가 나올 수 없다. 교회 직분자는 교회 외부에서 수입할 수 없다. 아무리 교회가 어려움이 있다고 해도 교인 아닌 사람을 초청하여 직분을 맡아 달라고 할 수 없다. 직분자는 교인에게서 나온다. 직분자는 슈퍼맨이 아니라 회중을 통해 하나님께서 택하시고 세우는 평범한 사람들에 불과하다. 직분자는 하늘에서부터 뚝 떨어진 자가 아니라는 말이다. 중세 로마교황권이 확립된 것은 '서임권 논쟁(Investiture Struggle)'을 통해서이다. 교회는 평신도 즉, 세속왕권이 교회의 사제를 임명하는 것을 반대하여 교황이 교회 사제를 임명하는 권리를 쟁취해 내었다. 이런 투쟁이야말로 교회개혁이라고 해야 할 것이다. 그 개혁이 교계제도라는 또 다른 타락을 불러일으켰지만 말이다.

직분이 회중에게 속했다고 말해서는 안 된다. 예를 들자면 장로는 교인의 대표라는 생각, 그리고 장로는 교인들의 민원을 들어주어야 한다는 생각 말이다. 그럼에도 직분자가 회중에서 나오는 것은 사실이다. 직분은 회중을 위한 직분이며, 회중을 통해 세워진다. 직분은 하나님으로부터 나왔기에 다스림이면서 동시에 회중을 위하기에 봉사이다. 모든 직분은 말씀의 직분이요, 그 직분은 성도를 섬기기 위해서 존재한다. 직분은 철저하게 교회지향적이고 회중지향적이다. 흔히들 직분자가 되고 나서 사람이 바뀌었다는 말을 종종 듣는다. 직분을 받지 않았을 때는 직분자들에 대해 반대하는 목소리를 한껏 높이다가 직분을 받고 나서는 자신이 다른 성도들과 다르다는 태도를 취하는 경우가 많으니 말이다. 직분자가 회중과 유리되는 것이야말로 교회에 가장 큰 불행일 것이다. 회중을 위한 직분이라고 해서 회중이 주도권을 쥐고 있다는 뜻이 아니다. 직분이 회중 위에 군림하는 것도 문제이지만 회중의 요구에 굴복하는 것은 잘못이다. 직분은 하나님의 직분이요, 교회를 위한 직분이다. 회중이 없는 직분이 있을 수 없고, 또한 직분이 없는 회중 또한 있을 수 없다. 직분과 회중은 함께 간다.

직분자와 회중은 바른 관계를 맺어야 한다. 회중은 직분자들을 향해 자신들이 투표하여 세웠기 때문에 우리의 요구를 들어주어야 한다고 말하면 안 된다. 예를 들어, 장로는 교인들을 대표하기에 목사를 견제해야 한다고 생각하는 것은 잘못되었다. 장로는 교인들을 대표하는 것이 아니라 하나님을 대표한다. 직분자는 교회를 위하는 하나님의 직분자이다. 회중은 직분자를 하나님의 직분자로 받아 존중하고 순종해야 한다. 그 직분자가 하나님의 다스림을 대행하기 때문이다. 회중이 직분자를 존중하는 것은 그를 택하여 세우신 하나님을 존중하는 것이다. 직분자를 멸시하는 것은 그를 택하여 세우신 하나님을 멸시하는 것이다. 존 칼빈이 그의 「기독교강요」(4권 3장)에서 말하듯이 부족한 것이 많은 사람에게 순종하는 것이 힘든데, 이것은 우리로 하여금 겸손하게 하기 위함이다. 자신은 하나님께 순종한다고 하면서 사람 직분자에게 순종하지 않는다면 거짓말하는 것이다.

우리는 하나님께서 은혜로 베풀어 주신 직분을 감사함으로 받아야 한다. 로마교회의 생각인 것 같지만 직분에 우리의 구원이 달렸다고 말해도 된다. 이 말은 그리스도와 말씀에 의지하는 것에 우리의 구원이 달렸다는 말과 같다. 직분자는 말씀을 선포하고 실행하면서 그리스도를 드러내기 때문이다. 어떤 교회의 직분세미나에 가서 '직분 없이 구원 없다'는 말을 하고 왔는데 그 교회에서 큰 논란이 일어났다고 한다. 직분자가 되지 않으면 구원받지 못한다고 생각한 이들조차 있었는가 보다. 그런 말이 아니다. 직분자의 결점이 많고 직무를 제대로 수행하지 않기에 인정하고 싶지 않을 수도 있다. 그런데 우리는 하나님의 직분자라는 것을 잊지 말아야 한다. 직분자가 말씀을 선포하고, 그 말씀으로 다스리고, 그 말씀으로 돌아보는 일을 하지 않고서는 나의 구원이 온전해질 수 없다는 것을 알아야 한다. 그렇기 때문에 더더욱 직분자가 완벽해야 한다고 말할지 모르겠다. 직분자가 완벽하기 때문에 우리가 구원받는 것이 아니라 불완전한 직분자를 통해서 삼위 하나님께서 나타나시기에 우리가 구원받는다.

불완전한 직분자를 통해서 우리의 구원이 완전해진다는 것이야말로 구원의 신비이다. '직분 없이 구원 없다'는 말은 '그리스도 없이 구원 없다'는 말과 다르지 않다. 그래서 니케아 신경은 교회를 '사도적인 교회'라고 부른다. 우리는 사도권의 계승을 믿는 것이 아니라 직분을 통한 말씀의 계승을 믿는다. 직분자는 교회에 말씀을 끊임없이 공급한다. 교인들은 '우리에게 말씀이 있다'고 감사하면서 살아갈 수 있다. 교인들은 그 말씀 때문에 이 세상에서 고난받으면서 살아갈 수 있다. 나 혼자서도 얼마든지 말씀 보고 살 수 있다고 생각하는 것이야말로 하나님께서 공적으로 자기 백성을 만나 주시는 것을 무시하는 것이다. 우리는 교회에 속해서 말씀을 받고, 하나님과 교제한다. 교회에 말씀의 직분자가 지속적으로 세워지는 것이야말로 교회의 가장 큰 경사일 뿐만 아니라 교회를 계속해서 존재하게 만드는 것이다. '직분 없이는 교회가 없다'는 말은 너무 과격하게 들릴지 모르겠지만 이것은 직분을 높이는 것이 아니라 그리스도를 높이는 것이요, 삼위 하나님을 높이는 것이다.

내용 요약

1 하나님은 직분을 통해 교회를 세우신다. 교회의 필요에 의해 직분을 세운 것이 아니라 하나님께서 교회를 세우기 위해 직분자를 파송하셨다. 직분은 일차적으로 교회를 향해 서 있다. 직분이 하나님으로부터 나왔기 때문이다.

2 직분은 교회를 향해 서 있을 뿐만 아니라 교회와 함께 서 있다. 교회를 위한 직분이기 때문이다. 직분은 교회를 지향하고 있기에 교회와 유리되어서는 안 된다. 신자도 직분자와 대립하려고 해서는 안 된다. 직분이 신자를 억압하는 것이 아니라 신자를 활성화하기 때문이다.

3 직분이 없이는 참된 교제가 일어날 수 없다. 모든 직분은 말씀의 직분이기에 말씀을 공급하기 때문이다. 말씀이 없는 교제는 세상적인 친교와 하나도 다르지 않다. 그러므로 직분자와 교인이 제대로 된 관계를 맺어야 한다. 직분자가 교인 위에 군림해서는 안 된다. 교인은 직분자를 압박하여 자신들의 요구를 관철시키려고 해서도 안 된다.

4 하나님은 불완전한 직분자를 통해 교회를 세우신다. 우리는 직분을 통해 교회를 세우시는 주님께 순종해야 하겠다. 직분자는 자신이 하나님으로부터 보냄을 받아 교회에 파송되었다는 것과 자신의 권위는 위임받은 권위라는 것을 잊어서는 안 될 것이다. 자신은 직분자이면서 동시에 신자라는 것도 잊지 말아야 할 것이다.

토론할 문제

1. "직분이 먼저냐, 교회가 먼저냐?"라는 질문에 어떻게 답할 수 있겠습니까? 직분과 교회를 대립시키기 위한 것이 아니라 직분과 교회의 기원을 묻는 것임을 고려하여 답해 봅시다.

2. 직분이 교회를 향해 서 있는 모습과 교회와 함께 서 있는 모습을 구분해 보고, 그 두 모습이 어떻게 조화될 수 있는지 말해 봅시다.

3. 직분자로 인해 신자들의 활동이 위축된다는 말이 있는데, 맞습니까? 직분은 성도를 온전케 하고, 성도의 교제를 활성화시키기 위해 주어졌다는 것을 말해 봅시다.

4. '직분 없이 구원 없다'는 말은 직분자를 우상시하는 바람직하지 못한 말이 아닐까요? 직분자와 신자들이 서로 대립하고 있지 않은지 말해 봅시다. 이런 대립을 풀 수 있는 비결이 있을까요?

우리가 거룩한 지식을 깊이 탐구했으므로, 하나님이 지정된 시간에 우리가 수행하도록 명령받은 모든 것을 질서있게 수행합시다. 하나님은 헌물과 예배가 성실하게 수행되고, 부주의하거나 무질서하게 행해지지 않고, 지정된 시간과 계절에 수행되기를 원하십니다. 하나님이 언제, 누구에 의해 그것들이 수행되기를 원하시는지 그의 최고의 의지에 의하여 결정하셨습니다. 모든 일들이 하나님의 선한 즐거움에 따라서 헌신적으로 수행되고, 하나님의 뜻을 따라 수용되어야 합니다. 지정된 시기에 헌물을 드리는 사람들은 받아들여지고 축복을 받습니다: 하나님의 교훈을 따르는 사람들은 잘못되지 않을 것이기 때문입니다. 대제사장에게 올바른 예배들이 제공되었고, 제사장들에게 올바른 헌물이 할당되었으며, 레위인들에게 올바른 봉사가 부과되었습니다. 일반 신자들은 일반 신자들의 규칙에 의해 규정됩니다. _ **클레멘트 1세**(알렉산드리아 교부)

하나님의 말씀을 가진다면 영혼은 부유하고 부족함이 없을 것이다. 하나님의 말씀은 생명과 진리와 빛과 평화와 의와 구원과 기쁨과 자유와 지혜와 권능과 은혜와 영광과 헤아릴 수 없는 모든 축복의 말씀이기 때문이다. 이것이 선지자가 하나의 시편 전체(119편)와 다른 곳들에서 하나님의 말씀을 사모하고 동경하며 또한 하나님의 말씀을 서술하기 위하여 그토록 많은 이름들을 사용한 이유이다. 하나님이 아모스(8:11)에서 말씀하고 있는 바와 같이 사람에게 가해지는 하나님의 진노 가운데서 하나님의 말씀을 듣지 못하는 기근보다 더 무시무시한 재앙은 없다. 마찬가지로 '그가 그 말씀을 보내어 그들을 고치시고 위험한 지경에서 건지시는도다'(시 107:20)라고 기록되어 있는 바와 같이 하나님께서 자신의 말씀을 보내시는 것보다 더 큰 자비는 없다. 그리스도께서 이 세상에 보내심을 받은 것은 바로 이 말씀의 사역을 위함이었다. 모든 영적인 직위(모든 사도들과 주교들과 사제들)는 오직 말씀의 사역을 위하여 부르심을 받고 제정되었다.

_ **마틴 루터**(독일의 개혁자)

4

직분과 예배

기독교 예배의 독특성

예배 없는 종교가 있을까? 모든 종교에 예외없이 예배가 있을 것이다. 기독교의 예배는 다른 종교의 예배와 어떻게 다른가? 기독교도 다른 종교들과 마찬가지로 신을 예배한다는 면에서 보면 하나도 다르지 않아 보인다. 믿고 있는 신이 다를 뿐이라고 생각하면 말이다. 물론 기독교회의 예배는 다르다. 다른 모든 종교의 신들은 우상이 대신하고 있다. 우상은 신들을 대리하는 형상인데, 그 우상이 신을 대리할 수 없을 뿐만 아니라 없는 신을 우상의 형태로 만들어 섬기는 것이다.

우상은 사람이 만든 것일 뿐만 아니라 사람의 욕망이 투영된 것이다. 모든 우상, 모든 종교적 예배는 사람이 자신의 기대와 열망, 더 나아가 자신의 욕망을 투영하여 만든 것에 불과하다. 대부분의 종교의식이 크게 다르지 않다는 것도 신적인 기원에서 찾기보다는 사람들의 공통된 마음에서 찾아야 할 것이다.

기독교의 예배는 사람들의 열망과 두려움에 대한 표현과 어떻게 다른가? 기독교회의 예배는 사람에게서 기원하는 것이 아니라 하나님에게서 기원한다. 기독교는 계시종교이다. 하나님께서 친히 찾아와 주셔서 하나님 자신이 어떤 분인지 알려 주심으로 말미암아 우리는 하나님을 알게 되고, 그 하나님을 섬길 수 있게 되었다. 하나님은 십계명의 제1계명을 통해 하나님만 섬기라고 하셨고, 제2계명을 통해 하나님을 섬기는 방법을 알려 주셨다. 즉, 우리는 우리가 원하는 방식대로 예배해서는 안 되고, 하나님께서 요구하시는 방법대로 예배해야 한다. 그것이 바로 우상을 만들어 섬기지 말라는 제2계명의 근본 뜻이다.

예를 들어, 구약의 대제사장 아론의 아들들은 하님께서 명령하지 않으신 다른 불을 담아가지고 성소에 들어갔기에 하늘에서 불이 내려와 그들을 태웠다(레 10:1-3 참고). 예배는 우리의 열심과 정성에 달린 문제가 아니라는 뜻이다. 예배는 하나님께서 원하시는 방식대로 하나님께로 나아가야 한다. 기독교 예배의 기획자는 사람이 아니라 하나님이시다. 하나님은 우리를 불러 하나님을 예배하라고 하시고 하나님은 예배하는 방식마저 알려 주신다. 우리의 자발성이 우선적인 것이 아니라 하나님의 주권적 찾아오심이 우선적이다. 하나님은 타락한 인생이 하나님의 공격과 진노에 노출되지 않도록 그리스도를 가운데 끼워서 우리를 만나 주신다. 이 지점에서 바로 직분이 개입된다.

사람이 하나님을 직접적으로 대면하려는 호기심을 가지고 있지만 그것은 허튼 노력에 불과하다. 무슨 음성을 듣고, 어떤 환상을 보았다고 하는 이들이 있는데 과연 그들은 누구로부터 듣고 보았을까? 예배는 신과의 합일을 바라는 열망이 아니라 하나님께서 자신을 낮추셔서 우리에게 찾아와 손을 내밀어 주심이다. 이때 하나님께서 취하시는 방식이 직분을 통한 찾아오심이다.

예배는 직분이 없이 존재할 수 없다는 것을 아는 것이 중요하다. 하나님은 직분자를 통해 자기 백성을 만나 주기로 작정하셨다. 모든 종교에는 다 사제가 있어서 신과 사람 사이를 중재한다. 구약시대 유대인에게 있던 제사장이 이와 다를 바가 없지 않냐고 말할 것이다. 우리는 성경을 통해서 사람이 신을 끌어내는 것이 아니라 하나님께서 친히 계시로 직분을 세우라고 하신 것을 볼 수 있다. 하나님께서 세우신 직분의 인도를 인정하지 않는 예배는 회중이 직접 하나님께 나아가겠다는 것과 다를 바가 없고, 그것은 중세의 신비주의와 다를 바가 아니다.

기독교회라고 할지라도 교파가 다양하고 예배도 다양하다. 그렇다면 어떤 예배가 참된 예배라고 말할 수 있을까? 예배는 모인 회중의 숫자나 열심에 달린 문제가 아니다. 그렇다고 단지 순서를 정하여 얼마나 질서 있게 예배하느냐의 문제도 아니다. 아니, 현대 교회는 예배의 질서보다는 무질서(?)를 조장하는 면이 많다. 예배는 정해진 순서를 따라서 다람쥐 쳇바퀴 돌듯이 반복하는 것이어서는 안 되고, 의외성이 강해야 한다고 생각한다. 이것을 성령의 역사를 제한해서는 안 된다는 말로 둘러댄다. 성령이 역사하기 위해서는 예배 순서를 정해 놓지 않아야 한다는 말이냐고 하면 그런 뜻은 아니라고 할 것이다. 현대 교회는 한쪽에서는 회중의 적극적인 참여를 강조하고, 다른 쪽에서는 회중을 위해 공연을 제공할 것을 강조한다. 어느 쪽이든지 예배에서 회중의 역할이 우위에 서 있다.

요즘같이 직분의 권위를 인정하지 않는 시대에서는 회중교회가 인기가 있을 것이다. 회중, 즉 모든 신자들이 자발적으로 모여서 그들의 은사를 발휘하면 한 두 직분자가 인도하는 예배보다 훨씬 더 풍성한 예배가 된다는 생각이다. 오래전 서울에서 열린 지방교회(Local Church)의 집회에 참석한 적이 있는데, 창시자인 워치만 니(Watchman Nee)의 후계자였던 위트니스 리(Witness Lee)의 집회였다. 위트니스 리가 하던 말이 지금도 생생하게 기억난다. 자기들 지방교회의 예배는 어떤 교파의 예배보다 풍성한 예배라는 것이다. 기존 교파들은 목사가 혼자서 예배 전체를 주관하고 설교도 혼자서 하기에 회중은 반찬 한 가지를 가지고 평생 식사를 한다는 것이다. 그런데 지방교회의 예배는 누구나 나와서 간증할 수 있고, 말씀을 전할 수 있기에 반찬 수 십 가지를 가지고 식사한다는 것이다. 이렇게 회중이 예배 순서를 맡고 적극적으로 관여하면 그 예배가 풍성해질 것이라는 생각은 얼마나 우스운 일인가? 교인 수가 많으면 많을수록 풍성한 예배를 할 수 있다는 생각은 아닐테지만 말이다.

예배는 예배하는 회중이 없이 존재할 수 없는 것이 사실이다. 회중 없는 예배는 없다고 해야 할 것이다. 극이 상영되는데 관객이 없으면 어떻게 되겠는가? 그런데 예배는 연극이나 공연이 아니다. 예배는 하나님께서 자기 백성을 불러 모으심으로 시작된다. 공예배의 시작이 바로 이스라엘 백성이 시내산에 섰을 때라고 말해야 할 것이다. 하나님께서 모세를 향해 '나의 백성을 내 앞에 모으라'(신 4:10 참고)고 하신 것이 바로 예배의 시작이라는 말이다. 이스라엘 백성들은 하나님께서 시내산에 강림하셔서 자기들에게 말씀하기 시작하셨을 때 너무나 두려워서 벌벌 떨었다. 이에 그들이 모세에게 요청한다. 하나님께서 직접 말씀하시는 것을 자기들이 견딜 수 없다고 말이다. 모세가 산으로 올라가서 하나님께 직접 듣고 와서 자기들에게 알려 달라고 말이다. 모세는 산으로 올라갔고, 홀로 하나님의 영광을 뵈옵고 주님의 말씀을 들었다. 그가 산에서 내려왔을 때 얼굴에 광채가 난 것이 바로 하나님과의 이 교제를 증거하는 것이었다. 이때부터 하나님의 백성들은 직분자를 통해 하나님께 나아가기 시작했다.

예배를 위해 부름 받은 직분

예배는 사람이 자신의 종교성을 충족시키기 위해 만든 기획물이 아니다. 예배는 그 기원이 하나님께 있다. 이것을 뚜렷하게 보여 주는 것이 바로 직분이다. 하나님은 직분자를 세워서 하나님이 자기 백성을 찾아오시는 것을 시위하신다. 구약시대에는 음성이라든지 시내산의 경험처럼 산이 흔들리고 요동치는 모습, 그리고 환상이나 천사들을 통해 하나님께서 자기 백성을 찾으셨다. 그런데 하나님께서 자기 백성을 친히 찾으신 대표적인 모습은 직분자를 통해서였다. 하나님은 직분자를 세워서 자기 백성을 만나 주셨다. 모든 직분은 일차적으로 예배를 위해 부름받았다. 하나님은 예배를 통해 자기 백성을 만나 주시기 위한 방편으로 직분을 허락하셨다.

예배에서 무엇보다 중요한 요소는 은혜의 방편이다. 하나님은 방편을 통해 은혜를 주신다. 통상적인 은혜의 방편이 바로 말씀과 성례이다. 은혜의 방편이 있어야 예배라고 부를 수 있다. 개인적으로 성경을 묵상하고 기도하는 것을 예배라고 부르기도 한다. 믿는 이들이 모여서 경건의 모임을 하는 것을 예배라고 부르기도 한다. 하지만 은혜의 방편이 있어야 예배이다. 쉽게 말하면, 예배에 말씀의 공적인 선포인 설교가 있어야 하고, 세례와 성찬이 베풀어져야만 공예배라고 부를 수 있다. 우리가 개인적으로 얼마든지 성경공부를 할 수 있다. 하지만 하나님의 백성들이 함께 모여 직분자가 은혜의 방편을 베푸는 자리가 바로 예배의 자리이다. 하나님은 직분자를 세워서 은혜의 방편을 수행하고 예배가 유지되게 하신다.

예배에서 제일 중요한 것은 뭐니 뭐니 해도 말씀일 것이다. 예배가 예배가 되는 것은 하나님께서 자기 백성들에게 들려주시는 말씀에 있다. 로마교회는 말씀이 아니라 미사를 예배의 본질적인 요소라고 보았지만 말이다. 말씀은 어떻게 나타나는가? 하나님께서 공중에서 음성을 발하지 않으신다면 말이다. 예배에서 말씀은 설교를 가리킨다. 왜 설교가 필요한가? 성경봉독만으로 충분하지 않은가? 성경봉독은 하나님의 말씀 자체를 읽는 것이니 말씀에 대한 인간의 해설인 설교보다 더 귀한 것이라고 생각하기도 한다.

설교는 무엇인가? 설교는 귀를 즐겁게 하는 도덕훈화인가, 아니면 인간의 욕망을 거룩하게 포장시켜 주는 복 추구인가? 그렇지 않다. 설교는 지금도 계속되는 하나님의 말씀이다. 예배에는 성경봉독으로만 끝나지 않고 그 말씀을 해설하고 적용하는 설교가 있어야 한다. 성경봉독만이 아니라 설교를 하나님의 말씀이라고 부른다. 종교개혁자들이 바로 이 설교가 하나님의 말씀이라는 사실을 힘주어 강조했다. 스위스 취리히의 목사들은 그들의 성경연구모임을 '예언회'라고 부름으로 목사의 설교야말로 지금도 계속되는 예언이라는 확신을 표현했다. 성령은 사적으로 예언의 은사를 주기도 하시지만 성경이 확정된 후에는 설교가 공적인 예언이 된다고 생각한 것이다.

목사는 하나님의 말씀을 공적으로 선포하도록 부름 받았다. 목사는 예배 시 하나님의 입이 된다. 성경봉독은 누구나 할 수 있다. 성경의 공적인 봉독이 개인적인 읽기와 다르기는 하지만 말이다. 공적인 읽기는 하나님께서 자기 백성에게 말씀을 공적으로 들려주시는 시간이기에 그렇다. 우리는 사도들의 서신을 교회에서 공적으로 읽었다는 것을 알고 있다(골 4:16 참고). 사도 요한의 계시록도 공예배에서 읽어야 하는 말씀이었다(계 1:3 참고). 성경을 읽는 것은 누구나 할 수 있는 일이다. 문자를 읽을 수 있는 이라면 말이다. 고대에는 문자를 읽을 수 있는 사람이 많지 않아서 성경봉독자를 직분자로 생각했다. 이런 성경읽기와 달리 설교는 더더욱 아무나 할 수 있는 것이 아니었다. 설교는 성경봉독 못지 않게 하나님의 말씀의 공적인 선포였기 때문에 공적으로 직분을 받은 사람이 아니고는 할 수 없는 것이었다. 요즘에는 설교가 격하되어서 능력이 있으면 누구든지 할 수 있고, 재미있는 공연으로 대체하기도 하지만 말이다.

예배를 지원하는 직분들

목사 혼자 말씀과 관련을 맺고 있는 것이 아니다. 모든 직분이 다 말씀과 관련을 맺고 있다. 장로도 말씀과 관련을 맺고 있다. 목사가 직접적으로, 그리고 공적으로 하나님의 말씀을 선포한다면 말씀이 선포되는 강단을 보호하는 직분이 장로이다. 유럽의 개혁교회에서는 예배가 시작될 때 독특한 퍼포먼스를 한다. 장로와 목사가 회중석을 가로질러 강단 앞까지 행진한다. 장로가 목사를 앞장선다. 우리로서는 보기 드문 광경이다. 행진을 하더라도 목사가 장로를 앞장서야 할텐데 왜 장로가 앞장서는가? 그것은 장로가 목사에게 예배인도를 위임하기 위함이다. 특히, 설교를 위임하기 위함이다. 행진을 하고 나서는 장로가 목사와 악수한다. 이 악수례야말로 목사에게 예배인도를 위임하는 구체적인 광경이다. 당회는 예배인도를 목사에게 위임한다.

목사는 개인의 자격으로 강단에 올라가는 것이 아니라 당회의 위임을 받아서 강단으로 올라간다. 목사는 두려워하지 않아도 된다. 모든 것이 자신의 능력에 달려 있는 것처럼 생각할 필요가 없기 때문이다. 회중은 그 악수례를 보면서 목사를 개인으로 바라보지 않는다. 목사의 능력에 주목하지 않는다. 하나님께서 맡겨 주신 일을 감당하는 직분자로 본다. 한국 교회에서는 목사가 개 교회 소속이 아니라 노회원이기 때문에 노회로부터 목양이며 예배를 위임받는다. 목사는 주일마다 장로로부터 예배인도며 설교권을 위임받을 필요가 없다. 그렇더라도 당회가 예배 인도와 설교에 대한 책임을 지고 있다는 사실만큼은 변함이 없다.

장로는 말씀에 관해 목사와 협력한다. 장로는 목사에게 설교권만이 아니라 예배 전체를 위임한다. 장로가 목사에게 설교권을 위임했다고 해서 아무런 책임이 없는 것은 아니다. 장로는 누구보다 강단에서 선포되는 말씀을 살핀다. 강단에서 이단사설이 선포되지 않는지 살핀다. 회중은 강단에서 선포되는 말씀이 정말로 하나님의 말씀인지 살펴야 한다(행 17:11 참고). 하물며 장로는 강단에서 선포되는 말씀이 하나님의 말씀인지를 살펴야 한다. 장로는 말씀선포에 함께 책임을 지고 있다는 뜻이다. 장로는 누구보다 하나님의 말씀을 잘 받아야 한다. 강단에서 선포되는 말씀에 은혜를 받아야 한다.

또한 장로는 강단을 보호하는 책무를 지고 있다는 것을 잊어서는 안 된다. 장로가 목사의 설교를 심사하고, 목사에게 원하는 설교를 요구하고, 교인들이 바라는 설교를 하도록 압력을 넣어야 한다는 말이 아니다. 장로는 강단에서 선포되는 설교가 하나님의 말씀이 되는 일에 책임을 져야 한다는 말이다. 그것이 바로 장로를 세운 가장 중요한 이유이다. 장로는 말씀에 정통해야 한다. 예배를 위해서 말이다.

목사와 장로가 말씀과 직접적으로 연관을 맺고 있다면 집사는 말씀과 어떤 관련을 맺고 있는가? 집사는 '섬긴다'는 말에서 나왔다. 여기서 말하는 섬김은 우선적으로 '식탁봉사'를 가리킨다. 예수님은 친히 자신이 섬김을 받기 위함이 아니라 섬기기 위해서 왔다고 하셨다(막 10:45 참고). 예수님이 최초의 집사셨다고 말해도 될 것이다. 집사가 섬김, 즉 봉사와 관련을 맺고 있다는 것은 단순히 육체적인 봉사만을 말하는 것이 아니다. 집사는 예배와도 관련을 맺고 있다. 집사도 예배를 위해 부름을 받았다는 말이다. 집사는 말씀을 포함한 예배 전체의 분위기를 잡는 역할을 한다. 고대 교회에서는 집사들이 구제헌금을 거두었을 뿐만 아니라 예배 시간에 조는 이들이 없는지 감시하는 역할도 했다. 장로가 강단에 울타리를 친다면, 집사는 예배당 자체에 울타리를 친다고 말할 수 있다.

이상에서 살펴보았듯이 모든 직분은 예배를 위해 부름 받았다. 말씀을 위해 부름 받았다. 직분이 없이는 예배도 없고, 말씀도 없다고 말할 수 있다. 이렇듯 예배에서 자신의 부름을 확인하지 못하는 직분자는 예배 외에서 자신의 존재근거를 찾으려고 할 것이다. 목사는 회의주재나 결재권을 통해, 장로는 행정이나 재정집행권을 통해, 집사는 각종 봉사의 자리를 통해서 말이다. 예배는 모든 직분자들이 총동원되어 그 직분사역을 수행하는 시간이다. 예배는 직분자를 통해서 가능해진다. 예배는 말씀의 문제요, 말씀이신 그리스도의 문제이기에 말이다. 회중은 직분자가 예배를 인도하고 섬기는 존재라는 것을, 그 직분자들에 의해 예배가 달렸다는 것을 알고 귀하게 여겨야 할 것이다.

회중은 직분자에게 다른 것을 요구할 것이 아니라 예배를 요구해야 할 것이다. 예배를 제대로 섬기고 인도하여 그리스도를 보여 주고, 구원의 영광을 누리게 해 달라고 요구해야 할 것이다. 회중은 예배 때문에 직분을 간절히 사모한다.

내용 요약

1   모든 종교마다 다 예배가 있다. 그렇다면 기독교 예배의 독특함이 있는가? 있다. 모든 종교의 예배는 신이 찾아온다는 것을 강조하지만 그것보다는 신도들의 종교성에 그 기초를 두고 있다. 그런데 기독교회의 예배는 삼위 하나님께서 예배를 주관하신다는 것이다. 회중이 모여 열렬히 예배하기만 하면 그것이 예배가 되는 것이 아니다.

2   예배에서 중요한 것은 회중이다. 예배하는 회중이 없으면 예배할 수 없기 때문이다. 그래서 함께 모이는 것이 무엇보다 중요하다. 하지만 예배하는 회중은 군중에 불과한 것이 아니라 직분자의 인도로 하나님께 질서있게 나아가서 하나님과 교제를 누린다. 회중은 직분자의 인도를 받아서 하나님께 나아가는 복을 누린다.

3   하나님께서 교회에 직분을 세우신 것은 일차적으로 예배를 위해서이다. 목사는 특히 말씀을 맡았기 때문에 어떤 직분보다 중요하다. 신자라면 누구나 성경을 읽어야 하지만 목사는 예배에서 하나님의 입이 된다. 특히 설교가 바로 그러하다. 그래서 우리 개신교회는 목사가 없고, 설교가 없는 예배는 예배라고 부르기 힘들다.

4   장로도, 집사도 예배를 위해 부름 받았다. 예배가 끝나고 나서 장로와 집사의 일이 시작되는 것이 아니다. 예배에서 자신의 위치를 확인하지 못하는 직분자들은 예배 밖에서 자기 위치를 부각시키기 위해 애를 쓰게 될 것이다. 우리는 예배가 '직분적 봉사'임을 잊지 말아야 할 것이다. 회중은 직분자로 인해 하나님을 만날 수 있다.

토론할 문제

1. 모든 종교마다 다 예배가 있는데 우리 기독교회의 예배가 다르다고 할 수 있을까요? 다르다면 왜 다른지 말해 봅시다.

2. 예배는 개인적인 것이 아니라 함께하는 것이기 때문에 회중의 역할이 중요합니다. 개인(가정) 경건회와 달리 회중이 함께 모이는 것이 왜 중요한지 말해 봅시다.

3. 모든 직분은 기본적으로 예배를 위해 부름 받았다는 것을 함께 나누어 봅시다. 목사가 예배에서 감당하는 역할이 무엇입니까?

4. 목사 외의 다른 직분들(장로, 집사와 권사)도 봉사라는 막연한 말이 아니라 예배를 섬기는 직분임을 말해 봅시다.

2부

직분의
역사

그리스도께서 임하실 것을 설교하면서 '염소가죽과 양가죽을 입고' 유리하던 사람들을 본받읍시다. 우리는 엘리야와 엘리사, 그리고 에스겔, 예언자들, 그리고 그들과 나란히 유명한 옛날 사람들을 말하는 것입니다……몇몇 명성이 높은 아주 위대한 사람들의 겸손과 복종이 우리 뿐만 아니라 우리 앞선 세대(비슷하게 경외심과 진실함으로 그의 계시를 받았던 사람들)까지 향상시켰습니다. 우리는 위대하고 영광스러운 행위들에 참여하였으므로 처음부터 우리에게 전해 내려온 평화에 이르도록 서두릅시다. 우리의 눈을 아버지이고 세상의 창조자이신 분에게 고정시키고, 그분의 평화의 장엄하고 놀라운 선물들과 은혜들을 굳게 잡읍시다. 우리의 마음에서 그분을 바라보고, 영혼의 눈을 그분의 인내하는 의지로 향합시다. 그분이 모든 피조물을 향한 분노를 제어하신 것을 주목합시다. _ 클레멘트 1세(알렉산드리아 교부)

율법이 주어진 것은 택한 백성을 그리스도께로부터 멀어지게 하기 위함이 아니었다. 오히려 그리스도께서 오시기까지 그들의 마음을 준비시키고, 그에 대한 간절한 열심을 불러일으키며, 그들의 소망을 강건하게 하여 그의 강림이 오래 지체되는 동안 낙망하지 않게 하기 위한 것이었다. 나는 율법이라는 단어를, 비단 경건하고도 의로운 삶의 규범으로 제시된 십계명을 의미한 것만이 아니라, 모세를 통하여 하나님께서 전수하신 신앙의 형식을 의미한 것으로도 이해한다. 모세가 율법 제정자로 세움 받은 것도 아브라함의 자손들에게 약속된 축복을 제거하기 위한 것이 아니었다. 오히려 그는 조상들에게 값없이 주어진 언약을 유대인들에게 거듭거듭 언급하면서, 그들이 바로 그 언약의 상속자들임을 상기시킨다. _ 존 칼빈(제네바의 개혁자)

5

구약시대의 직분

직분자 아담

서양의 근대화가 이룬 가장 큰 쾌거 중에 하나는 사람을 개성을 가진 독자적인 한 개인으로 보기 시작한 것이다. 옛날에는 한 개인이 자신에 대해서 생각하지 못했다. 집단 속에 있는 자신밖에 몰랐으니 말이다. 타인의 삶을 바라보면서도 그 타인을 통해 자신을 바라보는 것마저 하지 못했으니 말이다. 개인은 집단 속에 파묻혀 있었다. 이제는 정반대가 되었다. 서양뿐만 아니라 동양 사회마저도 개인주의에 물들어서 집단으로부터 자신을 구분하려고 애쓰는 것을 볼 수 있다. 가족, 회사, 국가라는 것은 그냥 하나의 형식일 뿐이라고 생각한다.

예를 들어, 국가는 국민의 총체 이상이라는 생각이 있기는 하지만 국가라는 것은 구체적인 내용이 없는 껍데기라고 생각하는 경우가 많다. 그래서 애국심이라는 것의 실체를 부인하는 경우도 많다. 그냥 각자가 자기의 삶의 자리에서 열심히 사는 것이 애국이지 집단 속에 밀어 넣으려고 하느냐고 항의한다. 마지막으로 남은 집단은 가족일 것이다. 교회도, 국가도 무너졌고 이제는 가족만이 마지막 도피처가 되어 있다. 전통적인 의미의 가족마저 점차로 해체되고 있지만 말이다.

개인주의가 판을 치는 시대에 살고 있다 보니 우리는 성경에 등장하는 인물들도 사사로운 한 개인으로 취급할 때가 많다. 신자들이 구약의 인물들을 위대한 개인, 즉 영웅으로 높이려는 모습을 볼 수 있다. 유대인의 사고방식, 좀 더 넓게 말하자면 고대 근동의 사고방식에서 개인주의적인 사고방식은 찾아볼 수 없고 집단주의적인 사고방식이 만연했는데 우리는 그것을 인정하려 하지 않는다. 하나님은 그런 시대상황을 충분히 활용하여 일하셨는데 말이다. 아니, 하나님은 시대상황이 아니라 사람을 창조하실 때 단순한 한 개인이 아니라 직분적 존재로 지으셨다. 하나님의 형상을 반영한 인생이니 당연히 그럴 수밖에 없을 것이다. 하나님이 삼위 하나님이시니 말이다.

첫 사람 아담의 경우를 살펴보자. 아담은 분명히 한 개인이었다. 그는 집단의 일원이 아니었다. 하나님께서 아담과 같은 수많은 사람을 만드셨고 아담이 그중에 한 사람이었다고 주장하는 이들이 있지만 말이다. 하나님은 첫 사람 아담을 하나님의 형상대로 지으셨다. 하나님은 아담을 지으시고, 그의 아내가 될 하와를 그의 갈빗대로 지으셨다. 하와가 뱀의 말을 듣고서 선악과를 먹고 남편에게도 주었는데, 하나님은 아담을 찾으신다. 왜 숨었느냐고 말씀하시고, 왜 선악과를 먹었냐고 말씀하신다(창 3:9-11 참고). 하와에게 묻지 않으시고 아담에게 물으신 이유가 무엇일까? 아담이 대표자라는 말이다. 아담이 하와의 머리이기 때문이다. 이후에 하나님은 하와에게도 책임을 물으시지만 아담은 한 개인이 아니라 아내 하와와의 관계에서 남편, 즉 직분자였다.

아담이 아내 하와에 대해서만 직분적인 관계에 있는 것이 아니었다. 아담은 온 인류를 대표하고 있었다. 그래서 사도 바울은 아담과 그리스도를 비교하고 있다. 아담 한 사람으로 말미암아 죄가 세상에 들어왔고, 그 죄로 인해 사망이 들어왔다. 문제는 그다음이다. 사도는 그 결과 모든 사람이 죄를 지었고 사망이 모든 사람에게 이르렀다고 선언한다(롬 5:12 참고). 아담 한 사람의 죄가 모든 인류의 죄가 되었다는 말이다. 그렇게 되었는지 설명하지 않는다. 쉽게 말하면 대표의 원리라고 보면 되겠다. 한 나라의 대표자인 대통령이 다른 나라 대통령과 맺은 조약은 그 나라에 속한 모든 국민이 따라야 할 조약이라는 것을 생각해 보면 알 수 있다. 물론, 아담이 인류의 대표라는 것은 그런 단순한 대표성보다는 훨씬 더 깊은 의미에서 하나되어 있다고 말해야 할 것이다. 아담 한 사람의 죄와 사망이 모든 인류의 것이 되었다는 것은 아담과 인류의 끊을 수 없는 연결관계를 분명하게 보여 준다. 놀랍게도 그리스도는 아담이 인류와 더불어 맺은 그 끈질긴 끈을 끊어 주신다. 그러고나서 이제 믿는 자들이 그리스도와 연결된다. 예수 그리스도는 새로운 아담이시다. 예수님도 직분자로 이 땅에 오셔서 일하셨다는 것을 보여 준다.

이스라엘 이전의 직분자들

첫 사람 아담만이 직분자로 일한 것이 아니다. 하나님은 아담의 아들인 아벨의 죽음 이후에 '셋'을 약속의 후손으로 삼으셨다. 질투심 때문에 아벨을 죽인 '가인'은 저주받은 사람이 되고, 그의 후손 역시 저주의 계열이 된다. 셋의 계열에서 우리는 독특한 인물 한 사람을 만나는데 그가 바로 '에녹'이다. 에녹은 삼백 년 동안 하나님과 동행하면서 자식을 낳으며 생활하다가 하나님이 그를 데려가셨다(창 5:21-24 참고). 아마도 그는 육체적인 죽음을 맛보지 않고 하나님께서 그를 산 채로 데려가신 것이 아닌가 한다. 여기서 우리는 에녹의 삶이 한 개인의 경건한 삶의 모습만이 아니라 육체의 죽음 이후의 삶이 있다는 것을 미리 보여 주셨다는 것을 알 수 있다. 그의 승천(?)은 그의 경건의 결과이기도 하겠지만 성경에서는 하나님께서 그를 선지자로 세워서 심판을 선포하는 직분자로 세우셨다고 말한다(유 1:14-16 참고). 에녹은 최초의 선지자였던 셈이다.

이제 '노아'에 대해 이야기할 차례이다. 하나님은 하나님의 아들들(셋 계열)이 사람의 딸들(가인 계열)의 아름다움을 보고서 자기들의 아내로 삼은 것을 보시고는 더 이상 사람과 함께하지 않겠다고 결심하시고 그들을 멸망시키기로 작정하신다. 노아는 유일하게 하나님과 동행했다. 하나님은 그에게 큰 배를 지으라고 하시고 그의 가족들과 생물들을 살리셔서 새로운 시작을 하게 하셨다. 노아는 새로운 아담의 위치에 섰다고도 할 수 있다. 노아는 에녹과 마찬가지로 선지자 역할을 수행했다. 성경은 그를 '의를 전파하는 노아'(벧후 2:5)라고 언급한다. 의를 전파하는 노아라는 말은 그가 그리스도의 의를 전파하는 일에 앞장섰다는 것을 보여 준다. 성경은 그리스도께서 죽으시고 부활하신 것이 지옥에 있는 이들에게 놀라운 복음선포가 되었다고 말한다(벧전 3:18-20 참고).

그 지옥에 있는 이들은 '노아의 날 방주를 준비할 동안 하나님이 오래 참고 기다리실 때에 복종하지 아니하던 자들(벧전 3:20)'이라고 특정하고 있다. 노아의 때를 상기시키는 것이다. 그리스도께 듣지 않는 이들은 더 이상 소망이 없다. 모든 생물을 살린 노아와 달리 죄로 인해 죽은 사람을 살려 주는 분이신 그리스도를 듣지 않으니 말이다. 이렇듯 이스라엘이라는 한 나라로 구성되기 전에도 하나님은 직분자를 통해 이 세상을 유지시키셨다.

직분자들인 족장들

노아의 홍수 이후에도 하나님의 구원계획은 개인적으로, 개별적으로 이루어진 것이 아니라 구원의 계열을 통해 진행되었다. 하나님은 노아의 세 아들들 중에 '셈의 하나님 여호와'(창 9:26)로 불리기를 기뻐하셨다. 함은 그 아들 가나안이란 이름을 특정하여서 셈의 종이 되고 막내 야벳은 셈의 장막에 거하면서 복을 누리게 된다. 하나님은 셈의 하나님이 되셨고, 셈의 계열에서 아브라함이 태어난다. 하나님은 아브라함 한 사람을 통해 새로운 민족을 구성하셨다. 그의 아들 이삭, 이삭의 아들 야곱, 야곱의 아들들인 12지파를 통해 한 민족, 즉 이스라엘 민족이 형성된다. 이 이스라엘이 한 나라를 이루었고, 이 이스라엘이 구약의 교회였다.

처음에 이스라엘에는 세상 나라와 같은 직분자가 없었다. 우리가 말하는 족장들이 하나님을 대리하는 직분자였다. '아브라함'을 '믿음의 조상'이라고 부르곤 하는데 아브라함은 개인적인 믿음을 가진 첫 번째 사람이 아니다. 우리가 잘 아는 소돔과 고모라 사건을 통해 그는 소돔과 고모라를 위해 하나님께 기도했다. 소위 말하는 '중보기도'를 했다. 그의 기도 덕분에 조카 롯과 그의 가족이 유황불이 내리는 소돔에서 건짐을 받았다.

'이삭'은 어떠한가? 그는 약속의 아들이었고, 자녀들을 축복한 직분자였다. 아들들의 운명이 그의 축복에 의해 좌우되었다. 이삭은 쌍둥이를 낳았는데, 형이요 남성미가 넘치던 에서를 좋아했고 그에게 축복하려고 했다. 이삭의 축복은 단순한 축복이 아니라 세상 모든 민족이 굴복하고, 그가 모든 이들의 주인이 되는 복이었다(창 27:27-29 참고). 이삭은 에서가 이 복을 받기를 원했는데 하나님의 선택하시는 사랑으로 인해 동생 야곱이 그 복을 받게 되었다. 자신이 속아서 야곱을 축복했다는 것을 안 이삭은 크게 두려워하면서 에서에게는 저주와 같은 말을 할 수밖에 없었다(창 27:39, 40 참고).

왕국의 직분들

야곱의 열두 아들들, 열두 지파가 이스라엘이라는 나라를 이룬다. 우리는 '모세'의 독특한 역할에 주목한다. 모세는 하나님의 백성들을 인도한 자이면서, 동시에 하나님의 백성들에게 율법을 전해 준 선지자 역할을 했고, 하나님의 백성들을 위해 중보하는 역할도 했다. 시내산에서 하나님의 백성들이 하나님과 더불어 언약을 맺을 때에 그들이 하나님의 가까이 찾아오심을 두려워했기에 이후로는 모세 홀로 하나님을 대면하고, 하나님을 가까이하는 자리에 섰다. 하나님은 모세를 통해 율법을 포함한 각종 직분과 제도를 주심으로 건국의 아버지와 같은 역할을 하게 하셨다. 히브리서에서 우리는 하나님의 집에서 충성스럽게 종으로 섬긴 모세와 달리 아들로 섬긴 그리스도를 비교하는 것을 볼 수 있다(히 3:2-6 참고). 모세는 하나님의 집을 맡은 아들이 오실 길을 준비했다.

하나님은 왕국의 직분자로 가장 먼저 '제사직분'을 허락하신다. 당시 고대 근동에는 어느 민족에게나 제사장이 있었다. 하나님께서 이스라엘을 세우신 것은 온 세상을 향한 제사장 역할을 감당하게 하기 위해서였다(출 19:5, 6 참고). 하나님께서 온 세상을 창조하셨기 때문에 타락 이후에도 온 세상에 대한 주권을 여전히 가지고 계신다. 하나님은 이스라엘이라는 한 민족을 통해 온 세상을 복 주실 계획을 세우신다. 이스라엘이 실패하자 이 직분은 교회로 이전된다(벧전 2:9 참고). 이스라엘이 온 세상에 대해 제사장 역할을 감당해야 하지만 하나님은 이스라엘 내에 또 다른 제사장을 두신다. 제사장은 이중적으로 하나님의 거룩을 드러낸다.

구약성경에서 '섬김'이라는 뜻을 가진 용어(아바드)가 제사를 위해 사용되었다. 제사장은 '여호와를 위해' 섬기는 자들이었다. 그들은 이스라엘 백성들의 죄악을 담당하는 자들이었다. 유월절 어린양을 포함하여 각종 제사제도는 모든 죄악이 씻겨질 단 한 번의 희생제사를 가리키고 있었다. 레위의 제사장보다 더 나은 영원한 제사장이 필요했던 것이다(시 110:4 참고). 이스라엘의 제사장들은 하나님의 백성들을 위해 제사를 드렸다. 제사장들은 의사의 역할도 겸했다. 이방 제사장들처럼 푸닥거리를 한다든지, 병을 낫게하는 능력을 소유한 자들로 인식되지 않았다. 이방 제사장들은 왕의 측근이었고, 신의 뜻을 전달하는 자들로 여겨졌기 때문에 대단한 정치적인 영향력을 행사한 것과 비교하면 그 영향력이 형편없었다는 것을 알 수 있다. 한편 레위 지파의 영광은 제사장을 도와 성전의 일을 하는 것이었는데, 그들은 각 지파들이 할당해준 성읍에 거주하면서 율법을 가르치는 일도 했다 (신 33:10).

왕국에서 제일 중요한 직분이 '왕'이다. 하나님은 이스라엘이 왕을 세우고자 할 것을 내다보시고는 왕의 조건을 내세우신다. 하나님의 백성들 중에서 왕을 세우되, 병마와 아내와 은금을 많이 두지 말라고 하신다(신 17:14-17 참고). 이스라엘이 왕을 요구했을 때 선지자 사무엘은 무척 싫어했다. 왕을 구하는 것은 하나님의 왕되심을 인정하지 않는 것이기 때문이다. 당시에 이스라엘에는 하나님의 백성의 구원자 역할을 한 '사사'가 있었다. 그 사사는 세습되지 않았고 이스라엘 전체가 아니라 한 지파의 군사 지도자였다.

사무엘은 왕이 그들을 얼마나 크게 억압할 것인지 말했지만 이스라엘은 나라 전체를 다스리고 자기들을 위해 전쟁을 수행해 줄 왕을 구했다(삼상 8:19,20 참고). 왕의 임직과정은 다음과 같다. 하나님께서 선택하시고, 기름부음을 받고, 성령의 능력이 임하고, 대적과 싸워 그들을 물리치는 일을 한다. 이스라엘의 초대 왕 사울이 이 과정을 그대로 밟는다. 사울은 말씀에 순종하지 않으므로 버림을 받게 된다.

하나님은 사울을 버리고 다윗을 선택하시다. 하나님은 다윗과 더불어 언약을 맺으시고는 그의 후손이 영원히 주의 백성 이스라엘을 다스리게 하신다(삼하 7장 참고). 이때 하나님께서 언어유희를 하신다. 다윗이 하나님을 위해 거하실 집을 지어 드리겠다고 하자 하나님은 "아니다. 네가 나를 위해 무슨 집을 짓겠느냐? 내가 너를 위해 집을 지어 주겠다"고 하신다. 그 집은 다윗의 가문을 말한다.

하나님은 다윗과 그의 후손이 사울처럼 버림받지 않고 대대로 이스라엘을 다스리게 하겠다고 하신다. 이 언약을 '영원한 왕권의 언약'이라고 부를 수 있는데, 다윗의 후손이 끊어지고 이스라엘이 망하면 이 언약이 어떻게 되는가? 이 다윗언약이 파기되지 않는 것은 하나님께서 다윗의 후손으로 보내실 메시아를 준비하셨기 때문이다.

다윗의 후손은 왕으로 등극하면서 하나님의 아들이라고 선포되었다(시 2:7 참고). 이것은 고대 근동의 왕들이 자신들을 신의 자식이라고 부르면서 자신을 숭배하게 한 것과 어떻게 다른가? 그들은 왕이면서 동시에 대사제 역할도 맡으면서 신의 뜻을 대리했다. 다윗의 후손이 하나님의 아들이라고 불린 것은 다른 측면이다. 이스라엘의 왕은 하나님을 대신하여 다스리는 직분자이다. 하지만 그도 하나님의 백성의 한 사람일 따름이다. 이스라엘의 왕은 하나님의 백성들을 대표하여, 하나님의 백성들과 함께 하나님께 나아가는 자이다.

이스라엘의 왕은 절대 권력자가 아니었다. 왕은 하나님의 형상이 회복된 첫 주자로서 율법에 순종하면서 하나님의 다스림을 잘 나타내어야 했다. 하나님은 인간 왕의 다스림을 통해 하나님의 다스림이 얼마나 공의롭고 얼마나 은혜로운지 알도록 하셨다. 하나님의 백성들은 인간 왕을 통해 하나님을 볼 수 있고 하나님께서 자기들을 얼마나 복되게 다스리시는지를 볼 수 있었다.

하나님은 이스라엘에 '선지자'도 세우신다. 하나님은 거짓 선지자가 일어날 것을 내다보셨다(신 13:1-5 참고). 그들은 이적과 기사를 행한다. 꿈 꾼 것을 들먹이기도 한다. 이방 민족들의 선지자들 흉내도 내었다. 점을 친다든지, 주술을 부리는 것 등으로 신의 뜻을 장악하려고 한 것 말이다. 앗수르의 전문술사들은 양을 갈라서 간을 관찰하여 점을 치고, 점성술을 통해 개인과 국가의 운명을 점치기도 했는데 이것도 흉내내었다. 하나님은 그런 거짓 선지자들을 통해 이스라엘이 하나님을 진정으로 사랑하는지를 시험하신다.

결국 거짓 선지자는 다른 신들을 섬기자고 부추긴다. 선지자는 하나님으로부터 말씀을 받아 전해야 한다. 선지자는 자기 생각이 아니라 하나님의 심정을 읽은 자이다. 예를 들어, 선지자 예레미야는 자신이 하나님의 꾀임에 빠졌다고 말하면서도 하나님의 말씀을 전하지 않으면 자신의 마음이 불붙는 것 같아서 전하지 않을 수 없다고 말했다(렘 20:7-9 참고). 이것이 바로 선지자의 마음이다. 자신이 어떤 조롱과 고소를 당하더라도 말씀을 전하지 않을 수 없는 심정 말이다. 선지자는 율법 해설만이 아니라 예언의 말씀을 전했다. 선지자는 이스라엘의 현재의 죄악을 지적하고, 앞으로 당할 끔찍한 재난이며 회복의 은혜를 선포했다.

공적인 직분으로 선지자가 세워지기 전에 모세가 이미 하나님의 백성들에게 선지자 노릇을 했다. 모세는 이후에 '나와 같은 선지자 하나'를 하나님께서 일으키실 것이라고 말했다(신 18:15 참고). 하나님의 백성들이 하나님의 음성을 듣기를 두려워했을 때에 하나님께서 모세를 통해서 말씀하셨는데, 그 사건을 통해서 하나님은 모세와 같은 선지자를 일으키실 것이라고 말씀하셨다. 하나님은 하나님 자신의 말씀을 그의 입에 두겠고 그는 주의 백성들에게 하나님의 명령을 남김없이 전할 것이라고 하셨다(신 18:18 참고). 하나님의 뜻을 남김없이 전할 선지자가 누구일까? 우리는 변화산에서 모세와 엘리야가 나타나 예수님께 무언가를 부탁한 것을 통해 이 사실을 확인할 수 있다. 그들은 율법과 선지자를 대표한다. 모세는 하나님께서 일으키겠다고 하신 선지자를 보고 싶었고, 엘리야는 이스라엘에 내린 재앙으로도 돌이키지 못하는 주의 백성을 돌이킬 길을 구하지 않았겠는가? 주의 백성을 돌이킬 길을 구했다. 그것이 바로 예수님의 죽으심이었다.

하나님은 처음부터 직분자를 세우시고 그들을 통해 일하셨다. 구약시대의 모든 직분자들은 약속의 직분자들이었고, 왕조시대의 직분자들은 다 율법의 직분자들인데 고대 근동의 다른 민족들과 달리 그 역할이 엄격하게 나누어져 있었다. 그런데 구약의 모든 직분자들은 그들에게 맡겨진 직분사역을 온전히 감당하지 못했다. 직분자들 자신의 연약함과 죄악이 문제였다. 하나님의 백성들에게 구원과 복을 가져다주어야 할 직분이 도리어 하나님으로부터 멀어지게 하여 저주를 불러일으키는 경우가 많았다. 직분자들의 연약함이 하나님의 백성들로 하여금 하나님이 친히 임하셔서 구원해주실 것을 더욱더 사모하게 만들었다.

구약의 모든 직분들은 하나님께서 최종적으로 보내 주실 직분자를 보여 주는 역할을 했을 뿐만 아니라 그들의 연약함으로 인해 오실 그분을 기다리게 만들었다. 구약의 하나님의 백성들은 직분자들로 인해 하나님의 구원을 맛보면서 동시에 오실 그분을 사모하는 믿음으로 구원을 받았던 것이다. 우리는 하나님이 처음부터 직분을 통해 일하셨다는 것을 간과하지 말아야 한다.

내용 요약

1 우리가 아는 구약시대의 유명한 인물들은 위대한 개인이었던 것이 아니라 직분자들이었다. 최초의 사람이었던 아담도 직분자였다. 그는 하나님을 대신하여 온 세상을 다스리는 직분을 받았다. 그의 아내인 하와의 머리 역할을 해야 했던 직분자이기도 했다. 또한 에덴동산에 죄가 들어오지 못하도록 막는 제사장 역할도 감당했을 것이다.

2 하나님께서 이스라엘 민족을 세우시기 이전에 셋, 에녹, 노아와 같은 인물들도 직분자 역할을 수행했다. 살해당한 아벨대신 태어난 셋은 구원의 계열이 되었다. 셋 가문에서 에녹이 영생을 누리게 될 것을 미리 보여 주었고, 노아는 온 세상이 물로 심판받을 때 구원받아 새로운 땅에서 새로운 아담의 역할을 했다.

3 우리는 구약의 족장들도 직분자로 보아야 한다. 아브라함은 믿음의 조상이기 이전에 한 민족을 출산한 아버지였다. 이삭은 약속의 아들이었고, 야곱은 하나님의 선택을 잘 보여 준다. 이렇게 족장들로 말미암아 한 민족이 형성되었다. 하나님께서 족장들과 맺은 언약 때문에 그들의 허리에서 나온 이스라엘 자손을 교회로 세우셨다.

4 이스라엘은 민족이자 나라를 이루었는데, 하나님은 그 왕국에 직분자들을 세우신다. 이스라엘 자손들의 죄악을 하나님께 고하도록 돕는 제사장, 하나님의 말씀을 자기 백성들에게 전하는 선지자, 하나님의 백성들을 대표하여 하나님께 나아가는 왕의 직분을 주셨다. 이 직분들로 인해 이스라엘 자손들은 하나님이 주시는 구원을 누릴 수 있었다.

토론할 문제

1. 우리는 성경에 나와 있는 개인을 직분자의 관점에서 읽을 수 있어야 하는데, 최초의 인간 아담의 경우를 예로 들어 봅시다. 아담이 무슨 직분을 가지고 있었던 것일까요?

2. 노아의 경우, 그를 홍수시 구원받은 개인으로 볼 것이 아니라 그가 아담처럼 물에서 나온 세상을 새롭게 시작하는 첫 인간이었다는 관점에서 말해 봅시다.

3. 아브라함, 이삭, 야곱을 족장들이라고 부르는데 하나님께서 그들을 통해 어떻게 이스라엘이라는 한 민족을 형성하셨는지, 그리고 그 이스라엘이 어떻게 교회가 되었는지 말해 봅시다.

4. 하나님께서 이스라엘 왕국에 세우신 제사장, 선지자, 왕의 역할을 말해 봅시다. 하나님의 백성들이 그 직분자들을 통해 누릴 구원과 은혜를 말해 봅시다.

우리가 명령한 것에 주의하십시오: '두 염소를 취하여 드려서, 하나는 온전한 속죄제로 드리라.' 다른 한 마리로는 무엇을 합니까? '다른 염소는 저주를 받는다'고 말합니다. 예수님의 모형이 계시되는 방법을 주목하십시오! '여러분들 모두가 염소에게 침을 뱉고 찌르고 머리에 붉은 양털을 묶으라. 그 염소를 광야로 내쫓으라.' 그러면 염소를 책임지고 있는 사람이 염소를 광야로 끌고 가서 양털을 제거하고 일반적으로 라키아라고 불리는 숲에 놓아줍니다. 이게 뭘 의미합니까? 주목하십시오. '하나는 제단을 위한 것이고 다른 하나는 저주를 받습니다.' 저주받은 것은 관 씌워진다는 것을 주목하십시오. 그들은 그날에 긴 붉은 옷을 입고 있는 그를 볼 것입니다. 그들은 '이 사람은 우리가 한때 십자가에 못 박았고 그에게 침 뱉어서 모욕했던 사람이 아닙니까? 확실히 이 사람은 그때 그가 하나님의 아들이라고 말했던 사람입니다. _ 바나바의 편지

하나님께서 그의 백성들에게 끊임없이 선지자들을 보내셔서 구원을 위하여 충분하고도 유익한 가르침들을 언제나 그들에게 남겨 두셨으나, 경건한 자들의 마음은 언제나 메시아가 오셔야만 모든 것을 충만한 빛 가운데서 깨달을 수 있으리라는 확신으로 가득 차 있었다. 사마리아 여인의 말에서 나타나듯이, 참 신앙을 전혀 알지 못했던 사마리아 사람들에게까지도 이 확신이 퍼져 있었다: '메시아 곧 그리스도라 하는 이가 오시면 모든 것을 우리에게 알려 주시리이다'(요 4:25). 또한 유대인들이 경솔하게 자기들의 머리로 이런 것을 상상해 낸 것이 아니라, 분명한 하나님의 말씀으로 가르침을 받아서 그렇게 믿은 것이다. 이사야의 말씀이 특히 유명하다: '보라, 내가 그를 만민에게 증인으로 세웠고 만민의 인도자와 명령자로 삼았나니'(사 55:4). 다른 곳에서 이사야는 그를 가리켜 '기묘자'요 '모사'라 불렀다(사 9:6). _ 존 칼빈(제네바의 개혁자)

6

직분자 그리스도

역사적 예수를 찾아라?

'역사적 예수'라는 말이 지금껏 회자되고 있다. 성경에 기록되어 있는 예수님은 제자들이 믿음의 눈으로 그리고 해석한 예수이기에 실제적인 모습을 찾아내어야 한다는 것이다. 예를 들어서 부활에 대해 말해 보자. 부활 기록은 예수님이 실제로 육체적으로 부활했다는 것을 말하는 것이 아니라는 것이다. 그런 기록은 제자들의 마음에는 예수님이 여전히 살아 계신 분이라는 것을 고백하는 방식이었다는 것이다. 예수님은 돌아가셨지만 자기들은 여전히 예수님을 잊지 못하고 있다는 것이다. 성경기록을 이렇게 부자연스럽게 해석하는 것은 예수님의 육체적인 부활을 믿지 못하기 때문이다. 해석된 예수가 아니라 실제 역사 속에서 활동했던 예수의 진짜 모습, 생생한 말씀을 찾아야 한다는 것이다. 어떻게 찾을 수 있겠는가? 그때 당시로 돌아갈 수 있는 것이 아니니 성경의 사복음서와 그 외 몇몇 문서들을 가지고 추측하는 것뿐이다. 자신들의 선입관과 경험이 해석의 절대적인 기준이 될 수밖에 없다.

사실, 역사를 통해서 보면 예수님은 다양한 얼굴을 가진 분으로 묘사되어 왔다. 해방신학자들에게 예수는 혁명을 꿈꾸는 전사로 보였다. 그들은 예수의 손에 총마저 들려주었다. 소위 말하는 민중신학을 주장하는 이들도 마찬가지였다. 예수는 가난한 자들 편에 서서 혁명을 꿈꾼 인물이 되었다. 어떤 이들에게는 예수님이 기적이나 마술을 베푸는 분이었다. 예수님의 기적은 누구나 알아줄 정도로 대단했으니 말이다. 예수님을 직접 만나 본 사람들은 예수님에 대해 정확한 평가를 했을까? 천만의 말씀이다. 예수님 당시 예수님의 어머니와 동생들도 예수님을 오해하기는 마찬가지였다. 그들은 예수님이 미쳤다고 생각했다. 유대 종교지도자들도 마찬가지다. 그들은 예수님이 신성모독을 했기 때문에 죽어 마땅하다고 생각했다. 이렇듯 예수님은 당시만이 아니라 역사를 통해 수많은 얼굴을 가지게 되었다.

기록은 늘 사실을 왜곡할 수밖에 없지만 성경은 역사에 대한 가장 분명한 해석이다. 인간의 해석이 아닌 성령의 감동으로 인한 해석이기 때문이다. 우리는 성경 말씀 자체가 역사적 예수에 대한 분명한 기록이라고 보아야 한다. 물론 사복음서는 예수님에 대한 전기도, 평전도 아니다. 예수님의 최후 1주일에 대한 기록이 거의 2/3정도를 차지하고 있으니 말이다. 성경에는 예수님의 어린 시절에 대한 기록이 거의 없다. 그래서 예수님이 어린 시절에 인도로 가서 불교에 귀의했다는 터무니없는 주장도 나온다. 예수님이 당시 광야에 살던 엣세네파에 속했다는 주장도 나온다. 우리는 예수님의 삶에 대한 완전한 기록을 가지고 있지 않지만 성경만으로 충분하다. 이것이 바로 종교개혁자들의 구호 중에 하나였던 '오직 성경'이다. 오직 성경을 통해 우리는 예수님이 어떤 분인지, 무엇을 하셨는지 알 수 있다.

언약의 중보자

예수님이 어떤 분이신가를 알기 위해서는 하나님께서 자기 백성과 맺으신 언약에 대한 이해가 선행되어야 한다. 하나님은 어떤 이들을 선택하시고 그들에게 찾아가셔서 언약을 맺자고 하신다. 여기서 우리는 언약의 일방성을 볼 수 있다. 아니, 하나님의 일방성이라고 부르기보다는 하나님의 주권성이라고 해야 할 것이다. 이것은 소위 말하는 세상의 모든 계약과 다르다. 계약에서도 어느 한 쪽이 주도권을 가질 수 있다. 하지만 계약을 맺는 쌍방은 서로 뭔가를 내어놓을 것이 있기 때문에 계약의 당사자가 된다. 그런데 하나님께서 자기 백성과 더불어 맺으시는 언약을 보면 하나님의 백성 쪽에서는 내어놓을 그 어떤 것도 없다. 하나님께서 주권적으로 자기 백성을 찾으시고, 은혜로 그들을 언약의 당사자로 세우신다.

하나님은 그 백성을 언약의 당사자로 어엿이 세워 주신다. 이제 그 백성은 언약의 당사자로서 언약의 의무를 진다. 언약에 충실했을 때는 언약의 복을 누리고, 언약에 충실하지 못할 때는 언약의 저주를 받는다. 언약백성에게는 언약의 저주조차 복이다. 끊어내어 버리기 위한 저주가 아니라 하나님의 언약백성으로 어엿이 세우기 위한 저주이기 때문이다. 우리가 구약성경을 통해서 확인할 수 있듯이 언약의 당사자인 하나님의 백성들은 수시로 언약을 깨뜨린다. 그들에게는 신실함이 없기 때문이다. 놀라운 사실은 하나님께서 이 깨어진 언약을 다시금 회복하시기 위해 일하신다는 것이다. 쉽게 말하자면 하나님 자신이 스스로 책임을 지시고 그 언약을 회복시키시고 다시 유지하신다.

언약의 유지를 위해서는 언약의 중보자가 중요하다. 타락 이후 하나님께서 보내 주겠다고 하신 여자의 씨는 이 언약 중보자의 역할을 한다. 언약의 중보자는 사이에 끼인 존재라고나 할까? 양쪽의 비위를 다 맞추어야 하는 아주 힘든 자리이다. 어떻게 하나님과 그의 백성 사이를 중보할 수 있을까? 언약의 중보자는 한편으로는 하나님을 대변하고, 다른 한편으로는 언약백성을 대신해야 한다. 우선, 언약의 중보자는 하나님을 잘 알아야 한다. 하나님의 마음의 깊은 것까지도 알아야 한다. 이것을 위해 무엇보다 성령으로 충만해야 하는 것이다. 성령은 하나님의 깊은 것이라도 통달하시기 때문이다(고전 2:10 참고). 하나님의 마음을 아는 것만이 아니라 철저하게 하나님의 뜻에 순종해야 한다. 한편, 언약의 중보자는 언약백성을 대신해야 한다. 즉, 그는 언약백성의 모든 연약함과 완악함을 짊어져야 한다.

하나님은 '언약의 중보자'를 세워서 끊임없이 언약백성을 자기 자녀로 세우신다. 모세가 중보자 역할을 하지 않았는가? 제사장도 중보자의 역할을 했다. 왕과 선지자도 언약의 중보자와 전혀 관계없는 자들이 아니다. 그들은 하나님의 말씀을 선포하므로, 하나님의 백성을 하나님 앞에 세우므로 언약의 중보자를 돕는 역할을 한다. 하나님께서 이렇게 이런저런 방식으로 세우셨던 언약 중보자들의 최종성취가 바로 예수 그리스도시다. 하나님을 대변하면서, 동시에 하나님의 백성들을 대신하는 존재 말이다. 웨스트민스터 대교리문답과 하이델베르크 교리문답은 이 언약의 중보자가 반드시 하나님이셔야 하고, 또한 반드시 사람이어야 한다고 말한다. 온전한 의미의 중보자가 되기 위해서는 그 양자를 요구한다는 것이다.

직분자 그리스도

언약의 중보자가 될 분이 누구인가? 언약의 중보자가 하나님이면서 동시에 사람이어야 한다면 그런 존재가 있는가? 하나님이 사람이 될 수 없고, 사람이 하나님이 될 수 없는데 언약의 중보자는 그리스 로마신화에 등장하는 반신반인(半神半人)이어야 한다는 말인가? 인간 예수가 그 중보자이시다. 어떻게 인간 예수가 그 중보자일 수 있는가? 고대 교회의 가장 기본적인 고백이 "예수는 그리스도이다"이다. 예수님이 하신 일 자체만 가지고서는 그 분이 누구신지 제대로 알 수 없다. 예수님은 하나님과 그 백성 사이에서 직분자(그리스도)로서 일하셨다. 예수님이 하신 모든 일은 중보하는 일이었다. 예수님이 중보자로 일하셨기에 그분이 하신 일이 공적인 구원이 되었다.

예수님은 직분자로 공적으로 임명받은 적이 없지 않은가? 그렇지 않다. 하나님은 예수님을 공적으로 직분에 임명하셨다. 그것이 바로 요한에게 세례를 받으시는 사건이었다. 요한은 예수님이 자기에게 세례를 받겠다고 하자 그럴 수 없다고 대답한다. 자기가 예수님께 세례를 받았으면 받았지 어떻게 예수님이 자기에게 세례를 받느냐는 것이었다. 사실이었다. 자기가 베푸는 세례는 '죄 사함을 받게 하는 회개의 세례'(막 1:4)였기 때문이다. 죄 없으신 예수님이 세례 받겠다는 것이 말이 안 되지 않는가? 그런데 예수님은 이렇게 해서 '모든 의'를 이루는 것이 합당하다고 하신다. 예수님이 세례 받고 요단강에서 올라오시자 하늘이 열리고 성령이 비둘기처럼 내려와서 예수님 위에 임한다. 성령으로 기름 부음을 받았다는 뜻이다. 또한 하늘로부터 음성이 들린다. '이는 내 사랑하는 아들이요 내 기뻐하는 자라'고 하는 음성이다. 이것은 바로 구약에서 다윗의 후손이 왕으로 등극할 때 들었던 말이다(시 2:7 참고). 참으로 아이러니한 일이 아닌가? 예수님이 죄인들의 자리에 서신 것이야말로 직분적 임명이었다. 예수님은 세례를 통해 그리스도로 임명받으셨다.

동방교회는 예수님이 세례 받으신 이 사건의 중요성을 알아서 '주현절(主顯節)'에 이 본문을 배치한다. 아기 예수의 성탄이 중요하지만 예수님이 공적으로 나타나신 사건은 요한에게 세례 받으신 사건이라는 것이다. 그렇다. 세례 받으심을 통해 예수님은 그리스도로 공적으로 나타나셨다. 하나님의 아들, 중보자, 그리스도의 공적인 나타남이 바로 세례 받으심이었다. 제자 베드로가 예수님을 향해 "주는 그리스도시요 살아 계신 하나님의 아들이시나이다(마 16:16)"라고 고백했는데, 하나님은 예수님이 세례 받으실 때 이 사실을 분명하게 드러내셨다. 이후에 예수님이 하신 모든 말씀과 사역은 인간 예수의 고매한 인격이나 위대한 업적을 나타내 보이는 것이 아니라 그리스도로서 행하셨음을, 즉 공적인 직분자로 일하셨음을 보여 준다. 우리는 예수님이 행하신 모든 기적들을 개인의 위대성으로 해석하고 높일 것이 아니라 하나님의 뜻에 온전히 순종하신 것으로 보아야 할 것이다.

예수님은 개인적인 능력이 탁월한 분이 아니라 하나님의 종으로서, 하나님의 직분자로서 일하셨다. 예수님은 그리스도시다. 예수님 외에 다른 그리스도가 없다. 예수님은 구약의 모든 직분자들, 그들의 직분사역을 완성하신 분이다. 예수님은 누구보다 훌륭한 인격을 소유한 분, 놀라운 기적과 마술을 행한 분 정도가 아니라는 뜻이다. 예수님은 하나님께서 기름 부어 세우신 모든 직분자들의 직분사역을 완성하신 분이다. 예수님을 그리스도로, 즉 공적인 직분자로 보지 못하면 언제든지 예수님을 자기가 유리한 방식으로 이용하려고 들 것이다. 예수님의 구원을 사유화할 수 있다는 말이다. 예수님을 본받자는 말을 자주 하지만 그것은 그리스도의 공적인 구원을 믿지 못하는 것일 수 있다. 그리스도는 공적인 구원자시고, 온 세상을 위한 공공재(?)이다. 그리스도를 사유화하려고 하는 것만큼 악한 것이 없다. 예수님은 사사로이 능력을 행사한 분이 아니라 직분자로서 우리를 구원하셨다.

그리스도의 삼중직

우리의 중보자이신 예수 그리스도는 구약의 삼중직이라고 할 수 있는 선지자, 제사장, 왕의 역할을 수행하신다. 구약시대에 이스라엘에는 그 역할이 엄격하게 구분되어 있었다. 그렇다고 선지자가 제사장과 대립한 것이 아니다. 선지자들이 하나님께서 '성전문을 닫아 걸었으면 좋겠다'라고 말씀하신다고 한 것은 제사제도를 향한 시기도 아니고, 경쟁심에서 나온 말도 아니다. 한편, 하나님은 고대 근동의 다른 나라들과는 달리 왕이 제사장 역할을 하는 것을 허용하지 않으신다. 이스라엘의 초대왕 사울이 하나님께 버림받은 것은 전쟁터에서 스스로 제단을 쌓아 제사를 드렸기 때문이다. 이렇게 나누어져 있던 직분들이 예수 그리스도 안에서는 통일된다. 모든 직분을 통합하여 한몸에 가지고 있으면 패악이 크지 않겠는가? 요즘처럼 삼권이 분립되어 있어도 문제가 많은데 모든 직분들을 통합해 버리면 그 기세가 하늘을 찌를 것이고 온갖 부정부패가 나타나지 않겠는가? 그렇지 않다. 예수 그리스도께서 이 모든 직분을 통합하여 가지고 계시는 것이 주의 백성들에게는 가장 큰 복이 된다.

① 선지자직

그리스도께서 선지자로 활동하셨다는 것은 우리가 쉽게 인정할 수 있는 부분이다. 예수님은 수많은 말씀을 하시며 복음을 전하셨기 때문이다. 예수님은 랍비교육을 받은 적이 없지만 당시의 랍비들과 달랐다. 예수님의 말씀은 서기관들의 말과 달리 놀라운 권위가 있었다(마 7:28, 29 참고). 예수님이 높은 산에 올라가셔서 놀라운 모습으로 변화되셨을 때 하늘에서 음성이 들렸다. 세례 받으실 때 들렸던 소리와 같았는데, 한마디 말씀이 덧붙여졌다. "너희는 그의 말을 들으라"는 말씀이다. 우리는 그리스도께 들어야 한다. 그리스도는 자신의 말을 하는 분이 아니라 오직 들은 것 외에는 말씀하지 않고 행하지도 않는 분이다(요 5:30 참고). 양은 그 목자의 음성을 안다(요 10:4, 5 참고).

그리스도는 천지만물이 창조될 때에도 말씀으로 창조의 사역에 동참하셨다(요 1:1,2 참고). 그리스도는 구약의 모든 선지자에게 말씀을 주신 분이다. 그리스도는 '큰 선지자와 선생으로서 우리의 구원을 위한 하나님의 감추인 경영과 뜻을 온전히 계시'(하이델베르크 교리문답 31문)하셨다. 사람은 스스로 하나님의 뜻을 찾아 알 수 없다. 하나님께서 자신을 나타내 보여주지 않으시면 우리는 하나님을 알 수 없다. 하나님은 그리스도를 통해 하나님의 뜻을 온전히 나타내 보여 주셨다. 예수님이 오심으로 인해 이제 더 이상 하나님의 숨겨진 뜻을 찾아 헤맬 필요가 없다. 하나님의 비밀한 뜻을 가르쳐 주겠다고 하는 이들에게 미혹되어서는 안 된다. 그리스도께서 하나님의 감추인 경영과 뜻을 온전히 계시하셨기 때문이다. 그리스도께서 이 세상에 오신 그때부터 말세가 되었다. 이제는 더 이상의 다른 계시를 기다릴 필요가 없다.

그리스도는 '교회의 건덕과 구원에 관한 모든 일에 대한 하나님의 완전하신 뜻'(웨스트민스터 대교리문답 43문)을 계시하신다. 그리스도는 이 뜻을 계시하시기 위해 성령과 말씀을 사용하신다. 우리는 말씀과 관계없는 성령의 역사를 기대해서는 안 된다. 기근 시에 선지자 엘리야가 아합 왕의 신복인 오바댜를 만나서 오늘 내가 아합에게 보일 것이니 가서 그렇게 전하라고 하자 오바댜는 겁을 내면서 자신이 아합에게 고하러 간 사이에 성령이 엘리야를 알지 못하는 곳으로 데려가 버리시면 어떻게 하냐고 말한다(왕상 18:12 참고). 그러면 자신이 거짓말한 것이 되어 죽게 될 것이라고 말이다. 그러자 엘리야는 성령은 하나님이 하신 말씀과 모순되게 행하는 분이 아니라고 확신시킨다. 겁내지 말라고 말이다. 이처럼 성령은 그리스도께서 행하신 구원사역과 모순되지 않고, 오직 그리스도께서 이루신 것만을 확증하시고 적용하신다. 구원에 관한 것만이 아니라 교회와 신자가 덕스럽게 세워지기 위한 말씀도 주신다.

② 제사장직

유대인들 중에서 제사장은 오직 레위 지파 사람들만이 할 수 있었다. 그렇다면 그리스도께서 어떻게 제사장의 역할을 수행하셨다는 말인가? 예수님은 레위 지파가 아니라 예수님은 유다 지파 출신이기 때문이다. 구약성경이 이미 그리스도의 제사장직이 불법이 아니라고 말씀하신다. 히브리서에서 해석하고 있듯이 레위 지파가 아닌 제사장이 있었다. 레위가 아직 태어나기도 전에 아브라함은 예루살렘의 왕이라고 하는 멜기세덱에게 십일조를 바쳤고, 그 멜기세덱은 아브라함을 축복했다. 시편 110편 4절을 보면 하나님께서 기름 부어 세우실 이를 향해 "너는 멜기세덱의 서열을 따라 영원한 제사장이라"라고 노래한다. 예수님은 바로 이 말씀을 거듭 인용하신다. 예수님은 레위보다 먼저 있는 제사장, 레위 제사장들과는 달리 영원한 제사장이시다(히 5장 참고).

사실 예수님은 동물을 죽여 제사하는 제사장직을 수행하신 적이 없다.

예수님은 자신의 몸을 희생제물로 내어 놓으셨다(막 10:45 참고). 구약의 제사장들은 하나님의 백성들이 가지고 온 제물을 가지고 하나님께 바쳤지만 예수님은 자신의 몸을 희생제물로 바치셨다. 십자가 위에서 말이다. 예수님이 가장 위대한 대제사장이신 것은 이렇게 다른 제물이 아니라 자신의 몸을 제물로 바치셨기 때문이다. 죄인들의 죄를 실제로 담당하시고, 지금도 '성부 앞에서 우리를 위해 항상 간구하시는'(하이델베르크 교리문답 31문) 제사장은 예수님밖에 없다. 예수님은 가장 위대한 제물이자 제사장이시다.

또한 예수님은 자신의 몸을 성전이라고 하셨다. 예수님은 성전뜰에서 장사하는 이들을 보시고는 그들을 내쫓으면서 "내 아버지의 집으로 장사하는 집을 만들지 말라(요 2:16)"고 말씀하셨다. 표적을 구하는 유대인들에게 예수님은 이 성전을 헐면 사흘만에 일으키겠다고 하셨다. 예수님은 눈에 보이는 그 성전이 헐릴 것과 자신의 몸을 찢어서 새로운 성전을 지으실 것을 예언하셨다. 건물이 아니라 예수님을 통해서 하나님께 나아가는 길이 활짝 열렸다. 그리스도의 단번에 드리심과 끊임없이 중보하심이 얼마나 아름답게 조화를 이루고 있는가!

③ 왕직

예수님은 유대인으로, 그리고 다윗의 후손으로 태어나셨다. 예수님의 육신의 아버지인 요셉은 다윗의 가문 출신이었기 때문에 가이사 아구스도가 천하로 다 호적하라고 하였을 때 약혼한 아내 마리아를 데리고 베들레헴으로 갔다(눅 2:1-5 참고). 베들레헴은 바로 다윗의 고향이었다. 예수님은 육적으로는 다윗의 후손으로 이 땅에 오셨다. 천사가 요셉에게 한 말이 있다. "이는 그가 자기 백성을 그들의 죄에서 구원할 자이심이라(마 1:21)" 예수님은 자기 백성을 구원하기 위해 오셨다. 예수님은 백성을 거느리신다. 예수님은 구원하기 위해, 그리고 구원한 백성들을 다스리기 위해 오셨다. 그래서 마태복음은 "아브라함과 다윗의 후손 예수 그리스도의 계보라"고 시작하고 있다. 예수님은 다윗이 기다리고 기다리던 바로 그분이다.

예수님은 왕에 걸맞은 어떤 모습도 갖추지 못했다. 예수님은 사랑하는 가족들 뿐만 아니라 제자들마저 설득시키고 굴복시키지 못했다. 예수님의 마지막 모습을 보라. 예수님이 예루살렘에 입성하실 때에 나귀를 타셨는데 이것도 우스꽝스럽기 짝이 없다(막 11:7-10 참고). 광대 노릇 하는 것도 아니고 말이다. 이것은 의도적인데 예수님은 구약 선지서 미가의 말씀을 성취하기 위해 나귀를 타셨다. 군마가 아니라 어린 나귀를 타심으로 당시 로마의 황제와 전혀 다른 왕권을 선보이셨다. 낮아지신 왕 말이다. 그래서 예수님은 제자들을 향해 '나는 온유하고 겸손하니 나에게 와서 배우라'고 하신 것이다(마 11:29 참고).

예수님은 십자가 위에서 비참하게 죽으셨지만 부활로 능력을 행사하는 하나님의 아들, 즉 왕으로 등극하셨다(롬 1:4). 부활하신 그리스도는 승천하시기 전에 제자들에게 당부하셨다. "하늘과 땅의 모든 권세를 내게 주셨으니 그러므로 너희는 가서 모든 민족을 제자로 삼으라"고 말이다(마 28:18,19 참고). 승천은 하나님의 아들의 왕위복귀식이다. 그리스도는 이제 하늘로부터 다스리신다.

이와 같이 우리는 그리스도께서 행하신 모든 것이 중보자로서의 사역이라는 것을 알 수 있다. 그리스도의 사역으로 인해 우리의 구원이 공적으로 이루어졌다. 이제는 어느 누구도 우리의 구원을 폄하할 수 없다. 공적으로 직분자를 통해 이루어졌기 때문이다. 예수의 구원은 그리스도로서의 구원이다. 우리에게 직분자 그리스도가 있다는 것이야말로 가장 큰 소망이 아닐 수 없다. 예수가 그리스도라는 고백이야말로 교회의 가장 소중한 고백이다.

내용 요약

1 예수님은 역사적 인물이다. 실존인물이라는 말이다. 많은 신학자들이 성경기록을 통해 그 역사적 예수의 실제적 모습을 찾고자 노력한다. 성경기록을 있는 그대로 믿을 수 없다고 생각하는 이들도 있다. 우리는 예수님이 위대한 인간 정도가 아니라 하나님께서 보내 주신 우리의 구원자 예수 그리스도이심을 믿어야 하겠다.

2 하나님은 자기 백성을 찾아오셔서 언약을 맺으신다. 세상의 모든 계약은 서로 기여하는 쌍방이 맺는 것이지만 언약은 하나님께서 자격없는 자들에게 일방적으로 찾아오셔서 맺자고 하시는 것이다. 이 언약이 유지되기 위해 필요한 존재가 바로 '언약의 중보자'이다. 하나님과 그 백성 사이를 중재하는 분 말이다. 그분이 바로 우리 주 예수 그리스도시다.

3 '예수님이 그리스도시다'라는 고백이 교회의 최초의 고백인데, 예수님은 요한에게 세례 받으시므로 그리스도로 임직을 받으셨다. 예수 그리스도는 단순히 기적을 많이 베풀고, 좋은 교훈을 하면서 자기를 희생한 위대한 인물이 아니라 하나님께서 우리를 구원하기 위해 공적으로 세우신 직분자시다. 그분이 베푼 구원은 사적인 것이 아니라 공적인 것이다.

4 구약의 삼중직(제사장, 선지자, 왕)은 명확하게 구분되어 있었다. 예수 그리스도는 그 삼중직을 한 몸으로 수행하셨다. 우리의 죄를 짊어지는 제사장, 우리에게 하나님의 뜻을 온전히 계시하신 선지자, 우리를 친히 이끄시고 인도하시는 왕이시다. 예수 그리스도는 구약시대 직분자들이 그르친 일을 다 보충하시고, 메꾸어 주시고 우리의 구원을 이루셨다.

토론할 문제

1. 우리가 2천여 년 전에 이 땅에 사셨던 실존인물인 예수님을 찾을 수 있을까요? 성경기록은 실제 모습이 아니라 믿음으로 고백한 기록이어서 과장된 모습을 담고 있지 않을까요?

2. 하나님께서 자기 백성과 맺으신 언약은 세상적인 계약과 어떻게 다릅니까? 그 언약에서 '언약의 중보자' 역할이 왜 중요한 것일까요?

3. 그리스도는 직분자라는 말이기에 개인적으로 탁월한 인격과 능력을 발휘한 분이 아니라 하나님께서 친히 직분자로 임명하셔서 일하게 하신 분이라는 것을 말해 봅시다.

4. 예수 그리스도께서 삼중직(제사장, 선지자, 왕)을 어떻게 수행하셨는지 각각의 직분을 거명하면서 말해 봅시다.

내가 중요한 어떤 사람이라는 듯이, 여러분들에게 명령하고 있지 않습니다. 나는 그리스도의 이름을 위하여 쇠사슬에 매여 있습니다. 나는 예수 그리스도 안에서 아직 완성되지 않았습니다. 이제 나는 단지 제자가 되기 시작하고 있으므로, 여러분에게 동료 학생으로 말합니다. 나는 신앙, 교훈, 인내, 그리고 참을성에서 여러분에 의해 훈련받을 필요가 있습니다. 그러나 사랑은 내가 침묵하는 것을 허용하지 않습니다. 나는 여러분들을 격려하여, 여러분들이 하나님의 마음과 조화되어 함께 달리도록 하려고 합니다. 감독들이 그리스도의 마음속에 있는 것과 똑같이, 우리와 분리될 수 없는 생명이신 예수 그리스도는 하나님의 마음입니다. _ 이그나티우스(안디옥의 감독)

주께서 거룩한 복음의 빛을 우리에게 다시 비추셨던 이래로, 사탄은 많은 종파들과 이단들을 불러일으켰다. 그러한 이단들은 스스로를 교회라고 주장하기 때문에 많은 순진한 마음들을 그리스도의 참 교제로부터 찢겨나가게 하거나 그리스도의 교회에 완전하게 위탁했던 사람들에게 수많은 방애물들을 놓는다. 이것은 육체의 욕심에 취한 군중들이 하는 것과 같은 것이다. 그들은 기독교적 자유의 미명 하에 육욕적인 몰염치만을 추구하고, 특별히 기독교적 교정과 치리를 거절한다. 동시에 그들은 교회의 모든 질서를 방해하기 위해 그리스도의 멍에를 집어던지고, 그들의 욕망을 추구하는 가운데 모든 일을 부지런히 수행한다. _ 마틴 부써(스트라스부르크의 개혁자)

7

신약교회의 직분

사도들을 임명하신 그리스도

예수님은 요한에게 세례를 받으신 후에 성령에게 이끌리어 광야로 나가서 마귀에게 시험을 받으셨다(마 4:1-11 참고). 40일동안 밤낮으로 금식하시면서 마귀에게 시험을 받으신 것은 이스라엘의 40년 광야생활과 연관되어 있다. 이스라엘 백성들은 시험에 넘어졌지만 예수님은 마귀의 모든 시험을 이기셨다. 예수님은 이스라엘을 대신하는 참 이스라엘 사람이었다는 것을 보여 준다. 사도 바울은 예수님을 첫 사람 아담과도 비교하는데(롬 5:12-19 참고), 여기에 연속이 있다는 것을 알 수 있다. 아담-이스라엘-예수님으로 연결되는 것 말이다.

예수님은 광야에서 돌아온 후 요한이 잡혔다는 말을 듣고는 비로소 복음을 전하기 시작하신다. 예수님은 갈릴리에서 복음을 전하셨는데, 제자들을 부르는 것으로부터 시작하셨다. 예수님은 먼저 어부들을 제자로 부르셨다. 이후에 다른 제자들도 부르셔서 열두 명을 채우신다(마 10:1-4 참고). 예수님은 그들을 보내시면서 주님 자신의 선포처럼 천국이 가까이 왔다고 선포하라고 하신다. 왜 열두 명일까? 교육학에서 열두 명은 한 사람이 가르칠 수 있는 최대한의 인원이라고 말하는지 모르겠다. 그런데 이것은 이스라엘 열두 지파를 염두에 두신 것이라고 해야 할 것이다. 참 이스라엘 사람이신 예수님이 열두 명의 제자를 불러 모아 새로운 이스라엘을 구성하려고 하시는 것이다. 예수님이 무리를 가르치기 시작하시는데, 제자들이 예수님 가까이 나아와 예수님의 말씀을 듣는다. 그곳이 바로 산이었다(마 5:1). 소위 말하는 '산상 보훈'을 하신 것이다. 왜 산인가? 예수님은 시내산에서 모세가 자기 백성들에게 율법을 전해 준 것을 성취하고 계신다는 것을 보이기 위함이다. 이렇듯 예수님은 모든 면에서 이스라엘과 연관을 맺고 일하셨다.

예수님은 부활하신 후 열두 명의 제자들을, 아니 가룟 유다를 제외한 열한 명의 제자들을 처음에 가르치고 명령하셨던 바로 그 산으로 불러 모으셔서 마지막 가르침을 주신다(마 28:16-20 참고). 여기에 '사도'(아포스톨로스, ἀπόστολος-'보냄을 받은 자'라는 뜻)라는 단어가 등장하지 않지만 예수님이 제자들을 사도로 임명하셨다는 것을 알 수 있다. 제자들은 이제 사도로 임명을 받아서 예수님이 분부하신 모든 것을 가르쳐 지키게 해야 한다. 하늘 아버지께서 예수님을 사도로 보내셨듯이(히 3:1 참고) 이제 제자들을 사도로 임명하여 이 세상으로 파송하신다. 그들은 먼저 유대인들 중 잃어버린 양들에게로 가야 한다. 이후에는 세상 모든 민족에게로 가야 할 것이다. 이것은 하나님께서 세상을 사랑하사 독생자를 주신 구원사건의 연속이요 성취이다(요 3:16 참고).

오순절에 성령이 강림하기 직전에 사도 베드로는 형제들 가운데 일어서서 부족한 한 사람을 보충해야 한다고 말한다. 왜 좀 더 기다리지 않는가? 성령이 오신 이후에 보충해도 문제가 없지 않은가? 베드로는 숫자를 고집한 것이 아니다. 열두 명의 중요성은 앞에서도 말했듯이 이스라엘의 열두 지파를 가리키고 있다. 베드로는 사도의 요건으로 예수님이 요한에게 세례받을 때부터 승천하신 날까지 항상 함께 다닌 사람들 중에서 세워야 한다고 말한다(행 1:21,22 참고).

한마디로 말해서 사도는 예수님의 부활을 증거할 자이다. 베드로는 교회가 바로 이 사도적 증거 위에 세워져야 한다는 것을 보인 셈이다. 성령이 임하셔서 하시는 일도 바로 이것을 증거하기 위함이다. 사도들은 성령의 능력으로 그리스도의 부활을 증거하기 시작한다. 니케아 신경(Nicene Creed)에서 교회를 '사도적인 교회'라고 부르는 것은 교회가 바로 이렇게 사도적인 증거 위에 세워져 있다는 것을 보여 준다.

식탁봉사직이 세워짐

사도들이 복음을 전하여 예루살렘에 교회가 세워진다. 하나님은 사도들에게 능력을 주셔서 기사와 표적이 많이 일어나게 하신다. 베드로에게 얼마나 많은 능력이 나타났든지 예루살렘의 병자들은 베드로의 그림자가 자기들에게 덮이기를 바랐다(행 5:15 참고). 놀랍게도 그렇게 나서기 좋아했던 베드로는 그 모든 능력이 나사렛 예수의 이름으로 이루어졌다고 증언한다.

자기를 주목하지 말라는 것이다. 베드로는 성령의 강림이 증거하는 것이 나사렛 예수가 주와 그리스도가 되신 것이라고 말했다. 이후에도 자기를 통하여 이루어지는 모든 놀라운 능력들은 자기 개인의 능력이 아니라 하나님께서 나사렛 예수가 '생명의 주'(행 3:15)라는 것을 증거하는 것이라고 말했다.

사도들이 복음을 능력 있게 전하자 수많은 유대인들, 심지어 제사장의 무리도 예수님을 믿게 된다. 성령이 임하니 제자들이 자신들의 소유를 팔아 그것을 사도들의 발 앞에 내려놓고 사도들은 그것을 가난한 자들에게 나누어 주기 시작한다(행 2:44,45 참고). 바로 이 놀라운 사건에 주목한 이가 있는데 바로 공산주의를 창시한 칼 마르크스(Karl Marx)이다. 그는 이 구절을 읽고는 매료되어서 이것을 그대로 적용하는 사회를 구상하게 된다. 그런데 초대 교회와 공산주의 사회는 그 성격이 완전히 다르다. 초대 교회는 성령이 임하니 강요한 것이 아님에도 자발적으로 자신의 재산을 팔아서 내놓지만 공산주의 사회는 이것을 제도화하여 강제로 빼앗아 사람들의 필요를 따라 나눠 주었다. 결국 공산주의 사회는 망할 수밖에 없었다. 공산주의는 사람의 욕망을 너무나 무시했기 때문에 무너질 수밖에 없었다. 애쓰지 않아도 자기 필요에 따라 나눠 주니 누가 일하려고 하겠는가?

성령의 놀라운 능력이 역사하여 제자들이 더 많아졌기에 문제가 발생한다. 헬라파 유대인과 히브리파 유대인이 함께 교회를 구성했는데 그들 사이에 갈등이 생긴 것이다. 헬라파 유대인들이 자기들 과부들이 매일의 구제을 받지 못하는 일이 종종 발생한다고 불평하기 시작한 것이다. 사도들은 다 히브리파 유대인들이기에 히브리파 유대인들의 문제를 잘 파악하여 도왔는지 히브리파는 아무런 문제를 제기하지 않았다. 이에 사도들은 식탁봉사할 사람들을 뽑자고 제안한다. 자신들은 기도하는 것과 말씀 전하는 것에 힘써야 하겠다는 것이다(행 6:4 참고). 신자들이 성령과 지혜가 충만하고 사회에서 칭찬받는 일곱 명을 택하여 구제, 즉 식탁봉사를 맡긴다. 성경에서는 이들을 집사라고 부르지 않지만 우리는 이들을 신약시대에 계속될 집사직의 원형이라고 본다. 교회의 항존직으로 식탁봉사자가 세워진 것이다.

장로들을 세움

복음이 예루살렘을 넘어 유대로, 그리고 이방 땅으로 확대되어 가면서 사도들은 장로를 세운다. 우리는 이방인의 사도라고 불리는 사도 바울의 사역을 통해 이 사실을 분명하게 확인할 수 있다. 예루살렘과 유대에는 구약시대부터 장로라는 직분이 항존해 있었다. 초대 교회는 바로 이 유대의 장로직이 교회에도 계속되어야 한다는 것을 자각했다. 이스라엘의 장로는 마을이나 도시, 지파의 원로라고 보면 된다. 그들은 재판하는 일까지 담당하면서 하나님의 백성들의 삶을 지도하고 규율했다.

바울의 선교정책은 장로를 세우는 것을 목표로 했다. 그는 이방도시를 방문하여서는 먼저 회당에 들어가서 복음을 전한다. 유대인들이 핍박하고 몰아내면 이방인에게 복음을 전하여 교회를 세운다. 바울은 그곳에 오래

머무르지 않고 다른 전략적인 도시로 가서 복음을 전한다. 바울은 복음을 전하여 교회를 세운 그 도시를 다시금 방문한다. 그것은 다름 아닌 각 교회에 장로를 세우기 위함이다. 사도행전 14장에 보면 바울이 유대인들의 위협이 상존하는 도시들로 다시금 간 목적이 바로 장로를 세우기 위함이었음을 잘 보여 준다(행 14:21-23 참고).

어떤 이들은 바울이 교회조직에 관심이 없었기 때문에 장로를 세웠을 리 없다고 말하곤 한다. 바울이 목회서신에서 직분자를 세우는 것에 대해 언급하고 있기는 하지만 그것은 예외라고 말한다. 그렇지 않다. 바울이 위험을 무릅쓰고 루스드라로, 이고니온으로, 비시디아 안디옥으로 돌아간 이유는 그 교회들에 장로들을 세우기 위함이다. 장로가 세워지기 전에는 교회를 교회라고 부르기 힘들기 때문이다. 장로가 세워져야 비로소 교회가 교회라고 부를 수 있다. 왜냐하면 교회에는 그리스도의 통치를 대행하는 자가 필요했기 때문이다. 그것이 구약시대부터 내려왔던 장로라는 이름을 다는 것은 자연스러운 귀결이었을 것이다.

신약성경에 '감독'(에피스코포스, ἐπίσκοπος)이 등장한다. 우리는 신약성경에서 장로와 감독이 한 직분의 서로 다른 역할을 보여 주는 용어라고 본다. 로마교회는 장로와 감독이 전혀 다른 직분이라고 보지만 말이다. 장로는 구약시대로부터 내려오는 직분명이고, 감독은 그 장로가 수행해야 할 일을 가리키는 용어이다. 헬라사회에 흔히 알려져 있는 용어인 감독, 즉 다스리는 역할임을 잘 보여 준다. 우리가 알고 있듯이 제2차 전도여행 시 바울이 예루살렘으로 급하게 가려고 밀레도에서 에베소의 장로들을 청한다. 장로들이 왔을 때에 바울이 '그리스도께서 당신들을 감독으로 삼으셨다'고 말한다(행 20:28 참고). 감독이기에 자신을 위해서, 교회를 위해서 삼가야 한다고 말이다. 사도는 교회에 장로, 즉 감독인 장로를 세우는 것을 자신의 선교 사역의 마지막 목표라고 생각했다. 교회에 감독인 장로가 세워져야 주님의 다스림이 나타날 수 있기 때문이다. 그렇다. 교회에 장로가 있어야 그리스도의 직접적인 통치를 받는 복된 교회가 될 수 있다.

기타 직분들의 존재

신약교회를 세우기 위해 임시적으로 일했던 사도들은 신약교회를 항구적으로 세우기 위해 집사와 장로를 세웠다. 그런데 신약성경을 확인해 보면 초대 교회에 다른 직분명도 있었다는 것을 알 수 있다. 고린도전서에는 사도, 선지자, 교사의 순서를 말하는데, 이 셋이 하나의 묶음을 이룬다(고전 12:28 참고). 에베소서에서는 직분이 더 추가된다. 복음 전하는 자와 목사가 더 추가된다(엡 4:11 참고). 우리는 이 직분들의 상호관계를 정확하게 파악하기 힘들다. 이 직분들이 정확하게 두부 자르듯이 구분된 역할을 가지고 있었던 것인지, 또한 그 직분들이 언제까지 지속되었는지 정확하게 알 수 없다. 중요한 것은 이 모든 직분들이 말씀의 직분들이라는 사실이다. 신약시대이기에 제사직이 퇴조한 것일까? 흥미로운 것은 사도를 포함한 장로직이 구약 제사직의 성취라고 밝힌다는 점이다(롬 15:16 참고). 예수 그리스도께서 성전, 제물, 제사장을 성취하셨기에 구약의 제사직은 신약의 말씀사역 속에 포섭되었다는 것을 알 수 있다.

'선지자'는 구약시대에 기원을 두고 있는 직분이다. 구약시대에 처음에 하나님의 말씀을 전한 자들은 제사장과 레위인들이었다. 레위인들은 다른 모든 지파에 흩어져서 생활했고, 그들은 자신들에게 살 땅과 성읍을 준 지파들에게 하나님의 말씀을 가르쳤다. 이후에 하나님은 이스라엘에 선지자들을 세우셨다. 선지자들을 세우신 이유는 제사장의 역할을 대신하기 위함도, 제사장을 견제하기 위함도 아니다. 하나님은 하나님의 백성이 처해 있는 구체적인 현실을 해설하고 적용하는 말씀을 주기 시작하신다. 율법은 시대마다 구체적으로 새롭게 해설되고 적용되어야 하기 때문이다. 이런 것을 생각한다면 하나님은 신약 초대 교회 시대에도 구약시대와 같은 선지자들을 일시적으로 허용하신 것 같다. 그들은 가까운 미래에 대해 예언도 하고, 하나님께서 주신 말씀으로 교회를 격려하고 권면하기도 하였다(행 11:27,28; 15:32; 21:9-11 참고).

'복음 전하는 자'는 이방 땅에 복음이 전해지는 모습을 뚜렷하게 보여 준다(행 21:8; 딤후 4:5 참고). 그들은 독자적으로 활동한 것이 아니라 사도들의 권위 아래서 함께 활동했을 것이다.

'목사와 교사'도 등장한다. 목사는 '목자'라고 부르는 것이 더 낫다. 사도 바울은 장로들이 목자라고 말하기도 했으며(행 20:28 참고), 바울 자신이 교사였다고 말한다(행 13:1; 딤후 1:11 참고). 사도들은 각 교회에 장로를 세웠는데 이후에 장로는 다스리는 자와 가르치는 자로 그 역할이 분화된다. 발전 과정 가운데 있는 교회에 주어진 자연스러운 결과이다. 그렇다면 '목자와

'교사'가 가르치는 장로인 목사로 발전했다고 볼 수 있다. 종교개혁자 칼빈은 이 교사를 교회의 항존직인 목사, 장로, 집사 외의 또 다른 직분이라고 생각했다. 칼빈은 신학교 교수를 교사라고 지칭했다. 교회에는 교사가 필요한데 그 교수는 신학교에서 가르치고, 교회 전체를 하나님의 바른 말씀으로 인도하는 자라고 생각했다. 그 정도로 칼빈은 말씀의 중요성을 무엇보다 강조했다.

신약 직분의 영광

신약의 직분은 구약의 직분과 어떻게 다른가? 구약시대는 이스라엘이라는 한 민족, 한 나라를 위한 직분자들로 세워졌고, 신약시대는 유대인이라는 민족을 넘어 세상 모든 민족들 가운데 부름 받은 주의 백성을 위한 직분자로 세워졌다. 구약의 직분은 한 나라를 위한 직분자들이었고, 신약의 직분자들은 교회를 위한 직분자들이었다고 말할 수 있다. 그런데 구약과 신약을 나라와 교회의 차이라고 생각하면 안 된다. 구약의 모든 직분자들은 세상나라와 같은 한 나라의 직분자들이 아니라 구약교회의 직분자들이었기 때문이다.

구약시대에 이스라엘의 '왕'은 세상 모든 나라의 왕들과 달랐다. 이스라엘의 왕들은 외교력과 군사력에만 힘을 쏟아서는 안 되었다. 그들은 하나님 나라의 직분자들이었기 때문이다. 대외적으로 볼 때는 한 나라의 왕이었지만 그들은 영적인 직분자였기 때문이다. 하나님은 이스라엘을 외교력이나 군사력을 통해 지키신 것이 아니라 말씀순종에 의해 그들을 보존하셨다. 하나님의 말씀이 그들의 외교력이자 군사력이었던 셈이다. 이렇듯 구약시대와 신약시대 직분은 연속선상에 있다. 하나님께서 주의 백성과 주의 교회를 위해 직분을 세우셨기 때문에 시대적인 차이는 있을지언정 연속성이 있다. 불연속적인 부분도 있다. 신약의 직분은 구약 직분의 재판(再版)이 아니기 때문이다.

직분자 그리스도께서 신구약시대의 모든 차이를 흡수하신다. 그리스도께서 모든 직분의 의미며 연속성을 부여하신다. 모든 직분은 그리스도를 대변하는 직분일 뿐만 아니라 그리스도께서 모든 직분의 원형이기 때문이다. 예수님이 이 땅에 오심으로 인해, 그리스도께서 지상의 사역을 성취하심으로 인해 구약의 모든 직분들이 그 궁극적인 성취를 맛보게 되었다. 신약 직분은 구약 직분보다 훨씬 더 영광스러운 직분이 되었다. 그리스도를 직접적으로 가리키는 직분이 되었으니 말이다. 그리스도의 모든 은사와 은덕을 선포하고 맛보고 누리게 하는 직분이니 말이다.

사도 바울은 자신의 사도직을 포함하여 신약의 직분이 영광스럽다는 것을 힘주어 강조한다(고후 3장 참고). 유대 기독교인들은 유대인이라는 자부심 때문에 시내산의 영광에 사로잡혀 있었기 때문이다. 이스라엘이 출애굽한 후 하나님은 그들을 시내산으로 인도하셨다. 하나님께서 그 산에 내려오실 때 백성들이 하도 겁을 내니까 모세가 홀로 산으로 올라간다. 하나님께서 모세와 대화하시고 돌판에 십계명을 직접 새겨 주신다. 산 아래서 이스라엘 백성들은 목을 빼고 기다리고 있었다. 그들은 모세를 보자마자 고

개를 돌려버린다. 모세는 자신의 얼굴에서 광채가 난다는 것을 몰랐다. 하나님을 만나면서 그의 얼굴이 서서히 변해갔던 것이다. 신약의 직분은 더 영광스럽다. 구약의 직분은 율법의 조문을 선포하는 직분이기에 죽이는 것이다. 하나님의 백성들이 그것을 지킬 수 없었으니 말이다. 사도는 신약 직분이 죽은 문자가 아니라 살아 있는 영과 관련되어 있다고 말한다(고후 3:8 참고). 이 영은 우리 속에 있는 영이 아니라 하나님이신 성령을 가리킨다. 성령은 구약시대에도 활동하셨지만 신약시대에는 이 땅으로 오셔서 터를 잡고 일하신다. 그러므로 신약 직분은 '성령의 직분'이다. 신약의 직분자는 성경의 문자를 전하지만 성령의 능력으로 그 문자가 살아서 꿈틀거리게 전한다.

신약의 직분은 성령의 직분일 뿐만 아니라 '의의 직분'(고후 3:9)이다. 구약의 직분은 정죄하는 직분이지만 신약의 직분은 의를 선포하는 직분이다. 사실 모세가 전해 준 십계명은 이스라엘을 살리는 계명이었다. 지켜야 구원받는 것이 아니라 구원받은 주의 백성들이 지키면 잘 살 수 있는 말씀이었다. 그런데 그 계명을 지킬 수 없으니 이스라엘이 정죄를 받았다. 구약의 선지자들은 끊임없이 이스라엘의 죄악을 지적했다. 신약의 직분자는 정죄가 아니라 의로움을 선포한다. 율법의 마침이신 그리스도를 전하므로 의로움을 선포한다. 신약의 직분자들은 그리스도가 유일한 의라고 선포한다. 사람의 그 어떤 공로나 업적에는 하나님을 만족시킬 만한 의가 없다는 것을 선포한다. 신약 직분도 죄를 지적하지 않는 것이 아니다. 구약시대보다 더 깊이 죄를 지적한다. 죄를 지적하지 않는 복음선포는 거짓된 것이다. 신약 직분은 죄를 지적하여 사람에게 그 어떤 희망도 없다는 것을 드러내고, 그래서 오직 예수 그리스도만이 우리의 구원이요 소망이라는 것을 분명하게 한다.

신약의 직분은 성령의 직분이요 의의 직분이면서 동시에 '길이 있을 직분'이다(고후 3:11 참고). 사도는 구약의 직분이 없어질 직분, 일시적인 직분이라고 말한다. 사도는 모세의 얼굴에 광채가 난 것을 가지고 영광을 말하면서 동시에 일시적인 것이 분명하게 드러난다고 말한다. 모세는 자신의 얼굴에서 광채가 난다는 것을 알고는 수건으로 가렸다. 모세가 광야생활 40년 동안 계속해서 그 광채를 가지고 갔다고 보기는 힘들다. 그 광채가 서서히 사라졌을 것이다. 언제 어떻게 사라졌는지는 알 수 없다. 사도는 모세가 얼굴의 광채가 사라지는 것을 두려워하여 수건으로 얼굴을 가렸다고 말한다.

사도는 구약의 직분사역이 일시적인 것임을 보여 주기 위해 이런 해석을 한다. 신약의 직분은 다르다. 신약의 직분은 일시적인 직분이 아니다. 물론 사도직은 어떻게 보면 임시직이었다. 교회창설직이었으니까. 사도직은 계속되지 않는다. 교회창설적이었던 사도직은 중단되었다. 하지만 사도들이 전한 복음이 교회의 기초이기 때문에 교회는 사도들 위에 서 있다. 주님께서는 이후의 교회를 세우기 위해 사도가 아닌 새로운 직분을 허락하셨다. 주님께서는 교회에 목사, 장로, 집사(권사)를 세워 주셨다. 이런 직분들은 주님이 오시는 그날까지 계속될 것이다. 그래서 '항존직'이라고 부른다. 항상 존재해야 하는 직분이라는 뜻이다. 주님 오시는 그날까지 이 직분들이 끊어지면 안 된다. 이 직분들이 끊어지면 교회가 교회다울 수 없다. 승천하신 그리스도는 신약의 직분들을 통해 마지막 날까지 주님의 교회를 친히 다스리실 것이다.

내용 요약

1 예수 그리스도는 자신을 대신할 이들을 세우셨다. 그들이 바로 '사도'들이다. '보냄을 받은 자'라는 의미라면 그리스도께서 최초의 사도셨고, 그리스도께서 이제는 열두 사도들을 세상으로 파송하셨다. 부활의 증인이 되어서 교회를 세우도록 파송하셨다. 그래서 교회는 사도들이 전한 복음 위에 세워진 '사도적인 교회'이다.

2 오순절에 성령이 강림하셔서 교회가 세워졌다. 사도들이 복음을 전하여 믿는 이들이 많아지자 과부들을 구제하는 일까지 맡는 것이 힘겨워 소위 말하는 '집사'를 세웠다. 그들은 과부들에게 먹을 것을 나누어 주는 자들이었는데, 이것을 '식탁의 봉사'라고 부른다. 이와 같이 집사는 긍휼을 베푸는 일을 위해 세워졌다.

3 복음이 팔레스틴을 넘어 이방 땅으로 전해지기 시작한다. 사도 바울이 특별히 부르심을 입어 복음을 전하는 일에 힘썼는데 그는 복음을 전해서 교회가 세워지면 그 교회를 다시 방문해서는 '장로'를 세웠다. 감독이라고도 불리는 이 장로가 교회를 다스렸다. 장로가 세워져야 교회 개척이 마무리된다고 볼 수 있다.

4 신약시대의 직분은 구약시대 직분과 비교할 바 없이 영광스럽다. 죽은 문자와 관련된 직분이 아니라 살아 계신 성령의 직분이기 때문이다. 정죄하는 직분이 아니라 의를 선포하는 직분이기 때문이다. 일시적인 직분이 아니라 영원히 있을 직분이기 때문이다. 이렇게 신약시대의 직분이 너무나 영광스럽다는 것을 안다면 직분을 사모해야 하지 않겠는가?

토론할 문제

1. 예수님이 제자들을 언제 사도로 임명하셨으며, 그 사도들의 자격은 무엇입니까? 왜 교회를 '사도적인 교회'라고 부를 수 있습니까?

2. 오순절 성령강림으로 인해 신약교회가 세워지고, 사도들이 복음을 전하면서 교회가 부흥했을 때에 어떤 직분을 세울 필요가 생겼습니까?

3. 사도 바울이 복음을 전하여 교회가 세워지고 나면 가장 먼저 한 것이 무엇입니까? 무슨 직분을 세웠습니까?

4. 신약 직분이 구약 직분보다 훨씬 더 영광스러운 이유를 말해 봅시다. 구약 직분의 특징인 '죽은 문자를 전하는 직분', '정죄하는 직분', '일시적인 직분'과 비교해 봅시다.

감독자는 온 백성에 의해 선출되어 세워질 것이다. 모든 이의 동의를 얻어 그의 이름이 발표되면, 주일에 회중은 장로단과 참석한 감독자들과 함께 모일 것이다. 모든 감독자들은 한 마음이 되어 그분 위에 안수할 것이며, 장로단은 아무 것도 하지 않고 참석만 할 것이다. 모든 이는 성령께서 내려 오시기를 마음으로 기도하면서 침묵을 지킬 것이다. 임석한 감독자들 중에 한 분이 모든 이의 요청을 받아들여 감독자로 서품될 분에게 안수하고 이렇게 기도할 것이다. '사람의 마음을 아시는 하나님, 감독직을 위해 간택하신 주님의 이 종으로 하여금 주님의 거룩한 양떼를 보살피며 책잡힐 데 없을 만큼 대제사장직을 주님께 수행하게 하시고, 밤낮으로 주님을 섬겨 끊임없이 주님 얼굴의 노여움을 풀어드리고, 주님의 거룩한 교회의 제물을 바치게 하소서. 대제사장의 영의 능력으로 주님의 계명에 따라 죄를 사하는 권한을 가지고, 주님의 명령에 따라 직무들을 나누어 주며, 사도들에게 주신 권한에 따라 온갖 속박을 풀어 주게 하소서.' _히폴리투스(로마의 감독)

 교회의 열쇠의 권세를 높이라. 가슴 속 깊은 곳에서 나오는 감사와 더불어 이를 하나님께서 주신 최고의 은사로 높이는 것을 배워야 한다. 왜냐하면 하나님께서는 잃어버린 인류에게 자신의 유일하신 아들 예수 그리스도를 보내셨고, 이 열쇠의 권세로 그의 말씀과 명령을 유효하게 하여 우리를 영생으로 다시 이끄시기 때문이다. 우리는 목사의 사역에서와 설교에서, 그리고 죄를 벌하는 데서와 금하는 데서 선언된 하나님의 말씀에 순종해야 한다. 불순종은 영원한 진노를 받아 마땅하다. 우리는 목사에게 순종해야만 하니, 이는 그가 명령하는 권세와 능력을 받았기 때문이다. 명령만 하는 것이 아니라, 하나님께서는 그를 통하여 순종하는 자에게 복을 내리고, 불순종하는 자에게 저주를 내리신다. 이 모든 것은 하나님의 말씀을 넘어서서 어떤 것을 명령하거나 새로운 법을 제정하여 그것이 하나님을 섬기는 도리라고 요구하는 통치를 말하는 것이 아니다. _ 필립 멜란히톤(독일의 개혁자)

8

중세 시대의 직분

감독직의 확립

　부활하신 주님께서는 사도들을 세우시고는 승천하셨다. 승천하신 주님은 성령을 보내셔서 사도들이 능력 있게 복음을 전하고 교회를 세우게 하셨다. 열두 명(베드로가 가룟 유다를 대신하여 추천받은 이들 중 맛디아를 선출하여 열 둘의 숫자를 채움)의 사도들은 다들 유대 및 갈릴리를 배경으로 하고 있었다. 주님께서는 예루살렘과 유대와 사마리아와 땅 끝까지 이르러 복음을 전하라고 하셨지만 열두 사도들은 팔레스틴을 벗어나기 쉽지 않고 유대인들에게 복음을 전하는 것으로 만족했다. 성령이 사도 베드로를 설득하여 로마사람인 백부장 고넬료와 그의 식솔들에게 복음을 전하게 하셨고, 집사로 세워진 빌립은 에디오피아의 국고를 맡은 내시에게 복음을 전하기도 했지만 말이다. 이에 부활하신 주님이 친히 길리기아 다소 출신의 사울에게 나타나시고 그를 변화시키셔서 '이방인의 사도'로 세우신다.

사도들이 하나님의 부름을 받아 이 세상을 떠나면서 자연스럽게 교회의 직분이 더 중요해진다. 사도 바울은 교회를 세우고 난 다음에 그 교회를 다스릴 장로를 세웠는데 이 장로를 감독이라고 부르곤 했다. 그런데 서서히 장로와 감독의 분화가 이루어진다. 고대 교회의 최초의 예전문헌이라고 알려져 있는『사도전승』에 이미 감독(episcopus)과 장로(presbyter)와 집사(diaconus)가 구분되고 있는 것을 볼 수 있다. 그것도 그럴 것이 직분의 위계질서를 세우는 것이 교회의 질서를 잡는 가장 효과적인 방법이었기 때문이다. 성경에서 장로가 감독과 같은 직분으로 거론되고 있음에도(예, 행 20:17,28) 서서히 감독이 우위에 서기 시작했던 것이다. 감독이 장로와 집사를 거느리게 된 것이다. 감독이 없이는 성만찬을 시행할 수 없었기에 감독의 중요성은 절대적이 되어 갔다.

교회가 로마제국 전역에 세워지게 되면서 교회는 자연스럽게 '교구제도'를 가지게 되었다. 교회도 로마의 행정구역을 따라 교구로 나누어지게 된 것이다. 처음에는 한 교회를 다스리는 이를 감독이라고 불렀는데, 이제는 도시에 있는 큰 교회의 목사가 자연스럽게 그 도시를 포함하여 지방의 교회들을 관할하기 시작했고, 이들을 감독이라고 부르기 시작했다. 개별 교회를 다스리는 이는 장로라고 부르기 시작했다. 감독은 교회의 일치를 담보할 뿐만 아니라 교회를 보호하는 역할도 했다. 이단이 성행했기 때문에 하나님의 말씀을 권위 있게 해석해 주는 일이 중요해졌다. 핍박 시기에 배교한 이들을 교회가 받아 주는 일에서도 감독은 권위 있는 역할을 감당하게 되었다.

313년에 콘스탄티누스 대제는 '밀라노 칙령'을 통해 종교의 자유를 허락했는데, 여기에는 당연히 기독교도 포함되었다. 380년에는 테오도시우스 대제가 기독교회를 국가교회로 공인하였다. 핍박받던 교회가 승리한 교회가 된 것이다. 교회는 승리감에 들떴다. 로마제국 내의 신민들은 누구나 교회로 와서 세례를 받아야 했고, 교회 직분자들이 할 일이 늘어났다. 교회회중이 급속하게 불어나면서 사제들도 많이 필요해졌다. 고위 성직자와 하위 직원이 뚜렷하게 나뉘기 시작했다. 초기에는 사제에게 금욕적인 생활을 철저하게 요구했고, 대표적인 금욕으로 독신제도가 도입되었다. 이미 결혼한 사람은 사제가 되었을 때 더 이상 부부 생활을 하기 않기로 서약해야 했다. 흥미로운 것은 중세 시대에 교구제가 철저하여 감독과 사제는 자기 교구를 떠날 수가 없었다는 사실이다.

감독들은 제국의 보호 아래 세속 권력자들에 못지 않은 권력을 누리기 시작했다. 교회가 제국의 교회가 되었기에 교회의 질서는 곧 제국의 질서와 직결이 되었다. 감독들의 수가 증가하면서 군주적인 감독이 등장하였다. 5개의 대관구(로마, 알렉산드리아, 콘스탄티노플, 안디옥, 예루살렘)의 역할이 중요해졌고, 그 대관구의 감독이 군주적인 감독이 되었다. 사도신경에서 고백하고 있듯이 교회는 '성도의 친교'인데, 한 교회 내에서 동등한 자로서 나누던 직분자들의 친교가 이제는 군주적인 감독이 나머지 감독들과 장로들 및 집사들과 나누는 친교가 되어 버렸다. 이제 감독은 봉사하는 자가 아니라 세상 군주처럼 최고 성직자(summus sacerdos) 혹은 주교(pontifex)라는 호칭을 가지게 되었다. 주교들은 성직자 가운을 만들어 입기 시작했고 황제나

고관들에게 주어졌던 특권들을 누리기 시작했다. 이렇게 특권층이 된 그룹을 성직계급(*Hierarchie*)이라고 불렀다. 성직자와 평신도의 구분이 뚜렷해진 것이다.

사도권 계승

니케아 신경에서 고백하고 있듯이 교회의 속성 중에 하나가 '사도성'이다. 서방교회의 '사도신경'은 교회를 고백하면서 이 '사도성'을 언급하지는 않는다. 그럼에도 서방교회는 사도성, 즉 사도권에 대해서 민감했고, 그것을 극도로 발전시켰다. 본질적인 것은 사도권의 계승 문제이다. 로마교회에서도 이 사도권 계승은 성경의 한계를 넘어서는 문제이며 전적으로 전승(傳承)에 호소해야 한다는 것을 인정한다. 그런데 처음에 고대 교부들이 '사도권 계승, 즉 '사도적 전승'이라고 생각한 것은 사도적 신앙(*regula fidae*)의 전승이었다. 사도들이 고백한 신앙이 가감되지 않고 전승되는 것 말이다. 사도 바울도 자신이 전한 복음은 자신이 '받은 것'이라고 말한다(고전 15:3 참고). 그것이 곧 '성경'이고 '교리'이다.

교부 키프리안(Cyprian, 200-258)이 이런 생각에 방향전환을 가져왔다. 핍박 시에 배교한 직분자들이 있었는데 그들에게 받은 세례가 유효하냐 하는 문제가 제기되었다. 과격한 이들이 기존 교회제도를 인정하지 않고 감독들을 따로 세워서 새로운 교회를 만들려고 했다. 교부 키프리안은 감독들의 사도적 연속성을 내세웠다. 그에게는 정통성이 있는 감독직이 교회일치의 근거였다. 그래서 '감독이 있는 곳에 교회가 있다'는 유명한 말이 나왔던 것이다.

교부 키프리안은 정통성 있는 감독이 교회일치를 담보하고 있다고 보았는데, 사도들 중에서도 베드로가 우위에 있다고 보았다. 사실 키프리안은 베드로를 다른 사도들 위에 둔 것은 아니다. 그는 베드로가 '동등한 것들 중의 첫째'(*primus inter pares*)라고 보았는데 이 말은 계급의 우위를 말하는 것이 아니라 명예와 기능상 첫째라는 의미였다. 동방정교회는 바로 이것을 지금도 인정한다. 베드로의 개인적 위엄을 존중하지만 제도적으로 권능을 행사하는 것에는 반대한다. 동방정교회는 주교뿐만 아니라 각 나라에 세워진 교회가 존재론적으로 동등하다고 본다. 사도적 교회는 베드로, 즉 로마의 주교를 통하여 계승되는 것이 아니라 베드로의 신앙고백을 그대로 이어받고 있는 모든 교회를 통하여 계승된다는 것이다. 물론, 주교의 역할도 인정한다.

로마교회는 베드로가 사도들의 일치를 담보하고 있고, 그 베드로가 가서 순교했던 로마가 모든 교회의 일치를 담보하고 있다고 주장한다. 로마교회가 모든 교회들 위에 있는 것은 로마제국의 수도일 뿐만 아니라 사도 베드로와 바울이 로마에서 순교했기 때문이다. 베드로가 예루살렘에서 로마로 옮긴 것이야말로 유대인의 교회가 이방인의 교회로 그 바통이 넘어갔다는 것을 보여 준다고 생각했다.

190년경 소아시아, 아니면 로마에서 쓰였던 「베드로행전」에 보면 그 유명한 '쿠오바디스 도미네'(*Quo Vadis Domine*) 이야기가 등장한다. 베드로가 핍박 시에 로마를 떠나고 있을 때 주님이 로마를 향해 들어가시는 것을 보면서 물은 말이다. "주님, 어디로 가시나이까?"라고 질문 말이다. 주님이 "네가 로마를 버리고 떠나니 내가 십자가를 지기 위해 로마로 간다"고 하셨다는 것이다. 이에 베드로는 발걸음을 돌려 로마로 들어갔고, 그 로마에서 순교했다는 것이다. 여기서 로마의 중요성이 뚜렷하게 부각된다. 베드로가 로마교회의 초대 주교가 되었으며, 이후의 로마주교들은 초대 주교인 베드로의 사도권을 이어받고 있다는 것이다.

교황권

수위권(*primatus*)이라는 말이 있다. 이 말은 '니케아 공의회'(Councils of Nicaea, 325년)에서 최초로 복수형으로 사용되었는데, 이제는 로마가 단독으로 수위권을 가지게 되었다. 즉, 베드로가 으뜸(*principalis*)이고, 로마교회가 교회일치에서 수위권을 가지고 있다고 생각하게 되었다. 이것은 마태복음 16장 18절을 깊이 살핀 결과이다. 베드로의 권위가 교황에게 계승된다고 본 것이다. 그러면 로마의 주교인 교황과 다른 주교들과의 관계는 어떠한가? 그리스도는 전체 교회의 목자로 베드로를 세우셨고(요 21장 참고), 풀고 묶는 권세는 베드로와 일치하는 사도단 전체에게도 주셨다. 주교단은 특정한 사도를 계승하지 않고 사도단을 계승한다. 오직 로마교회의 주교인 교황만이 사도 베드로를 계승한다. 그러므로 주교단은 교황과 일치하는 가운데 그들의 권한을 수행한다.

교황이 주교단을 주재한다. 제2차 바티칸 공의회(1962–1965) 이후 주교단은 그들의 목소리를 내기 위해 10년 단위로 주교 시노드(Synod)를 연다. 이 주교 시노드에서 세계와 교회의 당면과제를 논의하는데, 그 시노드의 결정은 교황이 재가하므로 교회의 공식결정이 된다. 이렇듯 주교단은 교황과 밀접하게 연관되어 있다.

로마의 주교는 이제 교황(*pope, papa*)이라는 이름마저 얻게 된다. 교황은 아버지라는 뜻이다. 로마교회는 어머니(*mater*)로 불렸는데, 로마의 주교는 아버지(*papa*)라고 불린 것이다. 이미 오래전에 안디옥의 이그나티우스(Ignatius, 35–108)는 주교가 성부의 모형이라고 말하면서 하나님의 아버지 됨을 반영하고 있다고 말했는데 실제로 그 이름으로 불린 것이다. 지금도 신부(神父)는 소위 말하는 아버지라고 불리는데, 로마교회의 신자들은 신부를 말 그대로 영적인 아버지로 따른다.

예전에 군목으로 복무할 때 군승이 로마교회에서 이해되지 않는 것이 하나 있다고 진지하게 물어온 적이 있다. 개신교인들은 목사들을 그렇게 어려워하지 않는 것 같은데 천주교인들은 신부에게 꼼짝도 하지 못하는 이유가 뭐냐고 물어왔다. 당연하지 않은가? 목자와 아버지의 관계이니 말이다. 신부는 아버지니까, 성부 하나님을 반영하고 있으니까 말이다. 하나님은 아버지 역할을 하는 주교단을 통해 자녀들인 평신도들에게 구원을 베푸신다.

교황권이 뚜렷하게 부각된 것은 서로마제국의 상황과 밀접하게 연관되어 있었다. 동방정교회는 각 나라별로 자치권을 가졌고, 콘스탄티노플의 주교가 총대주교(Patriarch)로서 동방정교회를 형식상 대표하고 있을 따름이었다. 하지만 서방 로마교회는 이민족이 이룬 프랑크 왕국을 승인하고 그 왕국과 같이 협력하면서 더욱 군주화되어 갔고, 교구의 성직자단 가운데서 '추기경'(cardinal)을 지명하여서 자신의 권력을 공고화했다. 원래 추기경이란 말은 어떤 교구에 처음부터 서품되어 있던 사람에 반대되는 개념으로 그 교구에 새로 입적되어 들어온 성직자를 가리켰다. 이들은 그 교구의 사회봉사를 위해서, 또한 특별한 예전을 위해서 입적된 성직자인데 사제 추기경, 부제 추기경 등이었다. 그런데 이들은 재능이 있고 신뢰를 받았던 인물이기에 자연스럽게 교황의 자문역할을 맡아 하게 되었다. 나중에는 이들 사제 추기경, 부제 추기경이 그들의 역할 때문에 모두 주교로 임명받았다. 이들 추기경들이 교황을 도와 로마교회와 전체 교회를 영구적으로 책임지게 되었고 자연스럽게 총대주교의 권위는 손상을 입을 수밖에 없었다. 지금도 추기경단은 그 권력이 막강한데, 교황을 선출하는 권한을 가졌기에 더더욱 그럴 수밖에 없다.

중세 말기에 교황권이 더더욱 강화되는데 그것은 소위 말하는 탁발 수도원(Orders of Friars) 때문이었다. 도미니칸 수도사들과 프란체스코 수도사들은 시민들에게 먹을 것을 구걸해 가면서 탁발하는 수도사들이었다. 이들은 주교적 구조에 들어가지 않고 직접 로마, 즉 교황에게 호소해서 수도원 허락을 받았다. 이에 이 탁발 수도사들이 교황의 호위무사(?) 역할을 했다. 그들은 오직 교황에게만 책임을 지면 되었기 때문이다. 설교를 통해 대중들을 교화하기 원했던 도미니칸 수도사들이 종교재판에 열을 올린 이유도 바로 여기에 있다. 교황과 로마교회를 지켜내기 위해서 말이다. 결국, 로마교구의 주교인 교황은 베드로의 후계자에서 그리스도의 대리자라는 호칭을 독점적으로 확보하기에 이른다. 교황이 하나님과 사람 사이의 중보자의 자리를 차지한 것이다. 교황은 하늘에 쌓여져 있는 성인(聖人)들의 남은 공로인 '교회의 보고(寶庫)'를 나누어 준다고 주장하는 등 스스로 그리스도의 자리에 앉았다고 해야 할 것이다.

교계제도(敎階制度)

로마교회는 교황을 머리로 하는 성직자의 계층화, 그리고 평신도에까지 이르는 뚜렷한 질서를 가지고 있다. 이것을 교계제도(*hierarchia*)라고 부른다. 쉽게 말하자면 군대계급과 마찬가지라고 보면 된다. 이것을 흉내낸 개신교회가 바로 구세군이다. 직분자가 뚜렷한 계급과 질서를 가지고 움직여야 교회를 효과적으로 이끌 수 있다고 생각하는 것이다. 계급에는 책임감이 따르니까 말이다. 이것은 민주적인 개념과는 많이 다르다. '교회는 하나님이 독재하는 곳'이라고 말하는 이들이 있는데, 이것은 목사가 독재하기 위해서 하는 말이 아닌지 모르겠다. 모든 직분이 하나님을 대리하고 있기는 하지만 말이다. 목사가 하나님을 대리하고 있다고 생각하니 말이다. 어쨌든 로마교회의 교계제도는 그리스도께서 사도들과 그 계승자들에게 거룩한 권한을 부여하셨다고 본다.

교계제도는 세 가지 직무를 수행한다. 첫째가 '성화하는 직무'이다. 이것을 신품권(神品權, ordo)이라고 부른다. 주교가 기도와 말씀과 미사, 그리고 여러 가지 성례를 통하여 교회를 거룩하게 하는 것을 가리킨다. 주교는 모든 성례전의 원천이다. 특히 주교가 집전하는 미사집행이 신자의 거룩을 이루는 가장 근본적인 것이다. 사제들은 주교의 지도를 받아 이 신품권을 시행한다. 주교가 교구에 속한 모든 교회의 미사를 집전할 수 없기에 본당 신부들에게 미사를 하도록 위임한다. 로마교회는 바로 이 미사야말로 사도 신경에서 말하는 '성도의 교통'(이것은 '거룩한 것들과의 친교'라고 번역될 수 있기에)이라고 말한다. 세례 역시 주교가 감독한다.

둘째가 '통치하는 직무'이다. 이것을 재치권(裁治權, jurisdictio)이라고 부르는데, 교회를 다스리기 위한 입법, 사법, 행정적인 권한을 뜻한다. 민주주의 국가에서는 이 삼권이 분립되어 있는데 로마교회에서는 주교에게 이 삼권이 다 주어져 있다. 그리스도께서 베드로에게 맡기신 열쇠의 권세가 주교들에게 계승되었다고 보는 것이다. 주교단은 그리스도의 이름으로 교회를 다스린다. 교회법을 만들고, 교회법정을 열어 재판하고, 통상적인 행정을 수행한다.

마지막은 '가르치는 직무'이다. 교도권(敎導權, magisterium)이라고 부르기도 한다. 주교단은 복음의 진리를 모든 사람들에게 전할 책임을 맡았다. 주교단은 교리에 대한 해석과 선포를 오류없이 수행한다. 이것을 통해 하나님의 백성들이 진리로부터 빗나가지 않도록 보호한다. 주교단은 교령, 헌장, 설교 등을 통해 진리를 구체화한다. 바로 이 가르치는 직무 때문에 로마교회는 가르치는 교회와 듣는 교회로 나눈다. 가르치는 교회는 주교단의 교회이고, 듣는 교회는 평신도들의 교회이다. 교회를 이원화한 것이다.

교황권의 폐해

로마교회는 모든 감독제의 원형이다. 로마교회는 교황을 정점으로 하여 주교단이 다스린다. 교황과 주교단은 베드로와 사도단을 계승한다. 그들이 그리스도를 대리하여 교회를 다스리고 법을 세우고 집행한다. 교회를 거룩하게 하고 가르친다. 이 주교단으로 인해 교회는 교회다울 수 있고, 신자가 신자다울 수 있다. 여기서 우리는 직분이 무엇보다 중요시되고 있는 것을 본다. 민주주의 사회처럼 직분을 단지 교인의 대표로 보는 것이 아니라 그리스도를 대표한다고 본 것이다. 직분은 그리스도께서 지금도 교회를 다스리시는 문제이다. 하지만 철저하게 계급화된 교계제도로 인해 신자들은 주교단을 통하지 않고서는 그리스도께 직접 나아갈 수 없게 되었다. 로마교회의 교계제도는 신자들에게 공로를 쌓으라고 부추겼고, 그리스도는 더 멀어질 수밖에 없었다.

종교개혁이 일어났을 때 로마교회는 개혁자들을 향해서 당신들이 새로운 것을 가르치고 있으니 이단이라고 했다. 그런데 개혁자들은 자신들이 새로운 것을 가르치는 것이 아니라 도리어 오래된 옛길로 돌아가려 한다고 했다. 그 오래된 옛길에서 벗어난 것이 다름 아닌 로마교회라고 말이다. 종교개혁은 교회의 사도성이 사도 베드로를 계승하는 것이 아니라 그가 고백했던 그리스도에 대한 신앙고백의 계승에 있다고 보았다. 즉, 사도적인 교훈이 제대로 계승되는 교회가 사도적인 교회라는 것이다.

우리 개신교회도 로마교회 못지 않게 전승을 강조한다. 우리는 그 전승이 오직 성경말씀이라고 본다. 종교개혁은 로마교회의 직분을 회복한 운동이기도 한데, 그들은 근본적으로 사도들의 역할이 교회를 세우는 것이었고, 이후에 교회를 존속시키기 위해서 주신 직분은 목사, 장로, 집사라고 보았다. 이에 개혁자들은 직분의 개혁, 즉 모든 직분이 그리스도의 다스림을 대행하고 있고 그 모든 직분이 동등한 권위를 가지고 있으며, 모든 직분이 서로 협력해야 한다는 것을 강조했다.

요즘 프란체스코 교황의 인기가 장난이 아니다. 세상 어떤 정치 지도자보다 인기가 있다. 교회가 가난한 자들을 위한 가난한 교회가 되어야 한다고 설파하고 있으니 말이다. 공산주의자라는 말을 들어가면서 자본주의의 폐해를 파헤치고 있으니 말이다. 이에 로마교회에 대한 호감을 가지는 이들이 많아졌다. 그 정도로 한 사람의 지도자 역할이 중요하다. 개신교인들이, 심지어 목사들도 개신교회가 로마교회처럼 한 지도자를 정점으로 하여 일사분란하게 움직이고 한 메시지를 내보내는 것이 바람직하지 않겠냐고 말한다. 개신교회는 중구난방이라고 말이다.

로마교회의 영향력 때문에 개신교회 내에서도 감독제가 인기를 얻는 추세이다. 하지만 주님께서는 다양한 은사, 다양한 직분을 통해서 삼위하나님을 아름답게 드러내기를 원하신다. 교회 직분자들의 추문은 말할 것도 없거니와 직분자의 탁월한 도덕성이 도리어 그리스도를 가리는 것이 될 수도 있다. 그리스도를 단순히 도덕적인 선생으로 드러낸다면 말이다. 자신이 죄를 사하는 권세를 가지고 있다고 말한다면 말이다. 직분자가 자신의 도덕성을 명분으로 그리스도의 자리에 설 수 있다는 것을 알아야 하겠다.

내용 요약

1 핍박받던 교회가 로마제국의 종교가 되면서 직분이 계급화되기 시작한다. 장로의 역할을 가리키던 감독이라는 호칭이 지역을 대표하는 장로의 자리를 차지하기 시작한다. 즉, 장로와 감독이 구분된 직분이 된다. 감독은 장로 위에 있는 직분이 된다. 그래서 '감독이 있는 곳에 교회가 있다'는 표현마저 생겨났다.

2 교회는 사도권이 어떻게 계승되는지에 관심을 기울였다. 로마가 교회를 핍박할 때 배교한 직분자를 배제하고 새로운 감독을 세우려고 했을 때 정통교회는 기존 감독들이 사도권을 이어받고 있다는 것을 강조하기 시작했다. 즉, 교회의 일치를 위해 감독들의 역할이 점차로 중요해졌다는 사실이다.

3 기독교가 제국의 종교가 되면서 제국의 행정구획에 따라서 교구가 나뉘어졌고, 중요한 몇몇 대도시 교구의 감독이 더 돋보이는 역할을 하기 시작한다. 결국에는 베드로와 바울이 순교했다고 알려진 도시, 로마의 역할이 중요해졌고 그 로마의 감독이 수위권을 주장하기 시작한다. 그래서 교황이 된다.

4 중세 로마가톨릭은 점차로 직분자를 서열화한다. 이것을 소위 말하는 '교계제도'라고 부르는데, 모든 직분자를 사다리처럼 층층이 계층화한 것이다. 성직자와 평신도도 구분하는데, 성직자는 성화하고 통치하고 가르치는 일을 맡았기에 성직자단이 곧 교회가 되었다. 성직자가 없이는 신자들이 구원을 받을 수 없는 구조가 되었다.

5 모든 직분은 그리스도를 가리켜야 하는데, 과연 직분이 그리스도를 가리키고 있는 것일까? 교황권이 문제인데 그가 그리스도를 닮을수록 그는 그리스도의 자리를 찬탈할 가능성이 크다는 사실이다. 이것이 직분의 아이러니이다. 직분자가 자신을 내세우는 것이 아니라 오직 그리스도를 내세워야 할 이유가 여기에 있다.

토론할 문제

1. 성경에서 장로와 감독이 동일한 직분인지, 아니면 전혀 다른 직분인지 말해 봅시다. 사도행전 20:17, 28을 참고하세요.

2. 왜 사도권 계승이 중요해졌는지 말해 보고, 사도권이 어떻게 계승된다는 것인지 말해 봅시다.

3. 로마의 감독이 교황이 된 과정을 말해 보고, 교황이 그리스도를 닮을수록 어떤 인상을 주게 되는지 말해 봅시다.

4. 로마가톨릭에서 주장하는 성직자단의 세 가지(신품권, 재치권, 교도권) 직무를 말해 보세요. 교황을 정점으로 한 성직단이 없이는 교인들이 구원받을 수 없다는 것이 맞는 말일까요?

우리는 평신도, 사제, 제후, 주교 또는 로마교도들의 용어를 사용하자면 영적인 계급과 세속적인 계급 사이에는 실제로 직무의 차이이외에 아무 차이도 없으며 그리스도인으로서의 지위에 관한 차이는 전혀 없다고 추론할 수 있다. 모두가 다 영적인 지위를 갖고 있으며 모두가 다 진정으로 사제요 주교요 교황이다. 그러나 그리스도인들은 모두 동일한 일에 종사하지는 않는다. 마찬가지로 사제들과 수도사들도 모두 동일한 일을 수행하는 것은 아니다. '영적 계급'으로 불리는 자들, 즉 사제, 주교, 교황들은 다른 그리스도인들보다 더 큰 위엄을 지니고 있는 것이 아니며 단지 하나님의 말씀을 해설하고 성례를 거행할 의무를 가지고 있을 따름이다. 마찬가지로 세속적인 권세들은 '칼과 회초리'를 가지고 있는데, 그들의 임무는 악행하는 자를 벌하고 법을 지키는 자를 보호하는 것이다. 제화공, 대장장이, 농부는 각기 자신의 직업과 일을 갖고 있으면서도 그와 아울러 그들 모두는 사제와 주교로서 행할 자격이 있다. 그들은 각기 자기의 직업이나 일 속에서 다른 사람들을 이롭게 하고 섬겨야 한다. 따라서 다양한 직업들은 모두 공동체의 최선의 유익을 지향하여야 하고 몸의 모든 기관들이 서로 서로를 섬기듯이 몸과 영혼의 복리를 증진시키도록 하여야 한다. _ 마르틴 루터(독일의 개혁자)

가르침, 권면, 경고와 치리, 위로와 용서와 함께 너무나도 많은 것이 봉사직과 연관되어 있다. 이를 위해 고상한 평판, 경외감과 삶의 모범이 요구된다. 봉사직의 올바른 수행을 위해, 가장 진지한 열심과 마찬가지로 고양된 은사들과 기술들이 요구된다. 이것은 주 안에서 승리해야 하고, 주 안에서 보존되고 세움을 받아야 하는 사람들이 결코 한 종류가 아니며, 다양한 약점들을 가지고 있는 사람들 때문이다. 또 교회들 안에 있는 많은 사람들은 규모가 크기 때문이다. 그러므로 주께서 한두 사람에게 모든 은사들을 주시는 것이 아니라, 오히려 자신의 은사들과 사역들을 모든 사람들에게 나누어 주신다. 항상 한 사람이 다른 사람의 도움을 필요로 하고, 또 다른 사람의 도움을 사용하기를 원하신다."
_ 마틴 부써(스트라스부르크의 개혁자)

종교개혁의 직분

루터의 직분론

마틴 루터(Martin Luther, 1483-1546)는 처음에 로마교회의 주교 및 교황에 대해 어떤 문제제기도 하지 않았다. 그는 주교와 교황에게 순종해야 한다고 강조했다. 신자는 교회를 떠나서 구원받을 수 없으며, 하나님은 교회에 성직을 세워서 그 구원을 나타내신다고 믿었던 것이다. 그는 그리스도께서 주교와 교황을 통해 주님의 교회를 통치하신다는 생각이 확고했다. 그는 그리스도께서 주교와 교황을 통해 지금도 주님의 교회를 다스린다는 생각 이외에 다른 것을 생각할 수 없었다. 면죄부 문제가 불거지면서 로마교황에게 호소했던 것이 도리어 파문으로 돌아오는 것을 보면서 루터는 교황이 참된 목자가 아니라 도리어 적그리스도라고 생각하기에 이른다.

루터는 성직을 인정했지만 점차 교회란 복음과 신앙에 의해 확립된다는 생각을 하게 된다. 교회는 믿는 자들의 모임, 즉 회중이라는 생각 말이다. 이것은 종교개혁 이전의 개혁자인 프라하의 얀 후스(Jan Hus)도 주장했던 것이다. 루터가 소위 말하는 평신도와 성직자의 구분을 폐기하려고 한 것이 아니다. 주교직이 필수적인 것은 복음의 사역을 책임져야 하기 때문이다. 루터는 점차로 교회에 우선적인 것이 성직 이전에 하나님의 말씀이라는 생각을 하게 되었다. 하나님의 말씀, 즉 약속이 창조의 능력이다. 루터가 고해성사를 성례로 인정하지 않으면서도 마지막 선포의 말, 즉 '사죄선언'이 말씀 자체의 선포이기에 계속되어야 한다고 주장한 이유도 여기에 있다. 주교는 다름 아닌 바로 이 말씀 선포를 위해 존재한다.

면벌부 문제가 불거지고, 이 문제에 대해 교황청이 파문으로 위협하자 루터는 '만인제사장설(pristhood of all believers)'을 주장한다. 1520년에 저작한 소위 말하는 '종교개혁 3대 논문'에서 이것을 본격적으로 주장하기 시작한다. 만인제사장설은 하나님과 인간 사이에 어떤 중재자도 필요 없다는 것을 말하는 것이다. 그는 세례로 인해 모든 신자는 사제요, 주교요, 교황이 된다고까지 말한다. 그는 『독일 귀족에게 보내는 글』에서 세 가지 벽을 허물어 버린다. 먼저 로마교회의 성직계급이 국가 공직자보다 우월하다는 벽을 허물고, 다음으로 교황만이 성경을 해석할 수 있다는 벽을 허물고, 마지막으로는 교황만이 공의회를 소집할 수 있다는 벽을 허문다. 즉, 국가 공직자는 교회와 교황을 개혁하는 일에 앞장서야 한다는 주장이다. 공직자가 공의회를 소집하여 교회를 개혁해야 한다는 주장이다. 이것이 나중에는 루터교회가 국가교회가 되는 길로 나아가게 만든다. 귀족에게 의지하여 개혁을 이루려고 했으니 말이다.

루터의 만인제사장설은 모든 신자가 다 목사라는 뜻이 아니다. 루터는 만인제사장직을 주장할 때는 '사케르도티움'(*sacerdotium*)이라는 용어를 사용했고, 안수받은 성직자에 대해서는 '미니스테리움'(*ministerium*)이라는 구별된 용어를 사용했다. 루터는 안수가 성례라는 것을 부정했지만 말씀을 선포하고, 세례와 성찬을 베푸는 성직은 그리스도께서 교회를 위해 친히 제정하셨다고 주장했다. 만인 제사직이 만인 목사직이 아니라는 사실이다. 모든 신자가 다 목사라면 목사의 말을 들어야 할 신자는 어디에 있는가? 모두가 다 세례와 성찬을 베푼다면 세례와 성찬을 받아야 하는 신자는 어디에 있겠는가? 교회는 질서를 위해 성직이 존재해야 하는 것이다. 루터는 감독과 목사가 아무런 차이가 없다고 생각했고, 단지 교구를 관할하는 이가 감독이라고 생각했다. 감독, 즉 주교는 특별한 서품을 받는 것이 아니라 기능상의 차이만 있을 뿐이다. 그는 마지막까지 주교직에 대해서 존중하였고, 루터교는 주교직을 자연스럽게 받아들이게 되었다.

재세례파의 직분론

종교개혁이 일어나면서 개혁자 내부에서 과격한 흐름이 생겨난다. 이들은 기존의 종교개혁자들이 성경에 근거하여 개혁을 철저하게 밀어붙이지 못하고 로마교회, 심지어는 국가와 타협하여 말씀으로부터 벗어났다고 보았다. 이들은 과격한 운동으로 발전하는데 유아세례와 삼위일체를 인정하지 않는다든지, 폭력마저 사용하여 이 땅에 천년왕국을 건설하려고 하든지, 자신들을 예언자들로 주장하면서 종말을 설교한다든지 했다. 그중에 대표적인 흐름이 소위 말하는 '재세례파'였다. 이들은 처음부터 성인세례만을 합당한 것이라고 보았다. 믿음의 고백이 중요했기 때문이다. 이들이 유아세례를 거부했고, 그 결과 성인이 되어 다시 세례를 받아야 한다고 주장했기에 재세례파로 불렸는데, 이들에 대한 조롱의 의미를 담고 있다.

츠빙글리(Zwingli)가 취리히에서 시의회의 도움으로 개혁을 단행했지만 그의 개혁이 미온적이라고 생각하면서 일어난 이들이 이들 재세례파였다. 이들은 나중에 '스위스 형제단'이라고 불린다. 이들은 시의회의 명령에도 불구하고 자기 자녀들에게 세례를 베풀지 않았고, 서로에게 세례를 베풀기 시작했다. 이들은 초대 교회로 돌아가야 한다는 것을 모토로 삼았다. 신자는 자신의 믿음과 삶을 통해 스스로 신자 됨을 증명해 보여야 했다. 이들은 유아세례를 반대했을 뿐만 아니라 개혁이 국가의 동조를 얻어 국가교회가 되는 것을 격렬하게 거부했다. 이들은 국가와 교회의 완전한 분리를 주장했다. 국가는 교회에 간섭할 수 없다는 것이다. 시의회는 이들의 세례를 조롱하기 위해 이들 중 몇몇을 수장(水葬)시켰다. 성인세례를 좋아하니 물맛을 보라는 것이었다.

재세례파는 로마교회와 종교개혁자들 양측으로부터 공격을 받았다. 이들은 이단으로 지목받았을 뿐만 아니라 치안을 방해하는 자들로 분류되어 잔혹하게 박해를 받았다. 이들은 1527년에 총회를 열어 쉴라이트하임 신앙고백(The Schleitheim Confession of Faith)을 작성한다. 첫 항목에서 믿는 자만이 세례를 받아야 한다고 주장했고, 세례 받고 중생한 자들이 성찬에 참여하면서 지역회중을 구성한다고 말한다. 그들은 국가와 교회를 엄격하고 분리하고는 참 신자는 공직생활, 군복무, 납세의무를 거부해야 한다고 주장했다. 신자는 모든 육체적인 방탕으로부터 벗어나야 한다고 주장했다. 이들 모임에서는 순회 전도자가 아니라 정착한 목사가 목회했고, 교회의 이름으로 권징하고 출교도 시행했다. 목사와 장로들의 모임인 당회가 아니라 목사 개인이 회중을 이끌어야 한다는 것을 강조했다. 이 고백이 회중교회의 모체가 된 것이다. 이들을 따르는 이들이 침례교회, 퀘이커파, 회중교회들이다.

칼빈의 직분론

존 칼빈(Jean Calvin, 1509-64)은 제네바에서 쫓겨나 스트라스부르크로 가서 생활하던 때에 그 곳의 개혁자인 마틴 부써로부터 배워서 직분론을 잘 다듬었다. 그는 『기독교강요』 제4권 3장에서 직분을 다루고 있다. 다른 주제에 비해 직분을 다룬 이 장이 상대적으로 짧은 것에 놀랄 수도 있겠지만 직분에 대한 해설이 매우 실제적이다. 개혁자 마틴 루터가 이미 '만인사제설'을 주장했지만 하나님께서 교회에 특정한 직분을 주셔서 교회를 다스리신다는 것은 의문의 여지가 없었다. 칼빈은 하나님께서 교회에 직분을 주신 이유를 교회를 다스리는 방편이라고 말하면서 처음부터 질서를 힘주어 강조했다. 칼빈은 "이제는 주께서 그의 교회를 다루시기를 원하시는 바 질서에 대해서 말해야 하겠다"라고 서술한다. 칼빈은 직분이 곧 다스림이라고 강조하면서 그 다스림은 질서를 위한 것이라고 말한다. "그러나 신성한회에서 '모든 것을 품위 있게 하고 질서 있게(고전 14:40)' 하여야 하지만 다스림을 세우는 일에는 무엇보다 부지런히 질서를 지켜야 한다."

칼빈이 교회질서를 강조한 것은 한편으로는 직분자의 위엄을 정도 이상으로 과장하는 로마교회의 주장에 대항하기 위함이고, 다른 한편으로는 성령께 속한 것을 죽을 인간에게 전가시킨다고 하는 재세례파의 주장을 무력화시키기 위함이었다. 칼빈은 이렇게 치우쳐 있던 양쪽의 주장을 파괴적으로 다루지 않고 오히려 그들의 주장이 함축하고 있는 바를 적극적으로 수용한다. 그는 로마교회의 주장을 수용하여 설교자가 성령의 역사로 인해 하나님의 동역자가 된다는 사실을 강조한다. 또한 재세례파의 주장을 수용하여 하나님께서 외적인 수단들과 달리 친히 믿음의 과정 전체를 주관하신다는 사실을 강조한다. 이렇듯 칼빈은 직분에 대해 본격적으로 언급하기 이전에 당시 크게 논쟁이 되고 있던 '인간의 사역의 유효성'에 대해 미리 다룬다.

칼빈은 하나님께서 대리자를 세워서 일하시는 것은 우리를 위함이라고 말한다. 대리자를 세우신다고 해서 하나님이 자기 백성을 돌보시기를 포기하는 것이 아니라 하나님의 돌보심의 구체적인 표시라는 것이다. 한편, 하나님께서 직분자를 주신 이유는 신자인 우리가 겸손을 실천하고 훈련하는 가장 유용한 방법이라고 말한다. 직분자에게 순종하는 것이 하나님께 순종하는 것이 된다는 뜻이다. 더 나아가 하나님께서 직분을 주신 이유는 그것을 통해 주의 백성을 사랑으로 묶어 주신다고 말한다. 칼빈은 직분자가 일반교인들 위에서 군림하는 것이 아니라 직분을 통해 신자들은 사랑의 끈으로 묶여진다는 것을 강조한다.

칼빈은 에베소서 4장 11절에 근거하여 직분의 종류를 구분한다. 그는 직분의 구분을 언급하기 이전에 고대 교회 이래로 직분이 기계적인 기능론으로 변해 버린 것을 '영의 직분'으로 새롭게 이해한다(고후 3:6-8 참고). 칼빈은 이 바탕 위에서 직분을 두 종류로 구분한다. 우선 그는 사도와 선지자와 복음 전하는 자를 하나님의 나라를 시작하실 때에 일으키신 직분, 우리가 흔히 말하는 '교회 창설직'이라고 부른다. 칼빈은 하나님께서 이 직분들을 시대의 요청에 따라 이따금씩 다시 일으키신다는 애매한 표현을 하기도 한다. 다음으로 목사와 교사, 이 두 가지만이 '교회에 항상 있는 일상적인 직분'이라고 말한다. 즉, 목사와 교사는 어느 시대에나 있는, 어느 시대에나 있어야 할 교회의 직분이라고 하였다. 칼빈은 목사가 사도처럼 복음을 전파하고 성례를 시행하라는 명령을 받았다고 하면서 이 두 가지를 소홀히 하는 자들은 거짓으로 사도인 체하는 자들이라고 말한다. 목사가 사도와 같다면 한 교회를 담임하면서 동시에 다른 교회들을 도울 수 있지 않을까? 칼빈은 교회의 평화를 위해서, 다른 말로 하면 질서를 위해서 이 부분을 조심해야 한다고 말한다. 이것은 중세 교회로부터 내려오던 전통인 바 성직자가 자기 교구를 떠날 수 없다는 것이다. 목사는 자기의 한계로 만족하고 다른 사람의 경내를 침범하지 말아야 한다.

칼빈은 로마서(롬 12:7,8 참고)와 고린도전서(고전 12:28 참고)에 근거하여 영구적인 것이 다스리는 것과 구제하는 자라고 못 박는다. 이에 칼빈은 장로직과 집사직을 논한다. 그는 감독과 장로, 목사라는 용어가 서로 구별없이 혼용되고 있다고 하면서 중세 교회의 성직계서제를 타파한다. 중세 교회에 의하면 감독과 장로는 다른 직분이고, 엄격하게 서열이 정해져 있었지만 칼빈은 이 용어들이 사실은 한 직분을 가리키는 것이라고 해석한다. 한편, 칼빈은 한 직분인 감독과 장로를 역할면에서 구분하기도 한다. 고린도전서에서 언급한 '다스리는 자들'이 바로 위에서 언급한 장로들, 즉 사람들 중에서 선택하여 세운 장로들을 가리킨다고 말한다. 이 장로들은 감독들과 더불어 도덕적인 과실을 책벌하고 권징을 시행하는 책임을 맡은 자들이다. 칼빈은 마지막으로 집사직을 다루면서 집사직에 두 종류가 있다고 말한다. 로마서 12장 8절에 나와 있는 구제하는 자와 긍휼을 베푸는 자를 구별하여 전자를 구제품을 나누어 주는 집사로, 후자를 가난한 자들과 병든 자들을 돌보는 일에 헌신하는 집사로 나눈다.

스코틀랜드 장로교회의 직분론

스코틀랜드의 개혁자 존 녹스(John Knox, 1513?-72)는 제네바의 개혁자 존 칼빈에게서 배워서 스코틀랜드에서 개혁을 단행한다. 그는 1560년에 다른 다섯 명의 '존'과 함께 「교회 치리서」를 출판했다. 이 문서는 계층질서적 직분을 비판하고 목사, 장로, 집사직의 직무와 선출에 대해 다룬다. 특히 목사의 선출과 청빙에 회중이 적극적으로 참여해야 할 것을 말하고, 목사의 자격과 시험을 엄격하게 규정하고 있다. 어떤 직분보다 말씀을 선포하는 목사직이 중요하다는 것을 분명하게 나타내 보인 것이다. 그런데 아직 로마교회 직분이 지배적이던 상황에서 과도기적 형태로 '독경사'(讀經士)를 둔다. 목사가 없는 교회에서 모범적인 교인 중에 성경과 기도문을 읽는 이를 세웠는데, 이들이 성숙하게 되면 교회와 목사의 동의를 얻어 성찬까지 집례할 수 있도록 했다. 또한 '감독들'을 언급하는데 이 감독은 회중이 목사선출을 제대로 하지 못할 경우 교구에 감독을 두어서 목사선출을 도와주는 일을 하게 했다. 즉, 영적인 권위는 없지만 행정권을 가진 감독을 말한다.

이후에 녹스의 후계자라고 할 수 있는 앤드류 멜빌(Andrew Melville, 1545-1622)이 1578년에 「스코틀랜드 제2치리서」를 작성하여 장로교 정치체제를 확립하였다. 칼빈과 녹스가 이루지 못한 꿈을 완성한 것이다. 이 치리서는 가장 먼저 교회정치와 세상정부의 차이를 분명하게 언급한다. 즉, 소위 말하는 '두 왕국설'을 말한 것이다. 교회는 세상 나라와는 다른 나라, 즉 그리스도께서 친히 세우신 나라이다. 교회는 직분자들을 통해 하나님께서 친히 통치하시는 곳이기에 세상정부가 결코 간섭할 수 없다. 교회는 하나님께서 회중을 통해 친히 임명하신 직분자들에 의해 다스려져야 한다. 이 치리서는 이렇게 세상정부가 교회치리에 간섭해서는 안 된다는 것을 명확하게 한 다음에 로마교회의 감독제를 완전히 제거한다. 스코틀랜드에서 그전까지 감독제에 대해 유보하고 있던 것을 과감하게 잘라낸 것이다.

멜빌의 「스코틀랜드 제2치리서」는 교회가 교리(doctrine), 치리(discipline), 나눔(distribution)에 의해서 규정된다고 말하면서 이 세 가지를 담당하는 직분을 연결시킨다. 교리를 가르치고 성례를 시행하는 것이 목사이고, 치리를 담당하는 것이 장로이고, 나눔을 실행하는 자들이 집사이다. 여기에다가 제네바의 개혁자 칼빈처럼 교회 전체를 말씀으로 인도하는 '교사'를 첨가하여 네 직분이 된다. 이 직분들은 동등한 권한과 권위를 갖고 있다고 강조하는데 이것은 특정 직분의 독재를 방지하기 위한 것이다. '직분의 동권' 원리를 선언한 것이다. 한편, 로마교회는 주교 개인에게 치리를 전적으로 맡겨 놓았는데, 치리서는 목사가 설교와 성례를 담당하더라도 치리는 목사 개인이 아니라 목사와 장로의 회에서 담당하도록 규정하고 있다. 즉, 개인이 아니라 회(會)가 교회를 다스리도록 했다. 이것이 바로 장로교 정치원리인 '회의 정치'이다. 이 회의체는 점차로 확장되는 4개의 회의로 이루어져 있다. 개교회의 장로회 모임인 당회, 지역교회들의 장로회 모임인 노회, 나라 전체의 장로회 모임인 총회, 그리고 모든 나라들을 포함한 장로회인 국제적 공의회 모임이 그것들이다.

웨스트민스터 교회정치

장로교회 교회정치, 즉 직분론은 '웨스트민스터 총회'(1643–49)를 통해 깊이 논의되고 정리된다. 잉글랜드의 찰스 1세는 스코틀랜드와 전쟁할 비용을 충당하기 위해 어쩔 수 없이 의회를 소집할 수밖에 없었다. 장로교계 청교도들이 다수를 차지한 의회는 잉글랜드만이 아니라 스코틀랜드와 아일랜드를 포함하여 종교문제의 일치를 도모하기 위한 총회를 개최한다. 이 회의의 대의는 국왕의 활동근거가 되는 감독제를 반대하는 것에 있었다. 웨스트민스터 총회에서 중요한 다섯 가지 문서가 작성되고 채택된다. '웨스트민스터 표준문서'라고 알려져 있는 것들이다. 대외적으로 믿는 바를 고백한 '신앙고백서', 아이들 교육을 위한 '소교리문답', 설교 해설에 도움을 주기 위한 '대교리문답', 잉글랜드의 기도서를 대체하기 위한 '예배지침', 그리고 마지막으로 교회정치를 통일하기 위한 '교회정치 지침'이 그것들이다.

'교회정치 지침'은 예배지침과 함께 1645년에 채택되었다. 신앙고백서, 대소교리문답이 만들어지기 훨씬 이전이었다. 예배와 교회정치가 성경과 고백의 구체적인 표현이기 때문에 먼저 논의한 것이다. 스코틀랜드의 에든버러 총회는 즉시로 이 '교회정치 지침'을 채택하였다. 이 지침서는 구약의 성경구절 하나가 이끌고 있는데 에스겔 43장 11절이 그것이다.

> "만일 그들이 자기들의 행한 모든 일을 부끄러워하거든 너는 이 성전의 제도와 구조와 그 출입하는 곳과 그 모든 형상을 보이며 또 그 모든 규례와 그 모든 법도와 그 모든 율례를 알게 하고 그 목전에 그것을 써서 그들로 그 모든 법도와 그 모든 규례를 지켜 행하게 하라."

이 구절은 선지자가 환상 중에 본 성전을 이스라엘 자손에게 보여 주라는 말씀이다. 이스라엘이 자신들의 죄악에도 불구하고 하나님께서 친히 새로운 성전을 지으시고 그곳에 임재하시는 것을 보면서 감격하게 될 것이라는 말씀이다. 교회정치 지침서가 바로 그 환상 중에 본 성전, 그 성전에 하나님께서 임재하시는 것과 같은 역할을 하게 될 것이라는 청교도들의 놀라운 고백인 셈이다.

에든버러 총회는 웨스트민스터 총회가 채택한 '교회정치 지침'을 신중하게 검토했다. 잉글랜드, 스코틀랜드, 아일랜드 세 나라 간의 긴장과 끊임없는 전쟁이 해소될 수 있는 길이 세 나라 교회가 단일한 정치 형태로 결속하는 것이라고 보았기에 이 문제는 더더욱 중요했다. 에든버러 총회는 이 지침을 충분히 읽고 토론하여 받아들인다. 이 지침은 개교회의 중요성을 먼저 언급한다. 개교회는 신자들이 서로 도덕적으로 영구하게 연결되어 있다는 것과 성도의 교제가 중요하다는 것, 그리고 목사와 교인들이 상호 의무를 편리하게 이행하도록 근처에 함께 살아야 한다는 것을 말한다. 지역교회가 되어야 한다는 뜻이다. 다음으로 직분에 대해서 말하는데, 목사, 교사, 장로, 집사가 교회 항존직이라는 것과 그리고 그 직분들의 역할을 분명하게 언급한다. 교회 회의도 말한다. 교인의 총회인 공동의회만이 아니라 치리회인 당회, 노회, 지방회, 총회에 대해서 말한다. 교회는 이런 치리회들의 순차적인 관계, 종속(?)관계로 인해 하나 됨을 유지할 수 있다. 많은 청교도들이 개교회의 독립을 강조했지만 스코틀랜드 교회는 소위 말하는 상회(上會), 하회(下會)개념을 인정한 것이다. 하회는 상회의 법령과 결정사항을 말씀이 정한 권세와 규례로 알고 받는다.

'교회정치 지침'에서 무엇보다 중요하게 다루는 것이 '목사 안수'이다. 목사 안수에 관해 다음과 같이 천명하고 있다. "누구도 합법적인 소명 없이 말씀의 봉사자의 직분을 스스로 취해서는 안 된다." 목사직이 이렇듯 중요하기에 목사 안수는 모든 조심과 지혜와 진실함과 엄숙을 가지고 수행해야 한다. 목사로 안수 받을 사람은 생활과 성령의 능력이 증명되어야 한다. 노회가 관장하여 시험을 쳐야 하는데 시험이 아주 까다롭다. 가장 먼저 언급하는 성경에 대한 지식, 즉 성경을 원어(히브리어와 헬라어)로 읽고 해석할 수 있어야 한다. 다른 공부, 특히 논리학과 철학을 공부했는지 살핀다. 정통교리를 변호할 능력이 있는지, 성경을 잘 해석할 수 있는지 확인하고 설교를 해야 한다. 이런 시험을 여러 날에 걸쳐서 친다. 시험관의 승인이 나면 안수 받을 교회로 파송하여 교인들과 사귀면서 여러 번 설교하고, 은사를 시험해 본다. 마지막 3일 동안 노회에서 그 교회로 통지서를 보내고 교회는 지명받은 사람들이 노회에 출석하여 목사로 받아들일 것인지 아닌지를 밝힌다. 교회가 찬성하면 노회는 그 교회에서 안수식을 거행한다. 안수식에 대한 지침도 자세하게 밝히고 있다. 노회는 소속 목사와 안수에 대한 정확한 기록을 보관하고 있어야 한다. 안수에 참여한 사람들이 돈이나 선물 또는 기타의 것을 받을 수 없다는 것도 말한다. 대륙의 개혁교회와 같이 섬나라 잉글랜드, 스코틀랜드, 아일랜드의 장로교회는 목사를 제대로 세우는 것이 교회를 세우는 길이 된다고 본 것이다. 이 '교회정치 지침'이 전 세계적으로 퍼져 나가 로마교회의 성직자를 대체한 설교자와 목회자가 교회를 새롭게 할 뿐만 아니라 든든히 세웠다. 이렇듯 교회정치, 즉 교회 직분에 대한 바른 이해와 세움이 교회를 세우는 일에 무엇보다 중요하다.

내용 요약

1 종교개혁자 루터는 전형적인 중세의 인물이었기에 성직을 인정했다. 하지만 교회는 복음과 신앙에 의해 확립된다는 것을 명확하게 했고, 만인제사장설도 주장했다. 신자의 일상적인 일도 거룩한 일이라는 것이다. 그가 만인제사장설을 주장했다고 해서 성직자가 필요하지 않다고 한 것이 아니라 복음을 잘 선포해야 할 것을 강조했다.

2 종교개혁 시기에 일어난 과격파인 재세례파는 유아세례를 인정하지 않으므로 이런 이름을 얻었다. 재세례파는 기존의 개혁자들이 개혁을 끝까지 밀어붙이지 못했다고 주장했고, 두 왕국설에 근거하여 교회와 국가의 완전 분리를 주장했다. 재세례파는 교회회의를 인정하지 않고 목사 개인이 회중을 잘 다스려야 할 것을 주장했다.

3 종교개혁자 칼빈은 무엇보다 교회질서를 강조했다. 교회는 하나님의 백성의 모임일 뿐만 아니라 분명한 조직을 가져야 한다고 강조했다. 직분에 대한 강조였다. 하나님이 직분자를 세우시는 이유는 우리를 겸손하게 하기 위함이라고 말하면서 하나님은 직분자들을 통해 자기 교회를 친히 다스리신다고 말했다.

4 스코틀랜드의 개혁자 존 녹스는 목사의 역할을 강조했고, 그러면서도 목사 선출과 청빙에 회중이 적극적으로 참여해야 한다는 것을 강조했다. 그의 뒤를 이어 앤드류 멜빌은 장로교정치를 확립했는데, 세 직분을 명확하게 구분했고 모든 직분이 계급화된 것이 아니라 그 모든 직분이 동권을 가지고 있음을 강조했다.

5 웨스트민스터 회의에서 '웨스트민스터 교회정치'도 나왔다. 여기서는 개교회의 중요성을 가장 먼저 강조했다. 지역교회가 중요하다는 강조였다. 그리고 세 직분이 항상 존재해야 하는 직분임을 분명하게 밝히고 교회회의를 상회와 하회로 구분하였다. 목사의 역할이 무엇보다 중요하다는 것을 밝히면서 합법적으로 안수 받아야 한다는 것을 강조했다.

토론할 문제

1. 루터의 만인제사장설이 신자의 실제적인 삶에 어떤 영향을 미쳤을지 말해 보고, 이것이 성직이 필요 없다고 하는 것인지 말해 봅시다.

2. 재세례파가 주장하듯이 교회와 국가가 완전히 나누어져야 한다면 신자들은 세상에서 어떻게 살아야 한다는 말일까요?

3. 칼빈이 교회질서를 중요하게 생각하고, 교회도 하나의 조직이라고 말하면서 직분을 강조한 것이 우리의 교회생활에 어떤 시사점을 줄까요?

4. 목사 선출에 회중의 역할을 강조한 존 녹스의 주장, 그리고 합법적인 안수의 중요성을 강조한 웨스트민스터 교회정치를 오늘날 어떻게 적용할 수 있을까요?

3부

직분과
직무

나는 감독이 (전체 공동체를 위한) 사역을 그 자신의 노력으로나 사람을 통해서나 허영으로 얻은 것이 아니라, 하나님 아버지와 주 예수 그리스도의 사랑 안에서 얻었다는 것을 알고 있습니다. 나는 감독의 인내에 감명을 받았습니다. 감독은 말을 늘어놓는 것보다 침묵을 통하여 더 많은 것을 성취합니다. 그는 하프가 줄에 따라 조율되듯이 명령에 따라 조율됩니다. 그러므로 나의 영혼은 아주 경건한 온유함으로 살아가는 사람으로서 그의 경건한 마음, 그의 변함없는 성격, 그리고 그가 화내지 않는 것을 축복합니다. 그러므로 진리의 빛된 자녀로서 분열과 거짓된 가르침으로부터 피하십시오. 양처럼 목자를 잘 따라가십시오. 외형상 신뢰할 것처럼 보이는 많은 이리들이 사악한 즐거움으로 경주자들을 사로잡으려고 시도하기 때문입니다. 그러나 여러분들이 감독과 하나 되어 있으면 그들은 어떤 기회도 포착하지 못할 것입니다. _ 이그나티우스(안디옥의 감독)

무엇보다도 먼저 교회의 목회자들은 각각 한 아내의 남편이며, 온순하며, 덕이 있으며, 예의바르며, 거룩하며, 자기를 절제하며, 순전하며, 술에 빠지지 않아야 한다. 이것이 바로 성령의 뜻이다. 그들에 대한 치리를 유지할 수 있어야만, 그들의 자녀들과 가솔들에 대한 치리가 없다는 비난을 받지 않게 된다. 목회자들은 자신들 속에서 그리고 그들 가족 속에서 가장 최고도의 치리와 거룩성과 모든 육신의 정욕을 단절시켰음을 증거해야만 한다. 그들이 교회 전체에 모든 육신적 욕심과 정욕들을 포기할 것을 가르치고자 한다면, 그들 자신들과 그들 가족 안에서 이러한 가장 높은 모범을 먼저 제공해야 한다. 연약한 본성에 속한 일들에 대항하여 진지하게 그리고 견고하게 서 있지 않는 사람들은 악한 정욕들과 욕심들에 의해 쉽사리 정복당할 것이다. 그 결과 그들은 하나님의 일에 부주의하게 될 것이며, 다른 사람들에 의해 멸시를 받고, 기피의 대상이 될 것이다.

_ 마틴 부써(스트라스부르크의 개혁자)

10

목사, 말씀의 사역자

목사가 왜 필요한가?

세상 사람들은 목사가 교회의 주인이라고 생각한다. 이렇게 생각하는 것은 대형교회의 목사들에 대한 이미지가 큰 몫을 했을 것이다. 카리스마 넘치는 대형교회 목사들의 모습을 보고는 그렇게 생각하는 것이다. 믿지 않는 이들조차 교회 직분이 계급화되었다고 생각하고, 가장 높은 직급이 목사라고 생각한다. 목사를 교회의 사장이라고 생각한다. 로마교회와 같은 생각이라고 할지 모르겠지만 목사가 없이는 교회가 없다고 말할 수도 있다. 목사는 말씀의 사역자이기 때문이다. 하지만 목사가 가장 높은 자리라고 생각해서는 안 된다. 회사의 CEO처럼 생각하는 것 말이다. 메가처치(megachurch)에서는 담임목사가 회사의 CEO처럼 되지 않을 수 없겠지만 말이다. 목사가 교회의 중요한 직분인 것은 맞지만 가장 높은 직분이라고 생각해서는 안 된다.

종교개혁은 직분의 계급화와 서열화를 무너뜨렸다. 모든 직분이 동등하다고 주장했다. '직분의 동권'이 개혁교회 정치의 핵심이다. 어떤 직분이라도 다른 직분 위에 군림할 수 없다. 직분간에 서열이 있을 수 없다. 한 직분 내에서도 마찬가지이다. 예를 들면, 장로들 사이에 '수장로'(首長老)라는 표현을 쓸 수 없다는 말이다. 목사 중에 어떤 이들을 '부목사'(副牧師)라고 부르는 것도 종교개혁의 정신일 수가 없다. 우리에게는 유교문화가 자리잡고 있기에 이런 표현을 거리낌 없이 사용하지만 목사라면 그냥 다 목사고 장로라면 그냥 다 장로이다. 직분들 간에 서열을 매겨서 목사가 최고 높은 자리라고 생각하게 된 것이야말로 교회의 타락이라고 하지 않을 수 없다. 직분간의 동권은 교회들의 관계에도 그대로 적용된다. 어떤 교회가 다른 교회를 지배할 수 없다. 모든 교회는 동등한, 그리고 동일한 하나님의 교회이다. 어떤 교회가 자립하지 못하여 다른 교회의 지원을 받는다고 할지라도, 어떤 교회의 지원으로 교회가 개척되었다고 하더라도 그 모든 교회들은 동등하다.

교회에 목사가 왜 필요한가? 목사는 초대 교회의 사도와 같다고 말할 수 있을까? 이런 주장을 하는 쪽이 로마교회이다. 교회는 사도적이어야 하고, 사도성은 사도권의 계승을 통해 확보된다고 보기 때문이다. 우리는 사도가 교회창설직이라고 본다. 교회 창설직은 교회를 창설하고 난 다음에서는 사라지는 직분이다. 요즘도 서로를 사도라고 불러야 한다고 주장하는 이들이 있는데 이것은 사도가 교회를 창설하기 위해 세워진 직분이라는 것을 무시한 처사이다. 사도 베드로는 사도의 자격을 분명하게 못박고 있다. '요한의 세례로부터 그리스도께서 승천하신 날까지 예수님과 항상 함께 다닌 자들'

중에서 사도로 선택될 수 있었다(행 1:21-22 참고). 이 모든 것을 목격한 자가 사도가 될 수 있다. 특히, 사도는 그리스도의 부활을 증거할 자로 택함을 입었다. 사울이라는 청년이 사도 바울이 된 것도 부활하신 그리스도께서 그를 만나 주셨기 때문이다. 이것은 환상을 체험하는 것과 전혀 다른 만남이다. 지금도 사도직이 계속된다는 것이 로마교회의 생각이고, 개신교 쪽에서는 소위 말하는 '신사도주의'가 그렇게 생각한다. 신사도 운동은 사도들이 일으킨 기적이 재현되기를 바라기 때문에 사도직의 유지를 주장한다. 그리스도와 사도들이 일으킨 기적이 지금도 반복되기를 바라는 것은 자신이 그리스도와 사도들과 같아지려는 욕망이 아닌가? 우리는 우리의 연약함과 고난을 통해 주님의 부활을 증거해야 한다는 것을 잊지 말아야 한다.

사도들이 그리스도의 부활의 증인이 되어 복음을 전하고 교회를 세웠다. 사도들은 또 다른 사도들을 세우지 않았다. 이후에 교회는 사도들이 고백한 예수 그리스도를 전할 직분자들을 세웠다. 교회는 직분자들을 세워 교회를 유지하고 복음을 계속해서 선포했다. 그 직분을 '항존직'이라고 부른다. 평생직이라는 의미가 아니라 항상 존재해야 하는 직분이라는 뜻이다. 교회에는 직분이 있어야 한다는 뜻이다. 교회가 교회다우려면 직분자를 세워야 한다. 교회에 항상 존재해야 하는 직분 중에 하나가 목사이다. 장로와 집사도 필요하다. 물론 장로, 집사와 더불어 목사가 없으면 교회가 교회다울 수 없다. 교인들이 아무리 많아도 목사가 없이는 교회다울 수 없다. 교회는 어떤 프로그램이나 행사로 세워지는 것이 아니라 직분으로 세워지기 때문이다.

목사의 기원

장로교회는 두 직분이냐, 세 직분이냐를 가지고 논쟁했다. 두 직분론은 장로와 집사를 가리키고, 세 직분론은 목사, 장로, 집사를 가리킨다. 두 직분론에서는 목사와 장로를 구분하지 않고 한 직분이라고 취급하므로 목사가 기본적으로 장로라는 것을 강조하고 있다. 한국의 수많은 장로교회 헌법에서는 목사가 기본적으로 장로라는 것을 밝히지 않은 채 그냥 세 직분론을 말한다. 우리는 두 직분론이 말하는 목사도 기본적으로 장로라는 것, 그리고 세 직분론이 강조하는 목사의 구별된 역할을 동시에 받아들이는 것이 좋겠다. 목사는 다스리는 장로이면서 동시에 가르치는 역할을 맡았다는 것을 알아야 하겠다. 목사는 짐이 훨씬 더 무거운 것이다. 그만큼 그 직분이 너무나 영광스럽다는 것도 알아야 하겠고 말이다.

목사라는 직분이 성경에 그 기원을 두고 있을까? 목사라고 번역된 단어는 양을 치는 '목자'를 가리킨다. 우리는 구약성경에서 하나님을 자기 백성의 목자라고 밝히고 있는 것을 볼 수 있다. 우리가 너무나 잘 아는 시편 23편이 대표적이다. '여호와는 나의 목자'라고 노래하는 시편 말이다. 예수님도 친히 목자의 마음을 가지셨다(마 9:36; 막 6:34 참고). 예수님은 유대 민중들이 목자 없는 양과 같이 고생하며 기진한 것을 보시고는 그들을 불쌍히 여기셔서 할 수 있는 대로 천국복음을 가르치셨다. 더 나아가 주님은 기적을 베풀어 유대인들을 먹이셨다. 예수님은 친히 자신이 '양의 문'(요 10:7-9)이라고 하셨다. 단순히 문이라는 뜻이 아니라 주님이 친히 자기 양 떼의 목자이기에 양 우리의 문을 열고 닫으면서 자기 양들을 넣고 몰고 가신다는 것을 보여 준다.

성경에 목자가 종종 등장하지만 직분으로서 '목사'(포이멘, ποιμην)라는 명칭은 에베소서 4장 11절에서 유일하게 한 번 언급되어 있다. 이 단어는 문자적으로 목자이기 때문에 성경에는 목사라는 직분이 없다고 말하는 것이야말로 문자주의에 사로잡힌 것이다. 목사가 바로 목자의 역할을 하기 때문이다. 목사는 목자장이신 그리스도를 대신하여 양 떼를 치는 목자이다 (벧전 5:1-4 참고). 목사는 목자의 마음을 가져야 한다. 잃어버린 양 한 마리를 찾기 위해 나머지 아흔 아홉 마리의 양을 놓아두고 산과 들을 헤맨 목자의 심정 말이다(마 18:12-14 참고). 목사는 마지막 날에 양 떼를 어떻게 쳤는가에 대해서 질문받게 될 것이다. 목사는 양 떼를 위하여 늘 깨어 있어야 하는데, 자기가 양 떼의 문제를 청산해야 하는 자인 것처럼 생각해야 한다(히 13:17 참고). 목사가 신자의 모든 문제에 깊이 개입해야 한다는 뜻이 아니다. 오지랖이 넓어야 한다는 뜻도 아니다. 목사는 자신이 무엇 때문에 그렇게 한 것인지 마지막 날에 목자장께 근거를 제시해야 한다. 목사야말로 자신의 목회에 대해 낱낱이 다 주님께 아뢰어야 한다. 목자장께서 그 일을 맡기셨기 때문이다.

목사는 장로, 집사와 다른 직분이지만 모든 직분을 한몸에 구현하고 있다고 말할 수 있겠다. 앞으로 장로, 집사에 대해 살펴보겠지만 목사는 말씀을 선포하는 일만이 아니라 장로처럼 교인을 감독하고 심방해야 한다. 그리고 목사는 집사처럼 긍휼을 베풀어야 한다. 가능한 한 물질을 가지고 도

우라는 말이 아니라 말씀을 통해 모든 선하고 좋은 것을 나누려는 마음이 있어야 한다는 뜻이다. 목사는 주인의 선한 청지기가 되어야 한다. 청지기는 종들 중에 특별한 종이다. 그는 주인의 모든 재산을 맡아서 관리한다. 요셉은 형들의 손에 의해 애굽에 종으로 팔렸는데 군대장관이었던 보디발의 집에 팔려갔다. 하나님이 요셉과 함께하시므로 주인의 신임을 받아서 주인의 모든 재산을 관리하는 청지기가 되었다. 주인의 아내도 요셉을 함부로 할 수 없었다. 목사는 요셉과 같은 청지기가 되어야 한다. 목사는 말씀을 맡았기 때문에 '천국의 제자된 서기관'이라고 불릴 수 있다. 그는 주인의 창고에서 새것과 옛것을 내어 와서 집안 사람들의 모든 필요를 채워야 한다(마 13:52 참고). 이것은 흡사 구약과 신약을 다 설교해야 하는 목사의 역할을 말하는 것처럼 보인다.

목사, 말씀의 사역자

사도 바울은 그리스도께서 승천하신 후에 성령을 보내셔서 교회에 세워 주신 직분이 있는데 그것이 바로 사도, 선지자, 복음 전하는 자, 목사와 교사라고 밝힌다(엡 4:11 참고). 종교개혁자 칼빈은 사도와 복음 전하는 자, 그리고 선지자를 한 부류로, 마지막에 언급된 목사와 교사를 다른 부류로 나눈다. 전자는 교회를 세우기 위한 창설직이고, 후자는 교회를 유지하기 위한 항존직이라는 것이다. 칼빈은 이렇게 창설직과 항존직을 나누고 전자의 역할이 후자에게로 이어지고 있다고 말한다. 사도직의 계승이 아니라 교회를 세워가기 위해 항존직을 주셨다는 것이다. 칼빈은 사도와 복음 전하는 자의 역할은 목사가 이어받고, 선지자의 역할은 교사가 이어받는다고 말한다. 칼빈이 목사를 사도와 복음 전하는 자의 역할을 이어받고 있다고 해석한 것은 말씀선포에 대한 종교개혁의 강조점을 뚜렷하게 보여 준다. 독일의 종교개혁자 루터도 목사가 무엇보다 말씀의 사역자라는 것을 강조했다.

한국의 많은 교인들은 목사를 성직자라고 생각한다. 목사는 구약시대의 제사장과 같다고 생각하기에 목사를 함부로 대하면 안 된다는 생각을 하기도 한다. 목사를 잘못 건드리면 하나님의 저주를 받는다는 생각을 하는 것이다. 목사 자신이 이런 생각을 은근히 전파하기도 한다. 예를 들어, 한나라는 여인이 하나님께 저주받은 엘리 제사장을 함부로 대하지 않고 순종했더니 사무엘이라는 아들을 낳았다고 해석한다. 목사가 제사장이고, 다른 모든 직분, 즉 장로와 집사, 권사 등은 평신도들이라고 생각한다. 목사만이 성직자라는 이런 생각이 어디에서 나온 것일까? 로마교회에서는 주교, 사제, 부제가 다 성직자이다. 이 직분들을 개신교회의 직분으로 바꾸면 목사, 장로, 집사라고 말할 수 있다. 로마교회식으로 말하자면 모든 직분이 다 성직이다. 그 성직이 철저하게 계급화되어 있지만 말이다. 그런데 어떻게 된 일인지 개신교회에서는 목사만을 성직자라고 생각한다. 종교개혁은 모든 성직을 다 거부했는데 말이다.

목사가 제사장이라는 생각은 한편으로는 일리가 있다. 성직자라는 의미에서가 아니라 제사장이 말씀의 사역자이기 때문이다. 선지자가 하나님의 말씀을 선포하는 사람이었는데 제사장이 말씀의 사역자라니 무슨 뚱딴

지같은 소리냐고 할 것이다. 제사장은 제사를 드리는 사람이 아니냐는 생각이다. 제사장은 더 많은 일을 한다. 레위 지파는 다른 지파들과는 달리 가나안 땅을 기업으로 받지 못했기에 다른 지파들이 제공하는 성읍과 들에 거하였다. 레위인들이 모든 지파들에게로 흩어져서 거하였다. 레위사람은 흩어진 그 지파들에게 하나님의 말씀을 가르쳤다. 제사는 중앙 성전이 있는 예루살렘에서 드렸다. 하나님은 선지자들을 세우시기 전에 제사장을 포함한 레위인들이 자기들이 거하는 성읍에서 말씀을 가르치게 하셨다(신 33:10 참고). 이런 상황은 구약의 마지막 시대까지 이어졌다. 구약성경의 마지막 말씀인 말라기서에 보면 제사장들의 입에서 지식과 율법이 나와야 한다고 말씀하고 있으니 말이다(말 2:7 참고).

목사는 목자이지만 그 직분을 한마디로 '말씀의 사역'이라고 부른다. 지금도 유럽에서는 목사를 바로 이 용어, 즉 '말씀의 사역자'라고 부른다. 모든 직분이 다 말씀과 관련을 맺고 있지만 목사는 가장 직접적으로 말씀과 관련을 맺고 있다. 목사는 예배 시에 설교를 하면서 하나님의 입이 된다. 예배 밖에서도 목사는 하나님의 말씀을 공급하는 일을 계속해야 한다. 목사의 목회는 사람의 비위를 맞추는 것이 아니라 오직 말씀으로 권고하고 위로하는 것이다. 교인들은 목사의 말씀선포를 듣고는 '하나님이 우리에게 말씀하셨다'라고 말할 수 있어야 한다. '하나님께서 지금도 말씀하신다'라고 말할 수 있어야 한다. '하나님께서 말씀하시니 이제 우리가 살았다'라고 말할 수 있어야 한다.

예배 인도자

목사는 설교자와 동의어가 아니다. 예배에는 설교만이 있는 것이 아니다. 목사가 예배를 인도하면서 설교도 하고, 성례도 집례한다. 목사는 예배 전체의 인도자이다. 목사는 예배 인도자이고, 그 예배에는 은혜의 방편이 중심에 자리를 잡아야 한다. 즉, 예배에는 설교만이 아니라 성례도 있어야 한다. 예배 때마다 세례가 있기는 힘들지만 성찬은 있을 수 있다. 목사는 이 성례의 집례자이다. 목사는 은혜의 방편을 통해 하나님의 백성들에게 끊임없이 은혜를 공급해야 한다. 목사가 다른 방식으로 은혜를 공급할수 없다. 하나님께서 예배 안에 은혜의 방편을 두셨기에 목사는 예배에 무엇보다 집중해야 한다. 예배에서 목사만이 활동한다고 생각할지 모르겠는데, 목사가 예배를 인도하면서 회중을 하나님께로 이끈다. 하나님과의 교제에로 이끈다. 목사는 자신이 예배 전체의 인도자라는 사실을 잊지 말아야 한다. 그렇다고 예배가 목사의 능력에 달려 있다고 생각해서는 안 된다. 목사가 예배 전체를 주관하는 것을 이용하여 교인들을 장악하려고 해서는 안 된다.

목사는 예배 인도자이기에 '기도 인도자'이기도 하다. 공예배 시에 하는 기도가 참으로 중요하다. 기독교회의 예배가 모든 종교의 예배와 다르듯이 예배 시의 기도는 모든 종교의 기도와 다르다. 우리의 기도는 모든 종교처럼 간구만 있는 것이 아니다. 우리가 무엇이든지 간청할 수 있다고 생각해서는 안 된다. 아니, 신자는 무엇이든지 구할 수 있는데 그 모든 것은 오직 그리스도의 이름에 힘입어 구해야 한다. 목사가 예배 시에 바로 이 기도를 시연해 보인다. 예배 때 목회기도가 있는데 목사가 이 기도를 통해 교회의 필요가 무엇인지를 보인다. 교인들은 그 기도를 통해 자기들이 어떻게 기도해야 하는지를 배울 수 있다. 목사가 기도로 교인들을 인도해야 한다는 사실이다. 목사는 하나님께서 주신 말씀을 복창하면서 그리스도의 이름을 힘입어 성령의 능력으로 모든 것을 구해야 한다. 목사는 기도에서도 교인들의 길잡이가 되어야 한다.

목사는 '찬송 인도자'이기도 하다. 교회마다 대부분 찬양대가 있고, 예배할 때 찬양대 지휘자가 마이크를 잡고 예배 찬송을 선창하는 경우가 많다. 찬양인도는 이런 전문가들의 일이라고 생각한다. 그렇지 않다. 목사는 회중의 찬송을 인도하는 자라는 것을 명심해야 한다. 찬송곡을 고르는 책임이 목사에게 있다는 것만을 말하는 것이 아니다. 목사는 하나님의 백성들이 어떻게 찬송해야 하는지를 가르쳐야 한다. 음악을 전공해야 한다는 말이 아니다. 목사는 회중으로 하여금 항상 '새 노래'(계 15:2-4)를 부를 수 있도록 인도해야 한다. 새 노래라는 것은 최신 유행의 복음성가를 말하는 것이 아니라 하나님께서 행하신 구원의 역사를 항상 새로운 마음으로 부르는 것을 말한다. 목사는 이 새 노래를 부르는 일에도 앞장서야 한다.

목사는 예배 전체의 인도자인데 예배 시작과 마칠 때 하나님의 복을 선포한다. 목사는 삼위 하나님을 복을 선포하도록 부름을 받았다. 목사가 교인들의 죄를 책망해야 할 때도 있다. 구약시대의 선지자들처럼 아주 혹독하게 책망해야 할 때도 있다. 심지어 매국노라고 불릴 정도로 자기 민족의

멸망을 선포해야 할 때도 있다. 하지만 목사의 마지막 말은 축복이 되어야 한다. 예수 그리스도께서 자기 백성의 모든 죄와 허물을 담당해 주셨기에 목사의 마지막 말은 항상 축복의 말이어야 한다. 목사는 복음을 선포하는 자이지 저주를 선포하는 자가 아니다. 목사는 예배 시작 순서인 '하나님의 인사'(고전 1:2-3, 계 1:4-6 등을 사용)를 통해 복을 선포하고, 예배 마지막 순서인 '강복선언'(일반적으로 '축도'라고 부름, 민 6:23-24, 고후 13:13을 사용)을 통해 하나님의 복을 되울린다. 이렇게 예배는 하나님의 복으로 감싸여 있다. 하나님의 백성들은 이 복의 선포를 통해 자신을 향해 퍼붓는 온갖 저주를 넉넉히 물리칠 수 있다. 목사는 예배에서 참으로 할 일이 많다. 목사는 예배 전체의 인도자이기 때문이다.

목사와 교사

교사는 누구인가? 교사는 목사와 다른가? 에베소서 4장에서 '목사와 교사(디다스칼로스, διδασκάλος)'를 붙여서 언급하고 있지 않은가? 혹 오해하는 이들이 있는지 모르겠지만 이 교사는 주일학교 교사를 가리키는 것이 아니다. 우리는 목사와 교사를 별개의 두 직분이라고 말하기보다는 '목사, 즉 교사'라고 부르는 것이 좋겠다. 교사는 목사가 말씀에 대해 지고 있는 직무를 구체적으로 표현한 용어이다. 장로와 감독이 다른 직분을 가리키고 있는 것이 아니라 장로의 다스리는 모습을 적시한 것이 감독인 것과 같다. 목사는 교사이다. 물론, 모든 교사가 다 목사인 것은 아닐 것이다.

종교개혁자 칼빈은 교사를 목사와는 다른 직분이라고 보았다. 목사, 교사, 장로, 집사의 네 직분을 말한 것이다. 이것은 종교개혁 당시의 상황을 반영하고 있는 구분이라고 말할 수 있다. 칼빈은 교사가 선지자의 역할을 이어받고 있다고 말했는데, 그에 의하면 교사는 한 교회를 담임하는 목사가 아니라 전체 교회의 교사라고 생각했다. 교회는 '거룩한 공교회'인데 이 거룩한 공교회 전체를 위해 봉사하는 이가 교사라는 뜻이다. 고대 교회로부터 직분자는 자기가 임직받은 곳을 떠날 수 없었다. 다른 교구를 기웃거릴 수 없었다. 그렇다면 교사가 전체 교회를 위해 말씀의 봉사를 하고 있다는 생각은 새로운 생각인 것을 알 수 있다. 그 정도로 당시 교회 전체를 새롭게 하는 말씀 선포가 무엇보다 필요한 상황이었다. 교사는 교회 전체를 주의 말씀으로 이끌어야 한다. 모든 이단사설로부터 교회를 보호해야 한다. 교사는 교회에 하나님의 말씀을 끊임없이 공급해야 한다. 칼빈 자신이 스스로 교사라고 말한 적은 없지만 자신이 그와 같은 역할을 맡았다고 해야 할 것이다. 각 도시마다 개혁자들은 목사들을 모아놓고 성경을 가르쳤다. 사제였다가 목사가 된 이들이 성경을 너무나 몰랐기 때문이다. 교사는 목사들에게 성경을 가르치는 일을 했다. 오늘날로 말할 것 같으면 교사는 '신학교 교수'를 가리킨다.

한국 교회에서는 신학교 교수들의 발언권이 세지 못하다. 한국 교회에서의 발언권은 신학교수에게 있는 것이 아니라 교회를 성장시킨 목사에게 있다. 신학교 교수들이 발언하는 것에 대해 목사들은 콧방귀 뀐다. 신학교 교수들이 성경과 신학에 대해 말하면 목회가 얼마나 어려운지 모르니까 그런

원론적인 이야기만 한다고 말한다. 칼빈이 그렇게 강조하였던 교회의 교사의 역할이 한국 교회에서는 제대로 자리를 잡지 못했다는 것을 알 수 있다. 교회에서 잘못된 말씀이 선포되어도 신학교 교수들은 발언을 잘 하지 않는다. 교회에서 후원하는 금액으로 자신들의 생활비를 지급받기 때문이다. 이제부터라도 교회의 교사 역할이 회복되어 교회를 향해 발언해야 할 것이다. 교회의 교사는 자기의 의견이 아니라 하나님의 뜻을 분명하게 가르쳐야 한다. 교회의 선생인 신학교수는 성경을 단순히 주해하는 것을 넘어서 현 시대풍조가 신자와 교회를 어떻게 유혹하고 있는지를 간파하여 알려 주어야 할 것이다. 교회의 선생이 매 시대마다 말씀을 새롭게 산출해 내어서 교회에 공급해야 교회가 왕성해질 수 있다. 역으로, 교회가 왕성해야 신학교수와 신학교가 힘을 얻을 수 있다. 중요한 것은 신학의 자리가 신학교가 아니라 교회요, 강단이 아니라 설교단이라는 것을 잊지 말아야 할 것이다. 신학교는 교권에 휘둘리지 않는 독립성이 중요하겠지만 그것보다 더 중요한 것은 신학교수가 목사와 교회에 의존적이어야 한다는 사실이다. 신학교수의 도움을 받아 목사가 교회에 말씀을 잘 공급할 때에 전체 교회가 주님의 몸으로 든든히 설 것이다.

1 교회라고 하면 가장 먼저 목사를 떠올릴 것이다. 교회에는 목사가 꼭 필요하다고 생각한다. 목사를 성직자나 제사장이라고 생각하기도 하고, 심지어 교회를 이끄는 사장이라고 생각하기도 한다. 목사가 교회를 주로 개척하고, 교회 일을 도맡아 하다 보니 제일 높다고 생각하기도 한다. 목사는 하나님이 일 시키는 직분자라는 것을 잊지 말아야 한다.

2 목사는 기본적으로 장로이다. 다스리는 장로 중에서 가르치는 일을 겸하여 하는 이를 목사라고 부른다. 목사는 양을 치는 '목자'라는 말에서 나왔다. 그리스도께서 목자장이시고 목사는 그리스도를 따르는 목자이다. 목사는 나머지 직분조차 한몸에 구현하기 위해 애써야 하고 자신이 주인의 모든 소유를 맡은 '청지기'라는 사실을 잊지 말아야 한다.

3 동양적인 정서에서 목사를 흔히들 제사장이라고 부른다. 샤머니즘 정서가 반영된 것이라고 볼 수 있다. 우리 개신교회에서 목사를 '말씀의 사역자'라고 부른다. 목사는 하나님의 말씀을 가르치는 일에 전념해야 한다는 말이다. 구약시대에 비긴다면 제사장보다는 오히려 선지자 역할을 맡았다고 해야 할 것이다.

4 목사는 설교자에 불과한 것이 아니라 '예배 인도자'이다. 예배 전체를 인도한다. 은혜의 방편인 말씀을 선포하고 성례를 집례한다. 더 나아가 목사는 '기도 인도자'이다. 또한 '찬양 인도자'이다. 목사는 하나님을 대신하여 교인들에게 복을 선언한다. 하나님은 목사가 인도하는 예배를 통해 자기 백성을 만나 주신다.

5 사도 바울은 '목사와 교사'(엡 4:11)라고 표현했는데, 여기서 말하는 교사는 주일학교 교사를 가리키는 것이 아니다. '목사요 교사'라고 번역할 수도 있는데 개혁자 칼빈은 이 교사를 교회 전체의 교사, 즉 신학교 교수를 가리킨다고 했다. 모든 이단사설을 막아내고, 말씀의 사역자들을 가르치는 교회의 선생이 필요하다는 말이다.

토론할 문제

1. 교인들이나 아니면 세상 사람들이 목사를 어떻게 생각하고 있는지 나누어 봅시다. 목사가 교회에서 제일 높다고 생각해도 되는 것일까요?

2. 목사는 기본적으로 장로이고 가르치는 일을 겸하여 한다는 것을 말해 보고, 목사의 기원이 '목자'라는 것을 말해 봅시다.

3. 목사를 '말씀의 사역자'라고 부른다는 것을 생각하면서 목사가 말씀을 어떻게 드러내어야 하는지 말해 봅시다. 목사의 설교가 어때야 한다고 생각합니까? 목사의 설교를 돕는 방법을 찾아 봅시다.

4. 목사는 예배 전체의 인도자라는 것을 생각해 봅니다. 설교하고, 성례를 집례하고, 기도와 찬송을 인도합니다. 이것이 너무 버겁지 않을까요?

장로들은 타락해 가는 사람들을 돌이키고, 모든 병자들을 방문하며 과부, 고아, 혹은 가난한 사람을 무시하지 말고, 하나님과 사람이 보기에 영광스러운 것을 목표로 삼아야 합니다. 장로들은 모든 분노, 편파, 부당한 판단을 피하고, 돈에 대한 사랑을 멀리해야 합니다. 장로들은 쉽게 비난하지 않고, 판단에서 조잡하지 않으며, 죄와 관련하여 우리 모두가 빚진 자라는 것을 알고서 모든 사람에게 동정심을 가지고 자비로워야만 합니다. 주님이 우리를 용서하신다는 것을 믿는다면, 우리는 용서해야 합니다. 왜냐하면 우리는 주님과 하나님의 충분한 가시거리 안에 있고, 우리가 '모두 하나님의 심판대 앞에서 서야만 하며,' '각자가 자기 스스로 설명해야 하기' 때문입니다. 우리에게 복음을 설교했던 사도들과 우리 주의 오실 것을 미리 전했던 예언자들이 했던 대로 주님 자신이 명령했던 그대로 경외심과 모든 존경심을 가지고 그를 섬깁시다. 선한 일에 열심을 냅시다. 다른 사람들을 범죄하게 하는 사람들과 거짓 형제들과 주의 이름을 위선적으로 가지고 있으면서 어리석은 사람들을 타락하게 만드는 사람들을 피합시다. _ **폴리갑**(서머나의 감독)

 교회 안에서 영혼 돌봄과 목회사역으로 임명된 사람들은 주님의 양들, 즉 생명으로 선택된 모든 자들에게 영혼의 목자장이시고, 감독이신 우리 주 예수를 보여 주어야 한다. 그들의 사역을 통해 우리 주께서 그의 목자직 안에서 약속하셨던 모든 것이 나타나야 한다. 목회자들은 주님의 양 떼들과 양 우리에서 방황하는 그리스도의 양들을 모아야 하며, 양 우리 안에 있던 양들이 양 떼들과 함께 계속 머물도록 돌보아야 한다. 양들이 길을 잃었을 때 그들을 돌아오게 하며, 모든 유혹들과 고통들이 있을 때 보호해야 한다. 그 양들이 모든 유혹들과 고통들의 먹이가 될 때 그들에게 도움을 주며, 그들이 계속적으로 성장하도록 보살펴야 한다. 영혼 돌봄과 목회직에 대한 다섯 가지 주된 사역들을 에스겔서 34장의 양에 대한 비유에서 주께서 다음과 같은 말씀으로 아름답게 요약하셨다. "그 잃어버린 자를 내가 찾으며, 쫓기는 자를 내가 돌아오게 하며, 상한 자를 내가 싸매 주며, 병든 자를 내가 상하게 하려니와 살진 자와 강한 자는 내가 없애고 정의대로 그것들을 먹이리라." _ **마틴 부써**(스트라스부르크의 개혁자)

11

장로, 다스림의 사역자

장로가 왜 필요한가?

직분명이 교파명이 된 경우는 장로교회가 유일하다. 목사교회는 없지 않은가? 물론 목사도 기본적으로 장로이지만 말이다. 감독교회 정치를 가진 교회가 있지만 감독이란 이름을 교파명에 명시하지는 않는다. 그렇다고 집사교회, 권사교회가 있는 것도 아니다. 이렇게 장로라는 직분이 교회명이 된 것은 장로교회가 유일하다. 그만큼 장로 직분이 중요하다는 것을 말하고 있다. 그런데 전 세계적으로 장로교회가 약세로 돌아섰다. 미국의 장로교회도 소수파로 돌아선지 오래이다. 세계적으로 장로교회가 강세인 곳이 거의 없다. 유독 한국 교회만큼만 장로교가 강세이다. 한국 교회에서는 장로교단이 얼마나 많은지 수백 개에 이른다는 말이 있다. 한국에서는 장로직이 없던 교단들도 장로직을 도입할 정도로 장로교회가 대세를 이루고 있다. 교파에 대해서 관심이 없는 신자들도 장로교회라고 하면 어느 정도 안심을 하지 않을까 생각해 보기도 한다.

흔히들 장로를 교인의 대표라고 말한다. 교단헌법에 명문화되어 있는 곳도 많다. 장로는 교인으로서 올라갈 수 있는 가장 높은 자리라고 생각하기 때문이다. 장로가 되는 것이 신앙생활을 제대로 한 증거라고 보는 경우마저 있다. 나이가 들어서 장로가 되지 못하면 창피하다고 생각하고, 장로 선출 투표에서 표를 얻지 못하면 교회를 떠나는 경우도 많다. 목사가 교회를 개척하여 성장시킨 경우가 아니라면 대부분의 경우는 장로가 힘이 제일 세다고 생각한다. 교회의 중요한 일들은 장로가 다 결정하니 말이다. 한국의 장로교 시스템에서는 목사가 개교회 회원이 아니다. 목사는 노회에 그의 교적이 있기 때문에 목사가 시무하는 교회에서는 목사를 외인처럼 취급하기도 한다. 목사는 다른 교회의 청빙을 받아서 언젠가 교회를 떠날 사람으로 생각한다. 터줏대감 노릇하는 교인들은 자신들이 교회를 지켜야 한다고 생각한다. 특히, 장로는 더더욱 그런 사명감을 가지고 있다.

장로가 왜 필요한지 모르겠다는 볼멘소리가 교회 곳곳에서 터져 나오고 있다. 한국 교회에서 장로교회가 대세를 이루고 있지만 작금의 교회에서 가장 큰 문제가 바로 장로라는 말을 심심찮게 들을 수 있다. 교회 성장에 제일 걸림돌이 되는 존재가 바로 장로라고 생각하기도 한다. 그 정도로 장로는 동네북이 되었다. 대형 비리 사건으로 사회를 떠들썩하게 하는 이들 중에 장로들이 많다는 것도 사실이다. 사회적인 지명도가 있는 이들이 교회 장로가 되기 쉽기 때문에 그럴 수밖에 없을 것이다. 교회에는 모든 권력이 몇몇 장로에게 몰려 있다는 말을 한다. 맞는 말이다. 장로교회에서는 장로가 교회를 다스리기 때문이다. 우리가 오해하지 말아야 할 것은 장로교회는 목사를 포함한 장로들이 치리회를 구성하여 교회를 다스린다. 장로교회는 장로들의 다스림, 즉 장로들의 회가 다스린다. 집단 지도체제이다. 예배와 영적인 일에 관한 대부분의 의사결정이 장로들에 의해 이루어지기에 좋은 장로를 세우는 것이 무엇보다 중요하다. 장로교회는 탁월한 목사와 장로가 없이는 제대로 유지되기 힘들다. 좋은 목사와 장로가 세워지지 않는다면 차라리 한 사람이 다스리는 감독제나 모든 회중이 적극적으로 참여하는 회중제도가 나을 것이다.

구약의 장로

장로(長老)는 말 그대로 나이가 든 사람이다. 나이든 모든 분들을 다 장로라고 부르지는 않지만 장로가 나이든 분들이라는 것은 분명하다. 장로직은 신약교회에서 처음으로 생겨난 것이 아니다. 장로는 구약시대 이스라엘에 있던 직분이다. 구약성경에서 장로(자켄, זָקֵן)라는 용어는 수염(자칸, זָקָן)에서 유래했다. 장로는 수염을 기른 사람, 즉 수염을 기를 정도로 나이가 든 사람을 가리켰다. 유럽에서 한인 유학생이 겪었던 일이다. 한국 가게가 없어서 터키 가게를 종종 이용했는데, 어느 날 상점 안에 자기밖에 없는데, 주인이 "아이야"라고 부르더란다. 아무리 둘러보아도 자기밖에 없는데 "아이야"라고 불러서 가서 나를 아이라고 불렀냐고 따졌다고 한다. 나는 어른이고 자녀도 몇 명이나 되는데 왜 아이라고 부르냐고 했더니 자기들은 수염이 없으면 아무리 나이가 많아도 아이라는 것이다. 아마도 자기들의 선지자 마호메트가 수염을 길렀기 때문에 수염이 없으면 아이이고, 선지자도 될 수 없다고 생각한 것 같다. 이렇게 장로는 수염을 기른 사람, 삶의 연륜을 가지고 다른 사람을 지도할 수 있는 사람을 가리켰다.

이스라엘에서 장로의 역할은 너무나 중요했다. 고대 근동의 다른 나라들보다 왕정시행이 늦어진 탓에 각 지파별로 장로가 정치력을 발휘했다. 모세가 이스라엘 백성들에게 가서 출애굽에 관하여 알릴 때부터 장로들이 등장한다(출 3:16 참고). 이후 왕정, 즉 중앙집권이 강화된 이후에도 장로는 여전히 정치지도자로서의 역할을 감당했다. 장로들은 사무엘에게 가서 다른 나라들처럼 왕을 세워 달라고 했고, 다윗을 기름 부어 세운 이들도 장로들이었다. 장로들이 자신들의 다스림이 한계가 있다는 것을 알았기 때문이 아닐까? 장로는 왕조시대에도 제사장, 선지자와 함께 이스라엘이 나아갈 길을 지도했다. '장로들의 책략'(겔 7:26 참고)이라는 표현이 바로 그것이다. 제사장에게 율법이, 선지자에게 묵시가 있듯이 장로에게는 책략이 있었다. 왕조시대 뿐만 아니라 바벨론 포로생활을 하면서도 장로들이 이스라엘을 다스리는 역할을 계속해서 했다(렘 29:1; 겔 8:1 참고).

장로들은 이스라엘 백성을 대표한다기보다는 하나님을 대표하여 하나님의 백성을 지도했다. 즉, 그들은 '하나님의 장로'였다. 이스라엘 백성들의 민원을 왕에게 전달하는 역할 정도가 아니라 하나님의 뜻을 주의 백성들에게 전하면서 동시에 그들을 주의 뜻대로 다스리는 일을 했다. 이 장로들의 역할이 왕정 도입으로 인해 주춤거리기도 했고, 왕과 갈등관계에 있기도 했지만 기본적으로 하나님의 백성들 가장 가까이 있는 지도자들이었다. 장로를 지방 토호라고 보면 안 된다.

구약의 장로들은 정치지도자였을 뿐만 아니라 하나님의 백성들의 재판관이었다. 우리는 출애굽 사건을 통해 장로들이 재판을 하기 시작했다는 것을 알 수 있다(출 18장 참고). 출애굽 이후에 모세의 장인인 이드로가 모세의 짐을 덜어 주었다. 모세 혼자 백성들의 모든 송사를 다 듣고 판단하지 말고 그 일을 다른 이들에게 맡기라고 했는데 그들이 바로 장로들일 것이다. 우리가 사사기를 통해 확인하듯이 장로들은 성문에서 재판을 열어 지역민들의 송사를 담당했다. 예루살렘에 중앙성전이 세워지면서 그곳이 중앙법정 역할을 하기 시작했을 것이고(신 17:8,9 참고) 왕이 세워진 이후에는 왕궁이 중앙법정이 되었을 것이다. 솔로몬 왕이 두 여인의 죽은 아이문제를 재판했던 것이 대표적이다(왕상 3:16-28 참고). 왕은 지방법정에서 벌어진 장로의 재판에 긍정적인 역할도 부정적인 역할도 했다. 장로와 왕의 협업이 중요했던 것이다. 바벨론 포로생활에서는 더 이상의 장로재판이 있을 수 없었지만 포로 귀환 이후에는 다시금 장로의 재판이 시작되었다. 페르시아의 속국이었던 상황에서 왕을 세울 수 없었기에 장로의 역할은 더더욱 중요했을 것이다.

구약시대의 장로는 한 가정의 가장으로부터 출발한다. 이스라엘은 큰 가정이었기 때문이다. 장로는 가정의 단위를 넘어서서 마을이나 성읍, 더 나아가 각 지파를 위해 일했다. 하나님을 대신하여 다스렸고, 백성을 대신하여 재판했다. 정치적인 것, 사법적인 것, 영적인 것을 다 포함한 다스림과 재판이었다. 장로는 하나님의 다스림, 하나님의 공의를 분명하게 나타내야 했다. 이게 동양의 문화일 수도 있는데 동네 어른들이 한마디 하면 다 순종했다. 동네 어른들의 말이 곧 법이던 시절이 있었다. 나이 드신 분들의 삶의 지혜가 우러나온 말 한마디가 법적인 효력 이상으로 큰 영향력이 있었던 것이다. 어른들의 발언과 문제해결책이 고무줄 잣대처럼 보일 수도 있다. 하지만 어른의 발언은 법률과 전문법률가보다 훨씬 더 온정적일뿐만 아니라 공동체를 위해 가장 합리적인 처방을 내릴 수 있다.

신약의 장로

구약시대 장로의 역할은 예수님 당시에까지 이어져 왔다. 북 왕조 이스라엘과 남 왕조 유다가 멸망하고 포로기가 시작되면서 장로단의 역할이 사라진 것이 아니라 더 강화된 측면이 있다. 페르시아 제국의 속국이었으니 왕을 세울 수도 없고, 성전이 무너졌으니 제사장의 역할도 사라졌다. 포로기 직전부터 선지자들의 사역은 왕성했다. 포로기에도 선지자들의 사역은 계속되었을 것이지만 공적으로 말씀을 선포하기는 힘들었을 것이다. 이에 유대인들이 모여 있는 곳마다 장로들의 역할이 가장 부각되었을 것이다. 학자들에 의하면 기원전 2세기 무렵까지 '장로들의 공회'가 형성되었다고 한다. 이 공회는 70인으로 구성되었는데, 이것이 예수님 당시에 '산헤드린 공의회'로 이어졌다. 산헤드린 공의회의 회원들은 제사장, 서기관, 장로 세 집단으로 이루어졌는데, 줄여서 '장로들(프레스비테리온, $\pi\rho\epsilon\sigma\beta\upsilon\tau\acute{\epsilon}\rho\iota o\nu$)의 공회'라고 부르기도 했다(눅 22:66 참고). 예수님 당시에 유대교 내에서 다양한 분파들이 활동했지만 장로들의 역할이 뚜렷했다는 것을 알 수 있다.

신약교회에 처음부터 장로들이 있었다는 것은 사도행전을 통해 확인할 수 있다. 스데반의 핍박으로 인해 기독교인들이 흩어졌다. 안디옥에도 이르렀고, 그 곳에 교회가 세워졌다. 이 안디옥교회가 이방 지역을 선교하는 일에 앞장선다. 나중에 이 안디옥이 예루살렘, 로마, 알렉산드리아, 콘스탄티노플과 더불어 주요 5대 총대주교구가 된다. 이 안디옥교회가 중심이 되어서 큰 흉년으로 말미암아 고생하고 있는 예루살렘교회를 위해 연보를 거두어 보냈는데 바나바와 바울을 통해 교회 장로들에게 보내었다(행 11:27-30 참고). 예루살렘교회에 이미 장로가 있었다는 것을 보여 주고 있다. 율법주의자들이 일으킨 논쟁으로 인해 소위 말하는 '예루살렘 공회'가 열렸을 때에도 바울과 바나바 일행을 영접한 이들이 예루살렘교회의 사도와 장로들이었다(행 15:1-4 참고). 예루살렘교회는 유대인들로 구성되어 있었기에 유대 사회의 장로가 교회에서도 자연스럽게 인정되었다는 것을 알 수 있다.

사도 바울은 이방 지역에 복음을 전하여 믿는 이들이 생기면 그들이 예배하도록 하고, 다음번에 그 교회를 방문했을 때는 장로를 세웠다(행 14:23 참고). 이것이 사도 바울의 선교방법이었다. 복음을 전하여 교회를 세우고, 그다음에는 교회를 다스릴 장로를 세우는 것 말이다. 선교사들의 교회개척 원리도 이것이어야 할 것이다. 교회를 개척하는 것 자체가 목표가 아니라 장로를 세워야 한다. 장로를 세우고 나서는 그 교회를 떠나도 된다. 지도력을 그 장로에게 위임하고 떠나는 것을 목표로 삼아야 할 것이다. 장로를 세우지 않고 선교사가 계속해서 그 현지 교회를 지배하고 장악하려고 해서는 안 된다. 사도 바울이 장로들을 '택하였다'는 의미는 사도 바울이 자기 마음에 드는 사람을 선택했다는 의미가 아니라 회중의 참여를 통한 선택이었다. 즉, 회중이 손을 들어 장로를 선택했다는 것이다. 교회는 처음부터 회중의 적극적인 참여를 통해 직분자를 세웠다. 구약시대에는 하나님께서 직분자를 직접 선택하셨지만 신약시대에는 교회의 회중을 통해 직분자를 선출한다. 직분자는 자기가 그 직분을 얻겠다고 자원하는 것이 아니라 회중의 선출을 통해 하나님의 부르심이 확증되기를 기다려야 한다.

감독인 장로

신약성경은 장로를 감독이라고 부른다. 중세 교회가 장로들 중에 뛰어난 이를 감독, 즉 주교를 세웠지만 성경에서는 장로가 수행하는 구체적인 일을 나타내기 위해 감독이라는 용어를 사용한다. 사도 바울은 예루살렘에 급히 가기 위해 밀레도에서 에베소의 장로들을 청하였다. 사도는 에베소교회의 장로들을 향해 "성령이 여러분을 감독(에피스코포스, ἐπίσκοπος)으로 삼고 하나님이 자기 피로 사신 교회를 보살피게 하셨느니라"(행 20:28)라고 말했다. 장로가 수행해야 하는 대표적인 직무가 바로 '감독'이라는 것을 알 수 있다. 이 감독이라는 용어는 헬라 사회에서 흔히 사용되던 용어였다. 감독은 상급자에게 책임을 지는 감독관이나 관리자를 지칭하던 용어였다. 교회는 이 용어에 세례를 주어서 신약교회의 장로직을 가리키는 용어로 사용했다. 이 용어가 이방인들로 구성된 교회에만 사용된 것이 이 용어의 배경을 잘 보여 준다고 하겠다. 애굽에서 유대의 감독들이 같은 유대인들을 닦달해서 국고성을 건설하는 일을 독려했다면 교회의 감독은 교회를 잘 관리하고 감독하여서 주님의 몸된 교회가 되도록 해야 한다.

사도 바울의 서신서들, 특히 디모데전서와 디도서를 통해 장로는 '다스리는 자'라는 것을 알 수 있다. 장로는 먼저 자기 가정을 잘 다스려야 한다. 자기 집도 잘 다스릴 줄 모르면서 어떻게 주님의 집을 다스릴 수 있겠는가? 장로의 다스림은 지배나 억압이 아니라 가장이 자녀를 잘 돌보는 것과 같은 선상에 있다. 사도 베드로는 자신을 장로라고 표현하면서 그 장로의 역할이 하나님의 양 무리를 치는 것임을 말하고 있다(벧전 5:1-4 참고). 장로는 모든 면에서 양 무리의 본이 되어야 한다. 장로는 목자장이신 그리스도를 대신하여 양 떼를 치는 자이고, 마지막 날에 목자장께 그 직무에 대해 보고해야 한다. 장로는 양 떼가 목자장의 음성을 듣고 잘 따르도록 해야 한다. 장로인 자신이 먼저 목자장의 음성을 잘 듣고 따라야 한다.

신약의 장로가 구약의 장로들처럼 재판장 역할도 하는 것일까? 이스라엘은 신정국가였기에 정치와 종교가 하나로 연결되어 있기에 큰 문제가 되지 않겠지만 신약시대는 다르지 않은가? 신약시대는 정치와 종교가 분리되어 있기에 더더욱 교회는 신자의 삶을 돌아보고 죄의 문제를 다루어야 한다. 세상법정이 다루는 것과 다른 방식일 수밖에 없다. 장로는 권징을 통해 죄의 문제를 다스린다. 종교개혁기에 칼빈은 교회가 권징을 시행하겠다고 선포했고, 시의회는 이것에 대해 반대했다. 죄를 회개하지 않는 자를 성찬식에 참여시키지 않겠다고 하자 시의회가 들고 일어난 것이다. 결국 이 문제 때문에 칼빈은 제네바에서 쫓겨날 수밖에 없었다. 시의회가 칼빈을 다시 초청했을 때에 그는 교회가 권징을 시행하겠다는 승낙을 받고 돌아왔다. 종교개혁은 직분을 회복했고, 특히 장로의 권징을 회복했다. 죄의 문제를 심각하게 다룬 것이다.

장로는 하나님의 장로이기에 하나님께서 판단하시듯이 판단해야 한다. 마태복음에서 베드로의 고백을 제외하고 유일하게 교회라는 단어가 등장할 때의 문맥이 바로 범죄하는 상황이었다. 죄를 범한 사람에게 찾아가서 말하고 돌이키도록 해야 하는데, 듣지 않으면 교회에 말해야 한다(마 18:17 참고). 교회의 누구에게 말하라는 것일까? 장로에게 말하라는 것이다. 장로는 죄를 범한 사람에게 찾아가서 그 죄를 회개하라고 권해야 한다. 장로의 말을 듣고도 회개하지 않으면 이방인과 같이 여겨야 한다. 이것이 소위 말하는 '출교'이다. 출교시키는 일이야말로 예수님이 베드로에게 말씀하신 열쇠권이다. 그리스도는 베드로에게 열쇠를 주겠다고 하셨다. 그 열쇠를 가지고 땅에서 매면 하늘에서도 매이고 땅에서 풀면 하늘에서도 풀린다는 말씀 말이다. 장로는 자신도 얼마든지 죄를 지을 수 있는 타락한 인생이기에 애통하는 마음으로 권징하되 그 권징은 반드시 천국을 열기 위한 것임을 알아야 한다. 모든 권징은 회개하고 돌이켜서 하나님의 백성됨을 온전히 누리도록 하기 위함이다. 장로는 권징이 목적이 아니라 교회에 든든한 울타리를 쳐서 늑대가 양 떼를 해치지 못하도록 해야 한다. 교회는 감독의 다스림 아래서 안전하게 보호받을 수 있다.

장로의 심방

예배에서 목사의 주된 사역이 설교라면 장로는 설교단과 성찬상을 보호하는 일을 한다. 장로는 설교단에서 이단사설이 전해지지 않도록 할 책임이 있다. 장로가 목사의 설교를 감시해야 한다는 뜻이 아니다. 장로는 목사와 함께 하나님의 말씀을 늘 새롭게 산출해야 할 뿐만 아니라 회중에게 생명의 꼴이 전달되도록 노력해야 한다. 오직 성경, 모든 성경이 선포되도록 도와야 한다. 유럽의 개혁교회 장로들이 집에 표준주석 한 질은 소유하고 있고, 그것으로 늘 말씀을 연구하고 묵상한다. 그래야 목사의 설교를 제대로 분별할 수 있기 때문이다. 목사의 설교에 문제가 있다면 장로가 함께 책임을 져야 한다. 장로는 목사가 말씀을 연구하는 일에 적극 협력해야 한다. 또한 장로는 성찬식에서 섬길 뿐만 아니라 성찬상을 보호해야 한다. 거룩한 성찬상에 회개하지 않은 이들이 참여하지 못하도록 해야 한다. 그래서 성찬상에 참여한 이들이 마지막 날 어린양의 혼인잔치에 참여한다는 것을 보여야 한다.

요즘 '사역장로'라는 용어가 한국 교회에 등장했다. '시무장로'와 구분하기 위해 사용하는 용어이다. 시무장로는 교회법이 정한 절차에 따라 안수받고 그 직무를 수행한다. 어떤 교회에서는 사역 장로를 다음과 같이 정의하고 있다. "사역장로란 65세 이상의 장로에게 주어지는 것이며 교회의 모든 업무, 즉 정비, 청소, 비품관리 외의 모든 업무를 담당하는 장로이다." 현실적인 필요에서 사역장로를 세웠을 것이다. 그럼에도 장로의 직무가 영적인 돌봄이라는 것은 변하지 않는다. 나이가 좀 더 든 장로들에게 구체적인 봉사의 자리를 정해 주는 것이 좋게 보일지 모르겠지만 이것은 장로직에 대한 오해에서 기인한다. 장로는 행정을 담당하는 자가 아니라 다스리는 자라는 것을 잊지 말아야 하겠다. 장로가 교회봉사를 하지 않고 다스리기만 한다는 뜻이 아니라 장로의 가장 큰 봉사가 다스리는 것임을 알아야 한다.

장로의 다스림은 심방, 즉 가정방문(Home Visit)을 통해 구체화된다(히 13:17 참고). 장로는 성도들의 형편을 살피고 그들을 인도하기 위해 심방한다. 장로가 교회를 다스리고 감독하고 돌보는 주된 방편이 심방이라는 말이다. 제네바의 개혁자 칼빈은 장로를 세워서 성찬식이 있을 때에 각 가정을 심방하게 했다. 이후에 개혁교회에서는 장로의 심방을 무엇보다 중요하게 생각했다. 이 심방이라는 말은 하나님께서 자기 백성을 '돌보신다'(파카드, פָּקַד)는 말에서 나왔다. 장로가 자신의 인생경험으로 신자들에게 충고하기 위해 심방하는 것이 아니다. 장로는 강단에서 선포된 말씀이 신자의 삶에서 어떻게 열매 맺고 있는지를 확인하기 위해 심방한다. 각 가정에서는 장로의 심방을 하나님의 찾아오심으로 받아야 한다. 장로는 이 말씀의 심방을 통해 신자를 위로하고 권면하고 책망한다. 네덜란드의 유명한 신학자 클라스 스킬더(K. Sohilder)는 『그리스도와 문화』라는 책의 마지막에서 장로의 심방이 세상문화를 변혁하는 원동력이라고 말했다. 맞는 말이다. 신자가 세상 속에서 살기에 장로가 각 가정을 심방하여 세상 속에서 어떻게 살고 있는지를 묻는 것이야말로 세상 문화 변혁의 가장 확실한 길이다.

한국 교회에서는 심방이 교역자들의 일이라고 생각한다. 봄이나 가을에 대심방이라는 명칭을 붙여서 하루에 수많은 가정을 방문하는데 아무런 대화없이 예배하고 이동한다. 한국 교회의 심방은 그 가정을 위해 복을 빌어주는 것이라고 하면 지나친 말일까? 종교개혁으로 시작된 심방은 장로의 직무였다. 목사도 기본적으로 장로이기에 심방에 동참한다. 장로는 1년에 최소한 한 차례는 전 교인의 가정을 심방해야 하기에 너무나 힘든 일이었다. 그래서 장로직을 2-3년 정도 수행하고 나서는 휴무할 수밖에 없다. 심방 시에 교회생활, 가정생활, 사회생활에 대해 자연스럽게 묻고 답한다. 개인이나 가정의 형편을 자연스럽게 나누고 말씀으로 비춰 보는 시간을 가진다. 위에서 언급했듯이 강단에서 선포된 말씀이 어떻게 열매 맺는지를 살핀다. 이 심방에는 온 가족이 동참해야 한다. 어린아이들도 심방에 참여한다. 혹 목사의 설교와 교회생활에 대해 불평하는 말이 나올 수 있는데 장로들이 지혜롭게 대처해야 할 것이다. 장로들은 이 심방결과를 가지고 당회로 모인다. 이 심방결과가 목사의 설교에 반영되어야 하고, 당회의 목회를 위한 기초자료가 된다. 심방하는 장로가 있다는 것이 얼마나 큰 복인지 모른다. 장로의 심방을 하나님의 찾아오심으로 받는 교회가 얼마나 복된지 모른다. 장로의 심방을 회복하는 것이야말로 교회와 사회를 개혁하는 첩경이다.

185
장로, 다스림의 사역자

내용 요약

1 교회에 장로가 왜 필요할까? 한국 교회는 장로교회가 대세이기 때문에 원래 장로라
는 직분이 없었던 교파들에서도 장로를 세운다. 흔히들 장로를 '교인의 대표'라고 생
각한다. 작금에는 교회의 모든 문제가 장로문제라는 말마저 한다. 장로교회는 장로
의 직무가 너무나 중요하고, 장로 개인이 아니라 '장로의 회'가 다스린다.

2 구약시대 이스라엘에서부터 장로가 있었다. 장로는 나이 든 사람을 가리키는데 문자
적으로는 '수염이 난 사람'을 가리키는 말이다. 구약시대에는 왕이 세워지기 전에 장
로들이 정치지도자 역할을 했다. 또한 그들은 재판관의 역할도 했다. 이스라엘이라
는 큰 가정의 가장이었다고 말할 수 있다.

3 신약시대에도 장로의 역할은 여전했다. 산헤드린 공의회는 '장로들의 공의회'라는 별
명을 가질 정도로 예수님 당시에도 장로들의 역할이 여전했다. 이방 교회가 세워졌
을 때에 사도들은 연보를 거두어서 예루살렘교회의 장로들에게 보냈다. 사도 바울은
개척된 교회에 장로를 세우면 교회 개척이 종결되는 것으로 생각했다.

4 사도 바울은 에베소교회의 장로들을 불러 고별설교를 하면서 그들을 '감독'이라고 부
른다(행 20:28). 장로는 감독, 즉 감독하고 돌아보고 다스리는 자라는 뜻이다. 신약
시대의 장로도 재판을 한다. 장로는 하나님이 판단하시듯이 판단해야 한다. 그것이
곧 치리이고, 구체적으로는 권징이라는 것을 알 수 있다.

5 장로의 다스림의 가장 구체적인 방편이 바로 '심방'이다. 한국 교회에서는 심방을 교
역자들의 일이라고 생각하지만 장로의 일이다. 장로는 심방하는 자이다. 장로는 교
인들이 목사의 설교를 듣고서 어떻게 살아내고 있는지 확인하고 격려하기 위해 각
가정을 방문한다. 장로의 심방은 이 세상을 바꿀 수 있는 가장 구체적인 길이다.

토론할 문제

1. 교회에 왜 장로가 필요할까요? 작금에 장로들이 어떤 인상을 주고 있습니까? 많은 교회들에서 장로와 안수집사들의 알력이 심하다고 하는데 왜 그럴까요?

2. 구약시대에 이스라엘에서 장로들은 정치지도자 역할도 했고, 재판관 역할도 했다면 장로의 자리가 어떠했다는 것을 알 수 있을까요?

3. 신약시대에도 유대인들과 유대인들로 구성된 교회에서 장로의 역할이 여전했고, 교회 개척이 장로 세움을 통해서 마무리되었다는 것을 통해 장로의 중요성을 말해 봅시다.

4. 장로를 '다스림의 사역자'라고 부른다는 것, 그 다스림의 방편이 '심방'이라는 것을 통해 장로의 사역을 새롭게 조명해 봅시다.

집사들은 사람들의 집사가 아니라 하나님과 그리스도의 집사로서 흠이 없어야 합니다. '모든 사람의 종'이 되신 주의 진리에 따라 행동하면서 남을 비방하지 않고 불성실하지 않으며 돈을 사랑하지 않고 모든 점에서 자제심이 있으며 관용하고 근면해야 합니다. 하나님이 우리를 죽은 자들 가운데서 살리실 것과 우리가 그에게 합당한 시민이라는 것을 입증하면, 다시 말해 우리가 계속해서 믿는다면, '우리가 그와 함께 다스릴 것'을 약속했습니다. 우리가 이 세상에서 그를 기쁘시게 한다면 오는 세상에서 역시 상을 받을 것입니다. 비슷하게 젊은이들도 모든 일에서 흠이 없어야만 합니다. 모든 악을 억제해야 하고 무엇보다도 순결에 관심을 가져야 합니다. 모든 '죄악된 욕망은 영혼을 거슬러 싸웁니다.' '간음하는 자나 남창 노릇하는 자나 동성연애하는 자는 하나님의 나라를 상속받지 못합니다.' 죄악된 욕망들을 근절해야 합니다. 신자들은 이러한 사람들을 피해야 하고 하나님과 그리스도에게 하듯이 장로들과 집사들에게 순종해야 합니다. 젊은 여자들은 순결하고 흠 없는 양심을 유지해야 합니다._ 폴리캅(서머나의 감독)

 '디아코니아'라는 용어 자체는 좀 더 넓은 방면에 적용되지만, 성경은 구제품들을 나누어 주고 가난한 자들을 돌보며, 가난한 자들을 위한 공공의 자금을 책임 맡은 청지기들로서 섬기도록 교회가 지명한 자들을 특별히 집사로 지칭하는 것이다. 이들의 기원과 제정, 그리고 직분이 누가에 의해서 사도행전에 묘사되어 있다(행 6:3). 헬라파 사람들이 자기들의 과부들이 가난한 자들에게 베푸는 구제에서 소홀함을 당한다는 풍문이 생겨나자, 사도들은 자기들의 두 가지 기능들을─말씀 전하는 일과 식탁에서 공궤하는 일을─다 수행할 수가 없다고 하며, 무리들에게 의로운 사람 일곱 명을 택하여 그 일을 맡기도록 요구한 것이다(행 6:1 이하). 그러므로 사도의 교회에도 집사들이 있었고, 따라서 우리도 그들의 모범을 따라서 집사의 직분을 유지해야 하는 것이다. _ 존 칼빈(제네바의 개혁자)

12

집사, 긍휼의 사역자

집사 혹은 잡사?

한국 교회에서 제일 흔한 직분이 집사(執事)이다. 교인 중에 가장 많은 이들이 받는 직분이 집사이다. 집사는 남녀 구분 없이 주기 때문에 더더욱 가장 많은 이들이 받는 직분이 되었다. 요즘에는 모든 직분을 남녀 구분 없이 다 주기 때문에 상황이 달라지기는 했지만 말이다. 어떤 교회에서는 교인의 절반이 집사이기도 하다. 세례 받고 나면 대부분 집사 직분을 받는다고 할 정도이다. 이러다가는 교인이 곧 집사라고 불리지 않을까? 누가 '집사님'이라고 부르면 대부분의 교인들이 자기를 부르는 줄 알고 다 고개를 돌리는 상황이 되었다. 그 정도로 흔한 직분이 집사이다.

이렇게 집사가 많은 이유는 호칭문화 때문이기도 하다. 한국에서는 사람을 이름으로 부르는 것을 꺼리기 때문에 호칭으로 부를 수밖에 없다. 교회에서 신자들이 서로를 부를 때 '누구 엄마'라고 부를 수도 없고, '형제, 자매'라고 부르면 좋을텐데 이것도 어색해하고, '성도님'이라고 부르면 제일 좋을텐데 이것도 어색해한다. 결국에는 서로를 부르기 위한 호칭으로 직분이 차출되는데 상대방을 부르기에 가장 만만한 호칭이 '집사'이기에 집사가 난발되고 있는 실정이다.

집사는 문자적으로는 '일을 잡은 사람'이라는 의미이다. 교회에서 온갖 궂은 일을 다 하는 사람이라고 생각하기 쉽다. 교회의 모든 행정을 집사가 다 처리하고 교회청소까지 담당해야 하는 직분이라고 생각한다. 집사를 희화화시켜 '잡사'라고 부르기도 한다. 잡다한 일들을 다 하는 사람이라는 뜻이다. 자격이 안 되는데 집사가 되었다는 뜻으로 자신을 낮추어서 부르는 말이기도 하다. 그런데 집사는 '주인 옆에 있으면서 그 집 일을 맡아보는 사람'이라는 사전적인 뜻을 가지고 있듯이 참으로 중요한 자리이다. 신약성경에서는 '디아코니아'라는 헬라어가 집사를 가리키는 용어로 흔히 사용된다. '봉사'라고 번역할 수 있는 이 디아코니아는 좁은 의미로는 '식탁봉사'를 가리킨다. 종이 주인의 식탁을 차리고 주인이 식사할 때 내내 서서 섬기는 것을 가리킨다. 예수님은 자신이 바로 그렇게 봉사하기 위해 오셨다고 말씀하셨다.

"인자가 온 것은 섬김을 받으려 함이 아니라 도리어 섬기려 하고 자기 목숨을 많은 사람의 대속물로 주려 함이니라"(막 10:45).

예수님은 단지 식탁에서 섬긴 것이 아니라 자기 목숨을 내어놓으시고는 우리에게 성찬의 상을 베푸시는 분이다. 예수님이야말로 집사로서 사셨다는 말이다. 집사들이 무한한 자긍심을 가져야 할 부분이다.

한국 교회는 집사를 두 종류로 나누었다. 칼빈처럼 구제금을 모으는 집사와 가난한 자들을 실제로 돌보는 집사의 두 종류가 아니다. 한국 교회는 집사를 두 종류로 나누었다기보다는 선교 초기의 임시직이었던 것을 여전히 유지하고 있다. 그것이 바로 서리집사와 안수집사의 구분이다. 서리(署理)집사는 말 그대로 임시직이요 대리직이다.

한국에 선교사들이 들어와서 복음을 전하고 교회가 세워지기 시작했는데 교인 중에 당장 집사로 세울만한 이가 없어서 서리라는 이름을 달고 그 직분을 수행하게 했다. 이 서리집사는 일년직이다. 항존직이 아니었다. 그런데 한 번 서리집사가 되면 평생 집사로 불리고, 집사로 교회를 섬긴다. 한 번 서리집사가 되면 서리집사에서 제외되는 경우가 없다. 서리집사가 항존직이 되었다고 해도 될 정도이다. 이 서리집사와 구분해서 '안수집사' 가 있다. 일년직인 서리집사와 달리 안수를 받고 항존직으로 섬기는 집사를 가리킨다. 또 다른 문제는 이 안수집사가 장로가 되기 위한 징검 다리 역할을 한다고 생각하는 것이다. 안수집사를 장로가 되기 위한 준비 단계로 생각하는 것이다. 이는 집사의 고유역할에 대한 이해가 없다는 것을 보여준다. 그리고 개신교회의 직분이 로마교회처럼 계급화되었다는 것을 보여준다.

긍휼의 사역

집사는 무엇을 위한 직분일까? 집사가 교회행정을 포함한 잡다한 일을 하기 위해 부름 받은 것이 아니라면 도대체 무엇을 위해 세우는 것인가? 집사를 '긍휼의 사역자'라고 부른다. 긍휼을 베풀기 위해 부름 받았다는 뜻이다. 쉽게 말하자면 집사는 구제를 위해 부름 받은 직분이다. 목사는 말씀을 선포하기 위해 부름 받았고, 장로는 선포된 그 말씀으로 교인들을 다스리기 위해 세움을 입었고, 집사는 성도들의 교제로부터 소외되는 이들이 없는지 돌아보고 긍휼을 베풀기 위해 세움을 입었다. 목사, 장로, 집사는 그 역할과 직무가 아주 뚜렷하게 구분되어 있다. 이 직분들은 서로 밀접하게 연관을 맺고 있다. 모든 직분이 말씀과 관련을 맺고 있는데, 그 말씀사역이 구체화되고 있는 것을 볼 수 있다. 말씀 선포가 있고, 그 말씀으로 다스리고, 그 말씀으로 돌아보는 것 말이다.

구약시대에는 집사직이 없었다. 그러면 집사직은 신약시대에 비로소 도입된 직분일까? 구약시대에 집사직이 없었지만 긍휼의 사역을 중요하게 생각했다. 하나님은 이스라엘 백성들에게 종살이하던 자리에서 해방을 허락하시고 약속해 주신 가나안 땅에 들어가서 살게 하셨다. 이스라엘 자손들은 모든 지파와 가족마다 땅을 할당받았다. 그것을 기업이라고 부른다. 그 기업의 땅에 경계석을 두어서 그 것을 옮기지 못하도록 하셨다(신 19:14; 잠 22:28; 23:10; 호 5:10; 욥 24:2 참고). 남의 땅을 넘보지 말라는 것이다. 하나님은 모든 이스라엘 자손들을 모으시고는 이웃의 경계표를 옮기는 자는 저주를 받을 것이라고 선포하게 하시고 이스라엘 자손들은 아멘이라고 답해야 했다(신 27:17 참고). 성경적 경제원리가 자본주의와 얼마나 다른지를 잘 보여 준다고 하겠다. 자본주의는 사람의 탐욕에 제동을 거는 것이 아니라 탐욕을 부추기는 시스템이니 말이다.

하나님의 말씀대로 순종하면 이스라엘 내에서는 가난의 문제가 생겨나지 않을 것이다. 하지만 땅을 팔 수밖에 없는 상황도 있다. 이스라엘 내에서도 가난의 문제가 발생할 수 있기에 하나님은 가난한 자들을 돌보라고 하셨다. 대표적인 것이 안식년과 희년제도이다. 안식년에는 파종을 하지 않아야 하는데 그 해에 스스로 난 것은 가난한 자들의 소유가 된다. 희년제도는 타인에게 판 땅이 50년이 되면 원래의 주인에게로 돌아가는 것이다. 쉽게 말하자면 남의 땅은 50년 동안 임차해서 사용할 수밖에 없다는 것을 보여 준다. 땅은 하나님의 것이기 때문이다(레 25:23 참고). 부동산공화국을 향한 매서운 질책이 들어있다는 것을 알 수 있다.

룻기를 통해 알 수 있듯이 추수할 때에 가난한 자들이 이삭을 주울 수 있도록 해 주었다(신 24:19 참고). 또한 룻기에 등장하는 보아스의 역할이 바로 긍휼의 사역이었던 것을 알 수 있다. 가장 가까운 이가 가난한 친척의 문제를 해결해 주는 것 말이다. 심지어는 과부가 된 이와 결혼하여 자식까지 낳아서 그 친척의 이름이 끊어지지 않도록 해 주고, 그 친척의 땅이 자손에게로 계속해서 이어지도록 해 주었다. 이스라엘은 애굽의 종살이에서 해방되었기에 대표적으로 가난한 자였던 나그네와 고아와 과부를 돌아보라고 하셨다(신 10:18; 24:21; 시 146:9; 슥 7:10 참고). 이렇게 가난한 자를 돌아보지 않는 자들 역시 저주를 받을 것이다(신 27:19 참고).

이스라엘 백성들이 지켜야 할 절기도 가난한 자들에게 먹을 것을 나누어 주고 함께 즐기기 위함이었다. 이스라엘의 대표적인 절기인 유월절, 맥추절, 초막절이 다 추수와 연관된 절기였다. 땅이 처음 익은 보리 이삭을 내는 때(유월절에 있는 초실절), 여름 추수인 밀 추수를 즐기는 때(오순절이라고도 불리는 맥추절), 포도나 올리브 등을 포함한 가을의 모든 나무열매를 거두는 때(수장절이라고도 불리는 초막절)에 가난한 이들과 함께 기뻐하고 즐거워해야 했다. 이스라엘 자손들은 기업의 땅을 분배받지 못한 레위인을 위해 십일조를 냈는데, 삼년마다 가난한 자들을 위해 따로 십일조를 내었다(신 14:28,29; 26:12-15 참고).

하나님은 물질적인 가난에 대해서만 관심을 가지신 것이 아니다. '사회적인 가난'에도 관심이 많으셨다. 경제적으로 가난하면 사회적으로도 소외되기 때문이다. 나그네와 고아와 과부는 압제를 당하고, 학대를 당하기 쉽다. 그들이 그 학대로 인해 하나님께 부르짖으면 이스라엘 자손들의 아내가 과부가 되고, 그들 자녀가 고아가 될 것이라고 경고하신다(출 22:21-24 참고). 가난한 자들이 법정에서 차별대우를 받아서는 안 된다(신 24:17,18 참고). 무전유죄 유전무죄는 어느 사회에나 있는 것이니까. 예수님이 불의한 재판관에게 끈질기게 구하는 과부의 비유(눅 18장 참고)를 하신 것은 이유가 없지 않다. 이스라엘 자손들은 자유를 누려야 하고, 상대방의 자유도 보장해 주어야 한다. 이렇듯 구약시대에는 집사라는 직분이 따로 있지 않았지만 하나님의 백성들 전체가 가난한 자들을 돕고, 그들의 권리를 옹호하는 일에 앞장섰다. 하나님은 신약시대에 세우실 집사 직분을 위한 기반을 미리 마련해 놓으신 것이다.

집사 예수

예수님의 지상사역을 어떻게 요약할 수 있을까? 예수님은 말씀을 가르치시고, 복음을 선포하시고, 병자를 고치셨다(마 4:23 참고). 우리는 예수님의 마지막 사역인 고치시는 사역을 간과할 때가 많다. 예수님의 고치시는 사역은 과거에만 있었던 일이라고 생각하면서 오늘날에는 병원이 있으니 더 이상 그런 사역은 필요 없다고 생각한다. 게다가 그런 치유사역은 순복음교회가 지나치게 강조하고 있기에 다른 교회들은 의혹의 시선을 보내고 있다. 병자를 고치고, 귀신을 쫓아내는 치유집회를 하는 것 말이다. 예수님은 왜 치유사역을 하셨는가? 예수님은 그 치유사역을 통해 예수님이 누구신지를 분명하게 보이기를 원하셨다. 우리는 예수님이 우리 모든 질병을 짊어지셨다는 말씀을 주목해야 한다(마 8:17 참고). 예수님은 마술사나 푸닥거리를 하는 무당이 아니었다. 예수님은 우리의 모든 연약함을 담당하신 분이다. 예수님은 "내가 긍휼을 베풀었으니 너희도 긍휼을 베풀라"는 말씀을 친히 이루신 분이다. 예수님은 치유사역을 통해 선포하신 복음을 친히 시위(施爲)해 보이셨다.

성육신이야말로 하나님의 긍휼을 확증하신 사건이다. 사람을 억지로 위로 끌어올리려고 하는 것이 아니라 하나님이 스스로를 낮추신 것이다. 성자께서 하나님과 동등됨을 취할 것으로 여기지 않으시고 자기를 비워서 종의 형체를 가지신 것, 그리고 복종하시되 죽기까지 복종하신 것이야말로 하나님의 긍휼이 무엇인지를 잘 보여 준다. 하나님은 사람의 모든 연약함을 다 짊어지셨다. 성자께서 스스로 죄가 되신 것이야말로 가장 크신 긍휼이요, 가장 크신 봉사이다. 이렇듯 예수님은 치유사역만이 아니라 하나님의 긍휼을 온몸으로 시위하셨다. 하나님의 긍휼의 성격 또한 드러내셨다. 하나님의 긍휼은 받을 만한 자격이 없는 이들에게까지 베푸시는 긍휼이다. 우리가 아직 죄인되었을 때에 하나님께서 그리스도를 보내어 주심으로 우리를 향한 사랑과 긍휼을 보여 주셨다. 예수님은 우리의 죄를 위해서 친히 자신의 몸을 희생제물로 바치셨다. 이렇듯 예수님의 삶 전체가 하나님의 긍휼이요 우리를 위한 봉사였다. 즉, 예수님은 최초의 집사였다. 오직 봉사하신 삶을 사셨다는 말이다.

신약의 집사직분

부활하신 그리스도께서 하늘 아버지께 부탁하여 성령을 보내셨다. 오순절에 성령이 오셔서 신약교회가 세워졌다. 사도들이 담대히 복음을 전하자 믿는 자들이 많아졌다. 믿는 이들은 자신들이 가진 것을 자발적으로 사도들의 발 앞에 내어놓았다. 이것에 힌트를 얻어 공산주의가 생겨났는데 차이점이 크다. 초대 교회는 자발적으로 가진 것을 내어 놓았지만 공산주의는 강제로 빼앗아 나누었다. 사도들은 자발적으로 내어놓은 것을 가난한 자들에게 나누어 주었다. 예루살렘교회에 회원이 갑자기 많아지자 구제에 문제가 발생한다. 헬라파 과부들이 구제물품을 받지 못하는 일이 발생한 것이다. 이에 사도들은 자신들이 기도와 말씀에 전념하기 위해 사람들을 따로 세운다. 이들이 바로 식탁봉사를 하기 위해 세워진 집사였다(행 6장 참고). 말씀사역이 왕성하면 신자들이 늘어나고, 할 일이 많아지는데 이것을 위해 집사가 필요하게 된 것이다. 집사는 그냥 일을 위해 세우는 것이 아니라 말씀사역의 결과로 생겨나는 직분이라는 것을 알 수 있다.

이후에 교회에는 집사들의 봉사가 자연스럽게 자리 잡았다. 사도 바울도 이방 지역에 복음을 전하고 교회를 세우고는 구제헌금을 부탁했다(고후 8:15 참고). 가난한 예루살렘교회를 위한 구제헌금을 요구한 것이다. 처음부터 교회는 구제하는 교회였다는 것을 보여 준다고 하겠다. 이방교회가 예루살렘교회를 위해 구제하는 것은 특별한 의미가 있다. 영적으로 받은 것을 육적인 것으로 갚는다는 의미가 있다. 그리고 예루살렘교회가 이방교회의 구제금을 거부하지 않고 받는 것이야말로 복음으로 인한 교제를 나타내는 것이다. 이렇듯 구제는 단순히 물질의 나눔만이 아니라 영적인 교제의 구체적인 표현이었다. 내가 구제의 대상이냐고 기분 나빠 할 일이 아니다.

하나님은 초대 교회에 집사라는 직분을 세워서 그리스도의 집사직을 잇게 하신다. 집사라고 부르는 이들이 분명히 있었고(빌 1:1 참고), 집사를 어떻게 세워야 할지를 분명하게 언급한다(딤전 3:8-13 참고). 집사들이 개교회에서 어떻게 구제사역을 감당했는지 성경이 명확하게 기록하고 있지 않지만 가난한 자에 대한 배려가 곳곳에 언급되어 있다. 우선 집사의 자격기준으로 가정을 먼저 돌아보아야 한다고 하는 것을 주목해 볼 수 있다. '과부'에 대한 상세한 언급도 주목해 보아야 한다. 교회가 돕기 전에 그 자녀들과 친척들이 먼저 돌아보아야 한다. 부모를 돌아보지 않으면 불신자보다 더 악하다는 말씀을 기억해야 한다(딤전 5:8 참고). 당시 회당에서 구제 시스템이 제도적으로 자리잡고 있었다. 회당에서는 안식일 전에 임명받은 몇몇 사람들이 바구니를 들고 먹을 것을 거두어서 가난한 자들에게 나누어 주었다. 교회는 이런 시스템을 교회생활에 적용했을 것이고 성령의 능력으로 더 강력한 구제가 일어났을 것이다. 교회의 모습을 보고 많은 제사장들마저 돌아섰다는 것을 보면 교회가 얼마나 큰 칭찬을 받았는가를 잘 알 수 있다.

성경에서 여자집사를 언급하고 있는가? 이렇게 묻는 것 자체가 구태의연한 발상처럼 보일 것이다. 이미 여자집사가 많고 장로교회에서는 남자의 장로에 해당하는 여자권사마저 세우고 있는 상황에서 말이다. 교회에서 여성의 봉사의 자리가 많이 필요한데 성경에서 무엇이라고 말씀하고 있는가? 집사 선출에 관해 언급하고 있는 디모데전서 3장 11절에 보면 "여자들도 이와 같이"라고 분명하게 말하고 있다. 이 여자가 집사의 아내를 가리키는지, 여자집사를 가리키는지 두 의견이 팽팽하게 맞서고 있다. 이 여자가 집사의 아내를 가리킨다면 직분수행을 할 때 아내의 역할이 얼마나 중요한지를 보여 준다고 하겠다. 이 여자가 여자집사를 가리킨다면, 아니면 더 넓게 잡아서 집사의 지도하에 봉사하는 여인들을 가리킨다면 교회에서 여자에게 다스림이 아니라 봉사의 자리가 있다는 것을 보여 준다고 하겠다.

집사직의 회복

성령 충만한 초대 교회에 구제가 강력하여서 뭇 사람의 칭찬을 받았지만 세월이 흐르면서 이것이 시들해지기 시작했다. 가난한 교회는 핍박 가운데서도 구제에 힘썼다. 기독교회를 무시하던 로마황제들은 기독교회가 가난한 자를 돌아보는 일을 너무나 잘하는 것을 시샘하기까지 했다. 세월이 흘러 교회가 로마제국의 국교가 되고 부유해졌지만 가난한 자들에 대한 관심은 식어 갔다. 교부들이 가난한 자들을 돌보라고 숱하게 발언했음에도 불구하고 교회가 가난한 자들에게 관심을 두지 않자 이슬람세력이 일어났다. 공산혁명이 일어나게 된 것도 러시아정교회가 정권에 야합하여 가난한 자들을 돌아보지 않았기 때문이다. 역사에 대한 너무나 단편적인 해석인가? 국가가 교회를 적극 후원할 때에 교회는 정작 가난한 자를 돌아보는 일을 외면했다는 사실만큼은 변함이 없다. 역사상 대부분의 반동혁명은 교회가 가난한 자를 돌아보지 않은 것 때문에 발생했다는 것을 뼈아프게 받아들여야 하겠다.

중세 시대에 구제는 넘쳐났다. 가난한 자들은 부자의 구원을 위해 꼭 필요한 존재였기 때문이다. 구제가 공로를 쌓기 위한 하나의 수단이 되었기에 가난한 자들은 부자의 구원을 위해 없어서는 안 될 존재였다. 자선과 구제는 구원을 위한 필수조건이었던 셈이다. 종교개혁은 이런 자선도 개혁했다. 건강한 사람이 구제받는 것을 부끄럽게 생각하도록 만들었다. 하지만 남의 도움이 꼭 필요한 자들은 필요한 도움을 받을 수 있었다. 이것은 직분의 개혁을 통해서 시행되었다. 종교개혁은 미사를 집례하는 사제를 설교하는 사람으로 변화시켰고, 장로를 교회를 치리하는 자로 세웠다. 그리고 집사직을 회복했다. 특히 칼빈은 제네바에서 사역하면서 집사직을 회복하는 일에 앞장섰다. 난민들이 제네바로 쏟아져 들어오는 상황에서 칼빈은 현지인들뿐만 아니라 난민들을 위해 병원과 구빈원을 세워서 그들의 필요를 채웠다. 칼빈은 프랑스 난민들을 위한 기금을 마련하기도 했다. 집사를 구제금을 모으는 집사와 병원과 구빈원에서 직접적으로 봉사하는 집사로 나누어서 구제가 구체적이고도 실질적으로 이루어지도록 했다.

현대는 국가마다 앞다투어서 복지시스템을 갖추고 있기 때문에 교회의 집사 직분이 할 일이 줄어들었다. 국가가, 그리고 각종 비영리기구들이 집사의 일을 빼앗아 갔다. 이제 집사들의 할 일이 많지 않다. 그럼에도 교인들의 경제적인 가난뿐만 아니라 정서적이고, 사회적인 소외문제를 위해 집사회가 반드시 필요하다. 이 일을 위해 집사는 장로와 마찬가지로 심방을 해야 한다. '집사의 심방' 말이다. 장로의 심방 후에 경제적인 것을 포함하여 성도의 교제에서 소외된 이들이 있다는 것을 알리면 집사는 따로 심방을 한다. 집사심방의 결과 그들에게 필요한 구체적인 도움을 주어야 한다. 집사를 사람의 몸에 비유한다면 말초신경에 해당한다. 가장 말단에 이르기까지 혈액을 공급하여 움직이도록 하는 것 말이다.

집사는 믿음의 비밀을 가져야 할 뿐만 아니라 구제하는 일에도 모범을 보여야 한다. 자신이 구제하지 않으면서 교인들을 향해 구제하라고 말할 수 없기 때문이다. 하지만 구제는 집사들만의 문제가 아니다. 구제는 집사들이 알아서 해야 할 문제가 아니다. 구제는 교회 전체가 해야 할 일이다. 집사는 개인적으로 구제하는 사람이 아니라 교회에 구제의 필요를 알리고, 구제에 대한 정보를 끊임없이 공급해야 한다. 유럽의 개혁교회에서 주일마다 하는 헌금은 집사회에서 제안하는 특별한 필요를 위한 구제헌금이라는 것이 좋은 힌트를 줄 것이다. 이렇듯 집사는 교인들에게 긍휼의 마음을 일깨운다.

위에서 언급했듯이 구제는 먼저 가정에서 이루어져야 한다. 자녀가 부모를 책임져야 하고, 과부와 가난한 이들은 그 친척이 먼저 돌아보아야 한다. 교회가 이것을 상기시켜야 한다. 교회는 믿음의 식구들을 먼저 돌아보아야 한다(갈 6:10 참고). 더 나아가 교회는 지역사회 속에 녹아들어가서 지역사회의 필요를 채워야 한다. 교회만이 할 수 있는 일을 찾아야 할 것이다. 이것이야말로 하나님께서 이 세상을 긍휼히 여기신다는 것을 보이는 것이다. 집사직이 회복되는 것이야말로 복음이 성육신하는 길이다. 집사직을 잘 수행하면 좋은 명성을 얻고 믿음의 담력을 얻게 되는데(딤전 3:13 참고) 교회도 마찬가지이다. 집사직이 활성화된 교회는 좋은 명성을 얻고 큰 담력을 얻어 든든히 서게 될 것이다. 세상과 유리된 교회가 아니라 세상 중심에 우뚝 선 교회가 될 것이다.

내용 요약

1 한국 교회에서 제일 흔한 직분이 집사이다. 호칭문화 때문에 집사 직분이 난발된다고 볼 수도 있다. 한국 교회에서는 집사를 둘로 나누는데, 안수집사와 서리집사이다. 서리집사는 해마다 임명해야 하는데 한 번 집사는 평생집사라는 말이 있듯이 평생 집사로 불린다. 선교적인 상황에서 서리집사를 임명했는데 이것이 지금도 유지되고 있다.

2 집사는 '긍휼의 사역자'라고 불린다. 구약시대에는 집사직이 없었지만 하나님의 백성들이라면 누구든지 긍휼을 베풀 것을 명령받았다. 안식년, 희년, 절기 등이 바로 긍휼을 베푸는 기회였다. 집사는 성도의 교제에서 소외되지 않도록 구체적으로 돌아보는 직분이다. 경제적인 것뿐만 아니라 심리적인 것도 포함된다.

3 예수님은 섬김을 받기 위해서가 아니라 섬기기 위해서 오셨다. 성육신이 최초의 섬김이요, 많은 병자들을 고쳐 주신 것 또한 긍휼의 사역이다. 능력을 자랑하기 위해서가 아니라 그들의 짐을 짊어지는 것이었다. 예수님이 말씀하신 '섬기러' 왔다는 말 자체가 바로 집사를 가리키는 말이니 예수님은 최초의 집사였다고 말할 수 있다.

4 신약의 집사 직분은 교회에서 과부들에게 먹을 것을 나누어 주기 위해서 세워졌다. 사도들은 이방 지역에 교회가 세워지면 예루살렘교회를 위해 구제헌금을 요청했다. 말씀이 풍성하면 교회가 성장하고, 교회가 성장하면 집사직이 자연스럽게 필요하게 된다는 것을 알 수 있다. 집사도 장로처럼 먼저 가정을 잘 돌아보는 사람이어야 한다.

5 초대 교회는 구제를 잘 한 교회였지만 점차로 가난한 사람들을 외면했다. 중세 시대는 구제가 공로가 되었다. 이에 개혁자 칼빈 선생은 집사직을 회복했다. 가난한 자들을 위해 구빈원을 세우고 병든 자도 돌아보게 했다. 현대의 복지 시스템으로 인해 집사직이 쇠퇴하고 있지만 집사는 여전히 온 교인들이 집사적으로 살도록 격려한다.

토론할 문제

1. 교회의 대부분의 성도가 집사라는 것에 대해 어떻게 생각합니까? 안수집사와 서리집사로 이원화되어 있는 것과 호칭문화를 바꿀 수 있는 길이 있을까요?

2. 구약시대에 집사직은 없었지만 누구든지 긍휼을 베푸었다는 것을 생각하면서 신약교회의 집사직을 따로 세워 '긍휼의 사역자'가 되게 한 이유를 말해 봅시다.

3. 예수님이 자신의 목숨마저 내어놓는 긍휼의 사역을 감당하셨고, 집사는 그 예수님을 본받아 경제적으로나 심리적으로 소외되는 이들을 돌아보는 자임을 말해 봅시다.

4. 복지 시스템이 강화되어 가는 현대사회에서 집사직이 할 수 있는 일이 너무나 제한적인데 교회에서 할 수 있는 일이 무엇인지 말해 봅시다.

과부로 세우려 할 때에는 서품하지 말고 명칭으로 지정합니다. 그녀의 남편이 이미 오래전에 죽었으면 그렇게 할 것입니다. 만일 그녀의 남편이 죽은 지가 오래되지 않았으면, 그녀를 신뢰하지 말아야 합니다. 그녀가 연로하다면 일정한 기간 동안 시험해 보아야 하는데, 왜냐하면 정욕들도 그녀 자신 안에서 그것들을 일으키게 하는 그 사람과 함께 노쇠되어 가기 때문입니다. 과부로 세울 때 구두로만 선언하고 과부들의 명단에 올립니다. 과부에게 안수하지 않는데, 왜냐하면 이것은 봉헌을 바치는 것이 아니고, 또한 전례적인 임무를 받는 것도 아니기 때문입니다. 서품은 전례를 집행하기 위한 성직자에게 해당되는 것입니다. 과부는 기도를 위하여 세워지는데, 기도는 모든 신자들의 의무입니다. _ 히폴리투스(로마의 감독)

교회의 저술가들이 언급하는 바에 의하면, 명확한 직분이라기보다는 훈련과 예비 과정의 성격이 짙은 다른 직분들도 있었습니다. (중략) 이처럼 예비적인 훈련을 받는 모든 사람들을 가리켜 일반적으로 '훈련생'(clerics)이라 불렀습니다. 우선 그들은 교회의 문을 열고 닫는 일이 맡겨졌고, '문지기'로 불렸습니다. 그다음에는 '조사'(助士, acolytes)로 불리면서 집안의 사소한 일들을 맡아서 감독을 보좌하며 항상 그를 수행하도록 했습니다. 이는 첫째로는 존경의 표시였고, 둘째는 혹시라도 그들에 대해서 의혹이 생기지 않도록 하기 위함이었습니다. 이들을 사람들에게 점점 알리고, 사람들에게 그들의 됨됨이가 드러나도록 하기 위함이었습니다. 동시에 모든 사람들 앞에 서서 이야기하기를 배워서 후에 장로들이 되었을 때에 부끄러워하지 않고 사람들 앞에 나아가서 가르칠 수 있는 능력을 배양하도록 하기 위하여 강단에서 읽을 기회를 주었습니다. 이렇게 해서, 이들을 단계별로 승급시켜서 훈련에 대한 그들의 열심을 증명해야 했고, 맨 나중에는 그들을 '부집사'로 임명하였습니다. 내가 말하고자 하는 바는 다만 이런 예들이 교회의 참된 사역으로 여겨질 수 있는 기능들이라기보다는 오히려 훈련생들이 담당했던 초보적인 과정의 성격이 짙었다는 것입니다. _ 존 칼빈(제네바의 개혁자)

13

준직원, 임시직원 그리고
다양한 직책들

준직원

준직원(準職員)이 무슨 말인가? 항존직원(恒存職員)과 구분하기 위해 이런 표현을 쓴다. 항존직이란 교회에 항상 존재해야 하는 직분을 가리키는데, 목사, 장로, 집사가 항존직이다. 교회에는 목사, 장로, 집사가 있어야한다는 말이다. 교회가 설립될 때는 목사, 장로, 집사가 함께 있지 않을 수있다. 목사도 없는 경우가 있다. 이런 경우에는 우선 목사를 청빙해야 한다. 말씀을 선포하는 목사가 있다면 그 교회는 최소한의 출발을 했다고 할수 있다.

목사만이 중요한 것이 아니다. 교인들이 모여야 하는데 '개체교회설립에 필요한 교인들의 수는 장년교인 20인 이상'이어야 한다. 이때까지는 교회라는 이름을 달고 있다고 하더라도 법적으로는 '기도소'이다. 이 조건이충족되면 개체교회 설립을 청원할 수 있는데 그렇게 청원하여 교회가 설립된 이후라도 직분자가 온전하게 세워지지 않으면 '미조직 교회'이다.

미조직 교회란 당회가 구성되지 않은 교회를 말한다. 장로교회는 목사만 있어서 되는 것이 아니라 장로가 임직받아야 한다. 장로가 최소한 한 사람이라도 있어야 당회(준당회라고 부른다)가 구성되고, 당회가 구성되어야 그 교회가 조직교회가 된다. 목사와 장로가 세워졌다면 그다음에는 집사가 세워져야 한다. 이렇게 목사, 장로, 집사의 세 직분이 함께 있어야만 그 교회는 교회다운 교회라고 할 수 있다. 장로교회는 교인 중에서 선출되어 세워진 직분자가 교회를 섬기면서 다스리고 세워 가는 교회이다. 이렇게 장로교회는 직분 중심의 교회이다.

준직원이란 항존직 외의 직분자를 말한다. 현재로는 항존직원은 아닌데 항존직원이 되기 위해 준비하는 직원을 가리킨다. 강도사와 목사후보생이 준직원이다. 장로와 집사가 되기 전에 준비하는 직원은 따로 없고, 목사가 되기 전에 훈련받고 있는 이들이 준직원이다. 교회헌법에서는 '준직원이 개인으로는 그 당회에 속하고, 직무상으로는 노회에 속한다'고 말한다. 준직원은 개인신분으로는 당회의 지도를 받아야 하고, 그 직무는 목사가 되기 위해 준비하기 때문에 노회에 속하여 지도를 받아야 한다는 뜻이다. 노회의 직무 중에 가장 첫 번째가 '그 구역 안에 있는 당회, 개체 교회, 목사, 강도사, 전도사, 목사후보생, 소속기관 및 단체의 총찰'이기 때문이다.

한국 교회에 있는 특이한 직분인 '권사'는 항존직일까? 성경에는 권사직에 대한 언급이 없다. 단지 여자집사가 있었다고 볼 수 있는 여지가 있다(딤전 3:11 참고). 물론 그 '여자들'은 여자집사가 아니라 집사의 아내를 가리킨다고 보는 이들이 많지만 말이다. 어떻든지 권사는 여자집사라고 보는 것이 좋겠다. 권사가 집사가 아닌 또 다른 직분이라고 생각할 필요가 없다는 말이다. 여성안수가 대세이지만 아직까지 여성에게 안수를 할 수 없다고 하는 교단이 있다. 성경에서 여성안수를 허락하지 않기 때문이라고 보기 때문이다.

그래서 권사에게는 안수를 하지 않는다. 그럼에도 권사가 항존직에 가까운 것이 아닌가 하는 생각을 한다. 항존직에 넣어야 한다는 생각이다. 한국교회 안에는 여성도가 많고, 여성이 받을 수 있는 직분 중에 대표적인 것이 권사라고 생각하기 때문이다. 그래서 '교회의 항존직에 준하는 직원으로 여성도 중에서 권사를 둔다'(고신헌법)고 명시하기도 한다. 대부분의 교단에서 여성안수는 이미 문제되지도 않지만 직분에 대한 이해는 더 분명해져야 한다.

준직원: 강도사, 목사후보생

'강도사'(講道士)는 한문이기 때문에 한글로만 들으면 이상하게 들리는데 설교하는 자격을 얻은 사람이라는 뜻이다. 강도사란 표현이 좀 이상하게 들리기에 '준목'이라고 부르는 교단도 있다. 그러면 강도사가 되기 전에 하는 설교는 설교가 아닌가? 엄격하게 말하면 그렇다. 신학대학원을 다니는 목사후보생은 교회에서 전도사란 명칭으로 봉사하는데 교육부서를 맡아

예배를 인도하고 설교를 한다. 그런 교육부서에서 이루어지는 예배와 설교는 엄밀하게 말해서 예배라고 부를 수 없고, 설교라고도 부를 수 없다. 강도사가 되어야 비로소 설교할 수 있다. 장로교회는 이렇게 설교에 대해 아주 엄격한 태도를 취하고 있다. 설교는 지금도 계속되는 하나님의 예언의 말씀이라고 믿기 때문이다. 설교에서 허튼소리를 하면 안 되는 것이다. 그래서 유럽의 개혁교회에서는 목사가 공예배 시에 하는 설교 외에 심방에서 하는 말을 '권면의 말'(edifying words)이라고 부른다. 그 정도로 공예배 시의 설교를 아주 엄격하게 규정하고 있다. 설교를 대체할 수 있는 것이 없다는 확신이다.

일반적으로 많은 장로교회에서는 신학교를 졸업하면 바로 목사가 될 수 있는 것이 아니라 강도사 기간을 둔다. 신학교를 졸업하면 우선 설교할 자격을 취득하도록 하는데 그것이 바로 강도사고시이다. 신학교 졸업시험을 강도사고시로 대체하기도 하고, 신학교 졸업시험과 관계없이 강도사고시를 따라 치는 경우가 많다.

강도사는 직무상 노회에 속해 있기 때문에 노회가 강도사고시를 시행하는 것이 합당하다. 노회가 균일하지 않기 때문에 노회가 강도사고시를 주관한다면 동일한 수준의 강도사를 배출하는 일에 어려움이 있다. 이것은 사실 목사고시도 마찬가지이다. 총회에서 목사고시를 하는 것이 낫겠다고 할 정도이다. 이런 현실적인 어려움 때문에 교단마다 총회신학부에서 신학교교수회와 협력하여 강도사고시를 주관한다. 이때 노회는 강도사고시와 아무런 관련을 맺지 못하게 되는데 이것을 보완할 길을 찾아야 할 것이다.

고신교회의 경우 헌법에 강도사고시 과목까지 명시하고 있다. 응시과목은 '성경, 성경신학, 교의학, 교회사'이다. 필기고사에서 합격하였을 경우에 구두시험을 친다. '성직을 지원하는 이유와 성경과 신학에 대해 구두로 고시하고, 이외에도 총회는 공석에서 만족하다고 인정되기까지 다른 방법으로 고시할 수 있다'고 규정하고 있다.

'목사후보생'도 준직원이다. 고신교회의 헌법에는 목사후보생에 대해 다음과 같이 규정하고 있다.

> "남자 세례교인으로 무흠하게 5년을 경과하고, 모범적인 신앙과 목사됨에 합당한 자질이 있는 자가 목사직을 희망하여 노회 허락을 받고 그지도대로 신학대학원에서 교육을 받는 자로서, 전도사와 같은 자격자로 인정한다."

'남자 세례교인'이라는 것이 걸리는 이들이 있을 것이다. 이것은 넘어가고 무흠하게 5년을 경과해야 한다는 것은 "새로 입교한 자도 말지니 교만하여져서 마귀를 정죄하는 그 정죄에 빠질까 함이요"(딤전 3:6)라는 말씀을 상기하는 내용이다.

'목사됨에 합당한 자질이 있는 자가 목사직을 희망하면'이라고 했는데 무엇이 목사됨에 합당한 자질일까? 자기가 스스로 목사직에 합당하다고 생각하면 되는가? 아니다. 장로교회에서는 내적인 소명만이 아니라 외적인 소명을 중요하게 생각한다. 그 교회에 속한 교인들이 그 사람을 보고 '저 사람은 잘 가르치는 것을 보니까 목회를 해도 되겠다'라고 동의해야 한다. 다른 교인들은 그렇지 않다고 생각하는데 자기 혼자 하나님의 음성을 들었다느니, 자기 마음에 불이 임했다느니 하는 것은 소명으로 부족하다. 너무나 주관적인 생각이기 때문이다. 개체교회에서 그 사람을 인정하는 과정이 필요하다.

그리고 소속노회가 허락을 해 주어야 한다. 노회가 세심하게 살펴서 목사직을 구하는 것이 과연 합당한지 세심하게 살펴야 한다. 노회의 추천으로 신학교에 입학하고, 해마다 노회로부터 신학계속 허락을 받아야 한다. 노회는 형식적인 것이 아니라 세심하게 살펴서 신학계속을 허락해야 할 것이다. 한국적인 상황에서는 신학교에 가면 대부분 목사가 되고, 목사가 되고 나서는 임지가 없어서 다른 일을 해도 자신은 목사라는 생각 때문에 고통을 당하기 때문이다. 이것은 자신만을 위해서가 아니라 교회가 고통을 당할 수도 있기 때문에 목사후보생이 될 때부터 세밀하게 살펴야 할 것이다. 목사 한 사람에 의해 교회가 서고 넘어지는 것뿐만 아니라 교회의 안위와 교인들의 생명이 달렸기 때문이다.

임시직원: 전도사, 서리집사, 권찰

임시직원이 있다. 임시직원도 항존직원과 구분하기 위해 붙인 명칭이다. 말 그대로 임시이다. 항존직은 항상 있어야 하는 직분이지만 임시직은 임시로 있다가 없어져야 할 직분이라고 할 수 있다. 선교지 교회에 임시적으로 세워졌다가 교회가 든든히 서고 난 다음에는 사라져야 할 직분이라고 보아도 된다. 예를 들면, 예전에 한국교회에 조사(助師), 영수라는 직분이 있었다. 조사는 한국인이 목사가 되기 전에 선교사들을 도와서 목회를 하던 사람을 가리킨다. 말 그대로 목회 조력자(helper)이다. 이들은 선교사로부터 직접 교육을 받아서 선교사의 목회활동을 보좌했다. 이들은 미조직교회에서 목회와 전도를 담당했다. 영수는 요즘 말로 하면 장로이다. 이들 영수도 장로를 정식으로 안수하기 전에 선교사와 조사를 도와서 교회의 제반 업무를 담당했다. 이런 임시직분은 이후에 안수를 받은 영구직분인 목사와 장로로 바뀌었다.

'전도사'가 임시직이다. 신학대학원에 다니는 목사후보생도 전도사와 같은 자격자로 인정한다. 교회에서는 전도사로 부른다. 하지만 신학대학원을 다니지 않고 성경학교에 다니는 이들도 있는데, 이들도 전도사가 될 수 있다. 그래서 전도사를 따로 구분하는 것이다. 한국 교회는 여전도사를 많이 둔다. 교회에 여신자가 많으니 아무래도 남자교역자가 심방하기 힘든 부분이 많다. 심방하면서 오해나 문제가 생길 소지도 많고 말이다. 가정심방을 해야 하는데 남편은 직장에 나가 있는 경우가 많고, 자녀들은 학교에 가 있으니 결국은 여성 혼자 심방을 받아야 하는 경우가 많으니 말이다. 요즘에는 맞벌이 부부가 대부분이기 때문에 사실 여성만 심방받기도 쉽지 않지만 말이다.

이렇게 여성전도사가 필요하기 때문에 교단마다 여자신학원을 둔다, 여성 중에 전도사로 교회를 봉사하고픈 이들이 있고, 교회도 그런 이들이 필요하기 때문이다. 여전도사의 역할이 필요하다고 교회가 판단했다면 여전도사를 잘 임명하고 그 사역에 대해 분명하게 규정해 주어야 할 것이다. 전도사이기 때문에 말씀을 전할 수 있다고 볼 수 있을지 모르겠지만 안수받아 공적인 말씀을 선포하는 역할과는 구분된다. 여전도사는 집집으로 돌아다니며 쓸데없는 말을 하며 일을 만들며 마땅히 아니할 말을 하는 일(딤전 4:13)이 없도록 조심해야 할 것이다. 물론 이것은 여전도사만의 문제가 아니라 모든 직분자들이 동일하게 조심해야 하는 문제이다.

전도사는 개체 교회에서 그냥 전도사라는 명칭을 부여하면 되는 것이 아니라 노회의 전도사고시에 합격하여야 한다. 전도사는 당회에서 고시하는 것이 아니라 노회에서 고시한다. 전도사는 성경만이 아니라 교회사며 교리문답과 교회정치를 잘 알아야 한다. 전도사는 소속 교회에서 심방만이 아니라 성경을 가르치는 일을 하기 때문이다. 전도사도 임시직이기에 1년직이라고 보면 된다. 해마다 임명하는 직분이다. 전도사도 당회에서 해마다 임명해야 한다. 그래야 그 직을 유지할 수 있다.

'서리집사'(署理執事)도 임시직이다. 호칭에 그것이 분명하게 나타나 있지 않은가? '서리'(署理)라고 말이다. 결원이 생겼을 때 그 직무를 대리하는 사람을 서리라고 부르지 않는가? 예전에는 교회 직분자가 많지 않았기 때문에 서리집사를 임명했는지 모르겠지만 이제는 서리집사가 필요 없다. 소위 말하는 안수집사가 많이 세워지고 있기 때문이다. 그런데 서리집사는 없어지지 않는다. 서리집사는 가면 갈수록 더 많아지고 있다. 왜 그런가? 동양

문화는 이름을 부르는 문화가 아니라 사회적인 직위와 직급으로 부르는 문화이기 때문에 교회에서도 직분을 주지 않을 수 없다. 제일 만만한 것이 서리집사이다. 제일 낮은 계급이라고 생각하기 때문이다. 그래서 서리집사제도는 없어지지 않는다.

집사는 하나여야 하는데 서리집사와 안수집사의 구분이 여전히 유지되고 있다. 한국 교회가 서리집사제도를 없앨 수 있을까? 그렇다면 서로를 부르는 호칭에 대해 고민해야 할 것이다. 호칭문제만 해결되면 서리집사제도는 쉽게 해결될 수 있을지도 모르겠다.

서리집사의 자격이 있다. 예수교장로회(통합측)에서는 다음과 같은 자격을 제시한다.

> "서리집사는 25세 이상 된 진실한 무흠 세례교인(입교인)으로서 1년을 경과하고 교회에 등록한 후 1년 이상 교인의 의무를 성실하게 이행한 자 중에서 당회의 결의를 거쳐 당회장(임시, 대리당회장 포함)이 임명한다."

이런 조건이라면 아무나 서리집사가 될 수 있겠다고 생각하는가? 세례받고 1년만 지나면 서리집사가 될 수 있으니 말이다. 나이만 놓고 보더라도 너무 어린 나이라고 생각할 것이다. 최소한 30세는 되어야 하지 않겠는가라고 말이다. 아니면 35세로 상향조정해야 한다고 생각하는 이들이 있을 것이다. 사회적으로 독립하는 연령이 점차로 높아지니 말이다.

'권찰'(勸察)이란 임시직도 있다. 권찰이란 사전에서도 '교인의 가정형편을 보살피는 직분'이라고 말하고 있다. 이제 많은 장로교회에서는 이런 직분이 사라졌지만 아직도 이런 임시직이 존재하고 있다. 교회에 구역모임이란 것이 있는데, 구역을 돌아보는 직분으로 권찰을 둔다. 고신헌법에서는 권찰에 대해 다음과 같이 규정하고 있다. "당회나 목사는 무흠 2년 이상 된 세례교인 중에서 신앙이 독실한 자를 권찰로 세워 교인 심방하는 일을 맡길 수 있으며 그 임기는 1년이고 집사 중에서 겸무하게 할 수 있다." 어떻게 보면 권찰이 서리집사보다 더 막중한 임무를 띠고 있는 것처럼 보인다. 서리집사는 행정적인 일을 처리하기 위해 세우는 것 같은데, 권찰은 심방하는 일을 위해 세운다고 하기 때문이다.

행정이 중요한가, 심방이 중요한가? 항존직의 가장 중요한 역할이 바로 심방이지 않은가? 목사의 심방, 장로의 심방, 집사의 심방 말이다. 그런데 서리집사에게는 심방이란 의무를 지우지 않고, 도리어 권찰에게 심방이라는 역할을 맡기니 말이다. 심방이 개인적인 방문이 아니라 공적인 것이요, 그것은 하나님께서 자기 백성을 찾으시는 것을 직분자가 대신하는 것이다. 심방이 직분적 방문이라는 것을 알 때에 심방하는 직분자뿐만 아니라 심방을 받는 가정이 하나님께서 우리 가정을 찾아오신다는 것을 알고 감격해할 것이고, 그 심방을 기다리게 될 것이다.

직분과 직책의 차이

교회에는 다양한 직책들이 있다. 교회에 필요한 기관들을 만들고, 그 기관에 필요한 직책을 만들고, 그 직책을 수행할 일꾼들을 세운다. 예를 들면, 남녀 전도회가 있고, 그 전도회들에 임원들이 있다. 회장, 부회장, 총무, 회계 등을 세운다. 부서도 만들고 부서장을 세운다. 찬양대도 마찬가지이다. 찬양대장이 있고, 지휘자를 세우고, 각 파트의 파트장을 세운다. 기타 자발적인 봉사모임들이 있고, 관심사항을 중심으로 각종 동호회를 만들기도 한다. 취미모임도 만들고 체육회도 만든다. 이런 모임들에도 각종 직책이 만들어진다. 교회에 수많은 모임들이 만들어지고 있는 것이다. 한 교인이 그런 수많은 모임에 속한다. 이렇게 해서 한 주간 내내 이런저런 모임에 참여한다.

우리 사회가 조기은퇴를 유도하고 있기에 그런 사람들이 매일 모일 수 있는 기회를 주려는 이유도 있다. 소속감을 주려는 것이다. 각종 취미모임을 만들고, 노인학교도 만들어서 교인들 중에서 봉사할 사람들에게 직책을 부여한다. 교회 내의 이런 각종 직책이 직분과 아무런 차이가 없는 것처럼 생각하기도 한다. 직분보다는 오히려 그런 직책에 관심을 더 많이 가지는 경우도 많다.

교회에 각종 모임과 직책을 만들 수 있지만 직분이 무엇보다 중요하다. 항존직 외에는 다 직책이라고 보면 된다. 물론 준직원과 임시직원이 있는데, 그것들은 직분을 지향하고 있다. 사실 직분과 직책이 뭐가 다른지 아는 신자들이 거의 없다. 직분자 자신도 자신의 직분이 직책과 어떻게 다른지 알지 못하는 경우가 많다. 직분과 직책을 왜 구분하는가? 직분은 교회를 세우기 위해 하나님께서 허락하신 방편이다. 직책은 개체 교회가 시대마다 필요를 따라서 만든 직무이다. 그게 그거지 뭐가 다르냐고 할 것이다. 고대 교회에서부터 직분과 직책을 엄격하게 구분했다. 중세 로마가톨릭이 이 둘을 구분한 것이 아니라 고대 교회에서 이런 구분을 분명하게 했다. 고대 교회는 하나님께서 교회를 세우시는 방편에 대해 분명하게 이해했다. 그것이 바로 직분이라고 생각했고, 그 외에 교회의 필요를 따라서 시대마다 세우는 것을 직책이라고 불렀다.

즉, '항존직'이라는 말 속에 직분과 직책의 차이가 분명하게 나타나 있다. 직분은 항구적으로 필요한 것이다. 교회가 존재하는 한 직분은 항상 존재해야 한다는 뜻이다. 직분이 없으면 교회가 설 수 없기에 말이다. 직책은 교회 상황에 따라 생겨났다가 없어질 수도 있다.

여러 직책들

성경에 이미 목사, 장로, 집사 외에 다른 직책이 언급되어 있다. 디모데전서 5장에 언급되어 있고, 고대 교회의 예전문서인 「사도전승」에도 언급되어 있는 '과부'(*viduis*)가 바로 그들이다. 과부가 교회에서 봉사하기 시작했다는 것을 알 수 있다. 사도는 교회에 등록할 수 있는 과부의 조건을 말하고 있다. 과부는 하나님께 소망을 두고 외로움을 이기면서 기도하는 사람이어야 한다고 말한다. 참 과부는 선한 행실의 증거가 있어야 하고, 자녀를 잘 양육하고, 나그네를 대접하고, 성도들을 잘 섬기고, 환난당한 자를 구제해야 한다고 말한다. 향락을 좋아하고 게을러서 집집마다 돌아다니면서 쓸데

없는 말을 하고 다니는 사람은 과부로 등록해서는 안 된다고 말한다. 연령도 제시하는데 60세 이상이 되어야 한다고 말한다. 60세 이하면 재혼하여 가정을 가질 가능성이 크기에 교회를 섬기는 과부로 등록하는 것이 합당하지 않다는 뜻이다.

「사도전승」에서도 과부에 대해 언급하면서 과부가 된지 오랜 세월이 지나야 하고, 정욕에 빠지지 않는지 시험해 보아야 한다고 말한다. 과부는 안수를 받지 않고 그냥 이름만 올린다. 과부는 기도를 위해 부름 받았다고 말한다. 교회는 홀로 있는 이들을 도와야 할 뿐만 아니라 홀로 있는 이들이 교회를 봉사할 수 있도록 기회를 부여해야 할 것이다.

「사도전승」에서는 '과부'를 언급하기 이전에 '증거자'(Confessor)를 먼저 언급한다. 이 증거자는 교회가 핍박을 받고 있는 상황에서 발생한 것이다. 핍박으로 인해 순교한 순교자들(martyr)이 있고, 순교하지 않았지만 고문과 끔찍한 형벌을 받고 살아남은 이들을 증거자라고 부른다. 이 증거자들은 교회에서 큰 칭송을 받았다. 이들은 안수를 받을 필요가 없는데 그들의 신앙고백을 통해 장로직의 영예를 갖고 있기 때문이라고 말한다. 이것은 증거자가 자동적으로 장로가 된다는 뜻이 아니라 장로에 준하는 예우를 해 주어야 한다는 뜻이다.

순교자들만이 아니라 증거자들에게 이런 영예를 허락함으로 인해 고대 교회는 혼란에 빠진다. 핍박 시에 배교한 이들은 공적으로 고해자로 등록하고 오랜 기간 동안 엄격한 참회를 거쳐야 했기 때문에 증거자들에게 찾아가 쉽게 죄를 용서받으려는 폐단이 생겼기 때문이다. 신자의 어떤 공로도 스스로를 구원하기에 충분하고도 남아서 다른 이들을 위해 제공할 수 없다. 오직 그리스도의 공로만이 유일한 공로요, 충분한 공로이기 때문이다.

고대에는 독서자(Lector)도 있었다. 독서자의 직무에 관해 뚜렷하게 언급하고 있지 않지만 독서자는 예배 시에 있는 성경봉독을 하는 자들이었다는 것만은 분명하다. 지금까지 로마교회에서는 이 독서자가 있고, 독서할 독서대가 있다. 고대에는 독서를 제대로 할 수 있는 신자가 많지 않았기 때문에 독서자를 신중하게 정했다. 독서자는 뚜렷한 임직의식이 없고 성경책을 넘겨 주는 것으로 그 직무를 수행하게 한다. 물론 안수하지 않는다. 예배에서 성경읽기가 중요하기에 우리도 독서자를 세울 수 있다. 요즘은 성경읽기가 설교할 본문을 읽는 것이기 때문에 그 성경본문을 설교할 목사가 주로 읽는다. 그런데 설교는 목사 외에 그 어느 누구도 할 수 없지만 성경읽기는 교인 중에서 할 수 있다. 성경말씀은 회중 전체를 향해 주신 말씀이기 때문에 목사가 아니라도 읽을 수 있다. 개인적으로 성경을 읽어야 하겠지만 예배 중에 성경을 읽는 것의 중요성을 알아야 하겠다. 하나님의 말씀을 있는 그대로 공적으로 선포하는 시간이기 때문이다. 우리는 성경읽기를 통해 하나님의 말씀을 들을 수 있다.

기타 여러 가지 직책이 있었다. 고대 교회에는 '동정녀'(virgine)도 있었다. 동정녀는 동정녀가 되겠다는 결심만 있으면 교회가 받아 준다. '부(副)봉사자'(subdiaconus)도 있었다. 부봉사자는 봉사자를 도와주는 역할을 한다. 다른 문서에 의하면 사제를 도우는 '복사'(accolitus)에 대한 언급도 있다. 지금도 로마교회는 복사를 두고 있다. 복사는 미사를 주례하는 집전사제를 돕는 이들을 가리킨다. 복사는 주로 어린이들 중에 세운다. 고대 교회에는 교회 문을 지키는 '수문직자'(*ostiarius*)도 있었다. 문지기가 교회직책이었던 것이다. 그렇다면 '종지기'도 있었다고 할 수 있다. 예배당 종을 치는 이들 말이다. 이런 일들은 아무나, 마음대로 해도 되는 것이 아니라 질서 있게 수행해야 한다. 이렇게 직책들은 직분과 달리 세월이 흐르면서 주위환경 변화에 의해 교회 상황에 의해 발전되어 왔다.

내용 요약

1 '항존직', 즉 교회에 항상 존재해야 하는 직분(목사, 장로, 집사)을 제외한 나머지 직분을 '준직원'이라고 부른다. 항존직을 위해 준비하는 직분을 가리키기도 한다. 예를 들어서 강도사와 목사후보생이 그들이다. 그러면 한국 교회의 독특한 직분인 '권사'는 어떠한가? 권사는 원래 감리교회에 있던 직분인데 보편화되었다. 권사는 여자집사로 보면 되겠다.

2 신학생을 '목사후보생'이라고 부른다. 목사가 되기 위해 준비하는 중이기 때문이다. 이 목사후보생은 개교회의 추천을 받아 노회가 신학교에 교육을 위임하고 신학교를 마칠때까지 관리감독한다. 신학의 모든 과정을 마치고 설교할 자격을 얻은 이를 '강도사'라고 부른다. 강도사가 교회봉사를 몇 년 동안 하고 나면 목사고시를 칠 자격을 얻게 된다.

3 '임시직원'이 있다. 말 그대로 임시로 일하는 직원이다. '전도사'가 그들이다. 보통 신학교에 다니는 목사후보생을 전도사라고 부르기도 하는데, 한국 교회에는 여전도사들이 많다. '서리집사'와 '권찰'도 임시직이다. 연초에 임명해서 한 해 동안 교회를 위해 섬기게 한다. 한 번 임명하면 계속되기에 거의 항존직이 되어 버린 것이 문제이기도 하다.

4 직분과 직책은 다르다. 직분은 교회를 세우기 위해서 항구적으로 허락하신 것이요, 직책은 개교회의 필요에 따라 세워지는 것이다. 교회 내에서 직분의 중요성을 강조하지 않으면 본인이 원하는 여러 가지 직책에 더 관심을 둘 수 있다. 하나님은 직책이 아니라 직분을 통해 교회를 세우시고 성도를 온전케 하신다는 것을 명심해야 하겠다.

5 고대 교회로부터 안수받지 않은 여러 직책들이 있었다. 지금도 교회 내에 여러 가지 직책을 둘 수 있다. 한국 교회에는 여전도회, 남전도회도 있고, 성가대, 각종 동호회도 만든다. 성도의 교제를 활성화하기 위해서이다. 주의할 것은 이 모든 직책들이 직분의 다스림에 순종하면서 봉사해야 한다는 사실이다. 직분과 직책이 힘겨루기를 해서는 안 된다.

토론할 문제

1. 성경에는 없지만 한국 교회에 있는 독특한 직분인 '권사'를 어떻게 이해해야 할까요? 권사를 여자집사로 보면 어떨까요?

2. 준직원으로 '강도사'와 '목사후보생'이 있습니다. 이들을 준직원이라고 부르는 이유가 무엇이고, 그들은 행정적으로 노회에 속해 있다는 것을 말해 봅시다.

3. '전도사', '서리집사', '권찰'도 임시직원인데 이 직분들이 왜 필요한지 말해 봅시다. 임시직은 말 그대로 임시직이어서 언젠가는 사라져야 할 직분이라는 것도 생각해 봅시다.

4. 공교회에 세워지는 항존직인 직분과 개교회의 필요에 따라 세워지는 직책의 차이를 말해 보고, 교회 내의 다양한 직책과 그 필요성을 말해 봅시다.

4부

직원
세우기

그러므로 여러분 스스로 온유하고 탐욕스럽지 않고 진실하고 인정받는 사람들을 주님께 합당한 감독들과 집사들로 임명하십시오. 그들은 역시 여러분들을 위하여 예언자들과 교사들의 사역을 수행해야 하기 때문입니다. 그러므로 여러분들은 그들을 멸시해서는 안됩니다. 그들은 예언자들과 교사들과 함께 여러분들의 존경을 받는 사람들이기 때문입니다. _ 디다케(초대 교회의 문서)

더 나아가 교회는 사도들의 때로부터 수백 년 동안 사제와 평신도의 모든 지위의 지도자들이 다 모인 가운데 그들 중에서 기독교적 신앙과 선한 행실을 가진 것으로 알려진 이들을 감독들로 선출하는 관습을 가져왔음을 알아야만 한다. 인근 도시의 두세 감독이 그렇게 선택된 자들의 교리를 확인했고 그 후에 그들을 장립했던 것이다. 회중들이 선택하고 동의를 해야 했으며, 감독들은 그 교리를 알아본 후 안수하여 장립하는 의식을 행하였다. _ 필립 멜란히톤(독일의 개혁자)

14

직원을 세우는 절차

설교 및 교육

교회에서 직분자를 세우는 일은 그 무엇보다 중요하다. 교회는 직분자만 잘 세워도 된다고 할 정도이다. 회중 가운데서 직분자가 나오는 것이니 말이다. 교회마다 직분자를 세우는 것에 대해서 관심이 많고, 또한 직분자를 세우는 것으로 인해 말썽과 분란도 많이 일어난다. 직분자를 세우는 과정에 예외 없이 어려움이 생긴다고 할 수 있다. 그래서 아예 직분자를 세우지 않겠다고 하는 경우도 있다. 특히 교회를 개척하는 목사는 교회가 어느 정도 성장해도 장로를 세우지 않으려는 경향도 있다. 장로를 세우면 목사의 목회에 도움이 되기는커녕 방해를 놓는다고 생각하기도 하는 것이다. 장로교회인데 장로가 없으면 어떻게 되는가? 목사가 장로이니 괜찮다고 해야할지 모르겠다. 우리는 앞서 살폈듯이 장로를 세우면 교회개척이 종결된다는 것을 아는 것이 중요하다.

교회가 직분자를 세우지만 하나님께서 친히 교회를 위해 직분자를 세우신다는 것을 아는 것이 중요하다. 모든 직분은 교회의 직분이면서 그 이전에 하나님의 직분이라는 것을 아는 것이 중요하다. 역사적으로 보자면 승천하신 그리스도께서 교회를 다스리기 위해 주신 선물이 직분이라는 것을 알아야 한다(엡 4:1-16 참고). 직분은 그리스도께서 교회를 다스리고 품으시는 방편이라는 사실이다. 그렇다면 교인들은 '우리가 당신을 투표하여 세웠으니 우리 요구를 들어 주어야 한다'는 생각을 한다든지, 직분자는 '내가 투표를 받아서 직분자가 되었으니 나는 교인을 대표하고 있다'는 생각을 하는 것이야말로 금물이다. 직분은 교인들의 요구를 해소하는 수단이나 직분자의 주장을 관철시키는 수단이 아니라는 사실이다. 하늘에 오르신 교회의 머리이신 그리스도께서 이 땅에 있는 주님의 몸인 교회를 통치하시고 이어 붙이시는 방편이 직분이라는 것을 명심해야 한다.

목사는 평상시에 설교와 교육을 통해서 하나님께서 직분을 통해 교회를 세우신다는 것을 강조해야 한다. 교회와 직분이 어떤 관계에 있는지, 각 직분이 가지고 있는 직무가 무엇인지, 은사와 직분의 관계가 어떠한지 등을 잘 가르쳐야 한다. 성경에서, 교리에서 직분에 대해 언급하고 있는 부분들을 상세하게 가르쳐서 교인들이 직분을 사모하도록 해야 한다(롬 12:3-8; 고전 12:4-11 참고). 교회에 직분이 없이는 교회다울 수 없고, 신자가 온전해질 수 없다는 것을 끊임없이 가르쳐야 한다. 우리의 개인적인 열심과 능력으로 교회를 세우는 것이 아니라는 것을 알아야 한다. 성도들이 이렇게 잘 알지 못하는 상황에서 직분자를 세우려고 하면 그 직분을 감투나 벼슬이라고 생각해서 어려움이 생길 수밖에 없다.

당회의 역할

　교회는 필요시 직원을 선택하여 세워야 한다. 항존직이라는 표현에 나타나 있듯이 목사, 장로, 집사가 공석이 되지 않도록 해야 한다. 교회가 개척되면 가장 먼저 목사를 청해야 한다. 그래서 그 목사가 예배를 인도하고, 성례를 집례할 수 있어야 한다. 장로교회는 장로들의 회인 당회가 구성되지 않으면 성례를 집례할 수 없기에 노회로부터 당회장을 파송 받아서, 그 당회장의 지도하에 예배와 성례를 집례하면 된다. 우리는 흔히 집사를 먼저 세우고, 그 집사 중에서 장로를 세우면 된다고 생각하는데 그렇지 않다. 다른 직분보다 먼저 장로를 세우는 것이 합당하다. 왜냐하면 개교회 장로의 회인 '당회'가 구성되어야 그 당회에서 다른 직분자를 세우는 일을 할 수 있기 때문이다.

　직원을 세우는 일에 당회가 책임을 지고 진행해야 한다. 당회가 특정한 사람을 염두에 두지 않을 수는 없겠지만 그런 생각을 없애려고 노력해야 한다. 사람을 염두에 두고 진행하면 반드시 어려움을 겪게 되어 있다. 특정인물이 직원이 되면 좋겠다는 생각이 아니라 교회에는 항존직원이 계속해서 있어야 한다는 생각에서부터 출발해야 한다. 쉽게 말하자면 교회의 필요에서부터 출발해야 한다. 이게 뭐가 다르냐고 할 수 있겠지만 교회에서 가르치는 일, 다스리는 일, 긍휼을 베푸는 일이 풍성하도록 하기 위해 직원이 더 필요하다는 것에서 출발해야 한다는 말이다. 특정인물에게 직분을 주면 교회 일을 열심히 하고, 교회도 큰 도움이 되겠다는 생각은 배제해야 한다는 말이다.

당회는 특정한 직원의 수를 확정해야 한다. 현재의 교회 회중의 수에 적절한 직원의 수를 잘 정해야 한다. 대부분의 교인들이 다 교회직원이 되어야 하는 것이 아니다. 하나님의 말씀과 다스림과 긍휼을 나타낼 적절한 수의 직원이 필요하다. 예를 들어, 교단마다 조금씩 다르겠지만 전통적으로 한국 교회는 교인 30명당 장로 한 사람을 세웠다. 농어촌교회는 20명 이상으로 예외를 두었다(교회정치 제113조). 회중의 수가 장로를 결정한다는 말이다. 한국 교회는 초기부터 이것이 무너져서 장로를 너무 많이 세운 모습들을 볼 수 있다. 장로의 경우에는 노회에 청원하여 허락을 받아야 한다. 회중의 수를 적시하고 장로 몇 명을 증원하기를 원하는지 노회에 청원하면 노회가 살펴서 허락을 한다. 집사와 권사의 경우에는 개체교회에서 필요한 수를 확정할 수 있다. 어쨌든 당회가 직원의 수를 잘 정해야 한다.

후보자 추천

직원은 당회가 임명하거나 당회장이 임명해서는 안 된다. 직분을 맡겠다고 하는 이들이 없고 다 꺼리니까 누군가가 나서서 자기가 짐을 지겠다고 자원한다고 해서 되는 것이 아니다. 회중의 투표를 통해 선출해야 한다. 투표는 선거를 연상시키고, 그것은 세속적인 것이니까 하나님께서 친히 지명하시는 것을 보여 주기 위해서 제비를 뽑는 것이 좋겠다고 하는 이들이 있다. 실제로 교단총회에서 임원선거를 할 때 제비뽑기를 한 경우도 있고 말이다. 사도행전 1장에 보면 가룟 유다의 빈자리를 채울 때에 제비를 뽑았으니 그것이 성경적이라고 말하기도 한다. 하지만 초대 교회에서 이미 투표가 이루어졌다는 것을 밝히고 있다. 사도들이 회중을 향해 과부를 접대하는 자를 택하라고 했고 회중이 몇몇 사람을 택했다(행 6:3,5 참고)고 했는데 그 택한다는 용어가 바로 '손을 들어서 투표'하는 행위를 가리킨다. 이후에 계속해서 이 회중의 투표를 통해 직원을 뽑았다.

임명도 아니고 자원도 아니라 투표해야 한다면 후보자를 내어야 할 것이다. 누가 후보자를 추천하면 될까? 장로교회에서는 당회가 후보자를 추천할 수 있다(교회정치 제67조 3항). 교인들에게 후보자를 추천하라고 말할 수도 있겠지만 그런 경우에도 후보자의 최종추천은 당회의 일이다. 당회는 선출하고자 하는 직원의 수에 비례하여 적절한 수의 후보자를 추천한다. 개교회의 규모에 따라 상황이 다르겠지만 당회원인 목사와 장로만큼 교인들의 형편을 잘 알고 적절한 후보자를 추천할 수 있는 사람이 없을 것이기 때문이다. 대형교회 같은 경우에는 곤란할 것이다. 사회적인 명성이나 교인들이 잘 알 수 있는 교회 일을 하는 사람이 추천을 받을 가능성이 크다. 대형교회에서 장로가 되기 위해서는 주일에 주차관리를 해야 한다는 우스갯소리가 나오기도 한다.

후보자는 어떤 기준을 가지고 추천할 수 있을까? 각 교단마다 최소한의 기준을 제시하고 있다. 예를 들면, 장로의 경우 "40세 이상 65세 이하의 남자 세례교인으로 무흠하게 7년을 경과한 자, 본 교회에 등록한 후 3년 이상 경과된 자"(교회정치 제65조)이고, 집사의 경우는 "35세 이상 65세 이하의 남자 세례교인으로 무흠하게 5년을 경과한 자, 본 교회에 등록한 후 2년 이상 경과된 자"(교회정치 제76조) 등이다. 물론 이 조건은 교회생활에 대한 최소한을 언급한 것이고 성경에 직분자의 자격에 관해 분명하게 언급하고 있다는 것을 알아야 한다(딤전 3:1–13; 딛 1:5–9 참고). 여기에다가 개교회에서는 주일예배 출석, 교회봉사, 헌금, 교회 프로그램 참여 등을 가지고 후보자선정기준으로 삼기도 한다.

당회는 최종적으로 선출하고자 하는 직원 정수의 2배수, 내지 3배수를 교회 앞에 내놓는다. 직원선출은 후보자에 대한 찬반투표가 아니기 때문이다. 장로선출의 경우에는 주로 안수집사가 대상이 되는데, 이것도 당회가 결정할 일이다. 안수집사가 아닌 경우에도 장로의 후보자가 될 수 있기 때문이다. 중요한 것은 장로가 집사와 다른 직무를 가지고 있다는 사실이다. 즉, 직무에 해당하는 은사가 다르다는 말이다. 집사는 긍휼의 사역자이고, 장로는 다스림의 사역자이다. 긍휼을 잘 베푸는 사람이 꼭 잘 다스리는 것은 아니다. 반대도 마찬가지이다. 잘 다스리는 사람이 꼭 긍휼을 잘 베푸는 것은 아니다. 다스림이 중요하다. 가정을 잘 다스리고, 교회생활에서도 나름대로 잘 다스리는 역할을 하고 있는지를 확인하고는 후보자로 추천해야 할 것이다.

당회가 후보자를 추천하기 때문에 당회가 회중의 인정과 존경을 받고 있느냐가 무엇보다 중요할 것이다. 그렇지 않으면 왜 저 사람을 추천했냐는 것부터 시작하여 교인들이 각종 의혹을 가지고 투표에 임할 것이고, 투표결과를 받아들이지 못하겠다고 하는 일이 일어날 것이기 때문이다. 후보가 된 사람들이나 그렇지 않은 사람들도 문제를 삼을 수 있다. 당회가 누구를 심중에 두고 투표를 진행하느냐를 다들 궁금해 할 것이기 때문이다. 2배수라고 하더라도 절반은 들러리를 세우는 것 아니냐는 말도 할 것이다. 장로교회는 회중교회가 아니다. 최소한의 자격을 갖추었다면 교회회원 중 누구든지 후보자가 될 수 있지만 누구라도 스스로 후보자가 되겠다고 나설 수 없다. 당회가 책임감 있게 후보자를 추천하는 것이 장로교회의 가장 중요한 특징이라고 하겠다. 이게 장점이 되도록 당회는 온 교회의 존경을 받는 상태에서 진행해야 할 것이다.

공동의회 소집과 직원선출

당회는 직원선출을 위한 공동의회 소집일시를 확정해야 한다. 장로의 경우에는 언급했듯이 노회로부터 증원을 허락받은 후에 진행하여야 한다. 당회는 직원선출결정을 회중에게 알리고 온 교회가 기도하면서 하나님의 뜻을 드러내 주시기를 구해야 할 것이다. 공동의회 날자를 정해서 직원선출을 위한 공동의회가 있다는 것을 공고해야 한다. 당회는 선출방법을 미리 확정해 놓고 투표 전에 미리 공지해야 한다. 예를 들어, 1차 투표에서 선출하고자 하는 정수가 나오지 않을 경우에 2차 투표를 시행할지의 여부와 2차 투표를 시행할 경우 몇 명의 후보를 득표 순으로 제시할 것인지를 알려야 한다. 직원선출을 위한 공동의회는 두 주일에 걸쳐서 할 수 없다. 한 주일에 여러 번 투표할 수 있지만 어쨌든 그 주일에 마쳐야 한다.

피선거권자를 확정하는 것도 중요하다. 그 교회에 속한 교회회원, 즉 세례 입교 교인만이 투표에 참여할 수 있다. 교인이라면 피선거권 및 선거권이 있기 때문이다. 그리고 "병환, 여행, 기타 부득이한 사유 외에 무고히 계속 6개월 이상 교회에 출석하지 아니한 교인은 선거권과 피선거권이 없다"(교회정치 제35조). 투표수 계산도 정확하게 해야 한다. 항존직의 경우 투표수의 2/3이상의 득표로 선출하기 때문이다. "정원수를 초과 기명한 표는 무효이고, 정원수 이내를 기명한 표는 유효하다", "지정한 투표용지를 사용하지 않은 무효표와 기권은 총투표 수에 가산하지 아니하며, 잘못 기록한 무효표와 백표는 총투표 수에 가산한다"(교회정치 제35조 4항) 등의 규정 말이다.

공고한 주일에 공동의회를 진행한다. 예배 후에 공동의회장은 먼저 경건회를 통해 투표에 임하는 태도를 다시 한 번 더 상기시켜야 한다. 경건한 두려움으로 임해야 한다는 것을 강조해야 한다. 누구나 투표의 결과에 순복해야 할 뿐만 아니라 그것이 하나님의 뜻이라는 것을 겸허히 받아들여야 한다는 것을 강조해야 한다. 내가 선출되지 않았다고 해서 부끄러워할 이유도 없고, 선출된 사람은 내가 자격이 없으니 사퇴하겠다고 해서도 안 된다. 적법하게 진행된 투표를 통해서 하나님께서 직원을 선출하셨다는 것을 인정해야 한다.

너무 늦게 언급하는 것 같지만 교인들의 태도가 참으로 중요하다. 직원 선출에 대한 이야기가 나오면서부터 온 교회가 기도하면서 가장 복된 선물인 직원을 받을 준비를 해야 한다. 직원선출은 하나님의 뜻을 겸손하게 묻는 과정이라는 것을 한시라도 잊어서는 안 된다. 직원선출을 세상선거와 같이 생각하면 안 된다는 말이다. 내 마음에 들고 나의 말을 잘 들어줄 후보자를 선택하는 것이 아니다. 교회의 직원선출은 인기투표가 아니다. 직원선출은 자신의 뜻을 대변해 줄 이를 선출하는 것이 아니라 하나님의 뜻을 대변해 줄 이를 선출하는 것이다. 그래서 교회정치에서는 다음과 같이 밝히고 있다.

"선거 투표는 무흠 세례교인이 기도하는 마음을 비밀히 할 것이다. 교회에서나 어떤 회에서든지 특정한 사람의 성명을 기록하여 알리거나 방문하여 권유하거나 문서로나 집회를 이용하여 선거 운동하는 일을 일절 금한다. 이를 어겼을 경우, 그 치리회는 적절히 시벌한다"(교회정치 제35조 1항).

233
직원을 세우는 절차

내용 요약

1 교회에 직원을 세우기 위해서는 먼저 설교와 교육이 선행되어야 한다. 교회에 왜 직분이 필요한지를 명확하게 가르치지 않고서는 직원선출하는 것이 세속적인 선거와 다를 바가 없게 된다. 선출된 사람과 선출되지 않은 사람 사이의 갈등과 그것이 교회 전체의 분란으로 작용하기 쉽다. 신자라도 자리를 차지하고픈 마음이 강하기 때문이다.

2 장로교회에서는 다른 어떤 직분보다 장로가 먼저 세워지는 것이 바람직하다. 장로가 세워지면 목사와 더불어 장로들의 회인 '당회'를 구성한다. 이 당회가 회중에게 하나님의 말씀과 다스림과 긍휼이 풍성하게 나타나도록 직원을 세워 가야 한다. 당회는 회중을 잘 돌볼 수 있는 직원이 일정수가 유지되도록 할 책임이 있다.

3 교회 직분은 임명이나 자원으로 할 수 없다. 구약시대에는 하나님께서 직분자를 친히 선택하셨고, 어떤 경우에는 제비를 뽑기도 했지만 신약교회는 회중의 투표를 통해 하나님이 친히 교회직원을 세우신다. 당회는 책임 있게 후보자를 추천하여야 한다. 이것을 위해서는 당회가 회중의 신뢰와 존경을 받는 것이 필수적이다.

4 당회는 온 교인이 기도하는 가운데 공동의회를 소집하고 2배수 내지 3배수로 낸 후보자들에 대해 회원이 투표하도록 한다. 이 투표는 인기투표가 아니라 하나님께서 그 투표를 통해 하나님의 뜻을 드러내시기에 회중은 경건한 두려움으로 임해야 한다. 그 결과가 어떻게 나오든지 하나님께서 자신의 뜻을 드러내셨다고 받아야 한다.

1. 하나님께서 직분을 통해 교회를 세우신다는 것을 끊임없이 설교하고 가르치는 것이 왜 중요한지 말해 봅시다.

2. 장로들의 회인 '당회'가 구성되는 것이 왜 중요한지 말해 봅시다. 그리고 당회가 해야 할 중요한 역할이 일정한 수의 직원이 있도록 세워 가야 하는 것임을 말해 봅시다.

3. 신약교회는 왜 임명이나 자원이 아니라 회중이 투표를 통해 직원을 세웁니까? 투표는 후유증이 크기 때문에 세울 직원의 정수만 내어서 가부를 묻는 것이 좋지 않을까요?

4. 투표수 계산법 그리고 1차, 2차 투표 등을 포함한 투표방식을 세밀하게 정해 놓는 것이 왜 중요한지 말해 보고, 투표결과에 대해 어떤 태도를 취해야 하는지 말해 봅시다?

교회의 장로들은 회중에게 참으로 신뢰와 사랑을 받아야 하며, 교회 사역에 있어 숙련되고 열심이 있어야만 한다. 교회의 사역을 위해 선택된 사람들은 신자들과 마찬가지로 불신자들에게 평판이 좋아야 하고, 개인적인 삶에서 거룩해야 하며, 그들의 이웃들에 대해 신실해야 하며, 모든 덕을 갖추어야 하며, 가르침과 권면과 거짓 교리를 반박하는 것에 능력이 있어야 하고, 그들 자신의 가정을 능숙하게 다스리며, 그 증거를 보여 줄 수 있는 사람들이어야 한다. 교회의 장로들은 아주 엄중한 큰 노력으로 선택되어야 하며, 어떤 사람도 그의 위에 경솔하게 안수하면 안 된다. 다시 말하면, 어떤 사람도 시험해 보지 않고 이 사역으로 받아들여져서는 안 된다. _ **마틴 부써**(스트라스부르크의 개혁자)

 하지만 교회의 선택과 당회의 부름으로 외적 소명이 끝난 것은 아직 아니다. 외적 소명은 시험, 조사 또한 검토로 이어진다. 물론 이런 시험이 절대적으로 필요한 것은 아니다. 만일 교회의 부름을 받은 자가 그 요구되는 은사들을 소유하고 있다는 것을 교회가 확실하게 안다면, 더 나아가 조사하는 것은 불필요하다. 하지만 교회는 오류가 없는 것이 아니고 실수할 수 있다. 교회 자체는 그 은사들을 나누어 주는 것이 아니라, 단지 그리스도의 봉사에 대한 은사들을 누구에게 주었는지 인정하는 것뿐이다. 이제 이런 점에서 실수 없이 안전하도록 교회가 소명 후에 여전히 시험을 하는 것은 부름 받은 자가 요구되는 은사들을 소유하고 있다는 확신을 교회에 주기 위한 목적이다.

_ **헤르만 바빙크**(네덜란드의 교의학자)

피택자 교육

피택자 교육의 중요성

어떤 직분으로 선출된 이를 '피택자'라고 부른다. 이 호칭은 선출된 사람을 향해 부르는 말은 아니다. 편의상 그렇게 부를 수 있다는 말이다. 그래서 예전에는 '피택장로', '피택집사', '피택권사'라는 명칭을 사용하기도 했다. 그런데 이런 호칭은 이상하다. 현재 어떤 직분이 있으면 그 직분으로 부르면 되겠고, 직분이 없다면 그냥 성도라고 부르면 되는데 피택이 들어간 호칭으로 부르는 것은 또 다른 직분명이 되기 때문에 어색하다. 임시직도 아닌데 말이다. 이런 호칭은 사용하지 않는 것이 좋겠다. 그래서 고신 총회에서는 이런 호칭을 사용하지 않기로 했다(제50회 총회, 2000년). 피택자는 임직을 받기까지는 현재의 직분을 그대로 유지한다. 신자라면 신자로서, 아니면 직분자로서 현재의 직무를 잘 감당해야 한다.

직분자 선출이 이루어졌다고 해서 다 끝난 것이 아니다. 직분자 선출에 대해 책임을 맡고 있는 당회는 선출이 끝나고 나면 한시름 놓았다고 생각하는데 이제부터가 중요하다. 피택자 교육이 무엇보다 중요하다. 피택자는 시간이 지나 그냥 임직을 받으면 되는 것이 아니다. 직원이 되기 위해 교육을 받아야 한다. 이 교육이 없으면 임직식은 하나의 형식이 될 수밖에 없다. 이미 은사가 있는 것을 확인했기에 회중이 선출했겠지만 선출과 임직 사이에 시험이 있다. 그 시험을 통과해야만 임직을 받을 수 있다. 그 시험을 '고시'(考試)라고 부른다. 목사고시, 장로고시 등이 그것이다. 국가에서 치르는 고시가 아니라 교회에서 치르는 고시이다. 세상의 어떤 고시보다 못하지 않다. 한 나라를 위해 세워지는 것이 아니라 하나님의 직분자가 되는 것이기 때문이다.

장로로 선출한 이후 바로 임직하는 것이 아니다. 고시를 치러야 한다는 것은 이미 언급했는데, 고시 자체가 중요한 것이 아니라 일정한 기간 교육을 해야 한다. 장로의 경우에는 당회의 지도로 6개월 이상 교육을 받도록 하고 있다(교회정치 제68조). 장로의 경우에는 개체 교회가 아니라 노회에서 주관하는 고시를 치러야 한다. 장로고시의 경우 노회에서 주관한다는 것은 장로가 노회원이라는 것을 보여 주는 것이기도 하고, 장로교회에서 장로가 교회의 일치를 위해 동일한 고백과 직무와 봉사를 해야 한다는 것을 보여 주는 것이다. 개체 교회에서 알아서 할 수 있는 것이 아니라는 말이다. 집사의 경우에는 개체 교회의 당회에서 잘 교육하여 자체적으로 시험을 치르면 된다.

교육기간 6개월은 길다면 길고 짧다면 짧은 기간이다. 당회가 매일 교육하기 힘들기 때문에 1주일에 한 번 2시간 정도 교육한다면 48시간을 공부

하는 것이다. 고시과목이 있기 때문에 그것을 중심으로 교육하면 될 것이다. 피택자 개인에게 맡겨 두어서는 안 되고 피택자 교육도 당회의 책임이라는 것을 알아야 한다. 장로의 경우에는 같은 당회원이 되는 것이기 때문에 더더욱 중요하다. 자신과 같은 직원을 만들어 내야 하기 때문이다. 당회마다 그 역량이 다를 수 있기 때문에 노회에서 피택자 교육과정을 만들어서 운영하는 것이 도움이 될 것이다. 노회에서 시취(試取)만이 아니라 피택자 교육을 하면 노회에 속한 교회의 하나 됨을 위해서도 좋을 것이다. 동일한 내용으로 교육받고, 동일한 정신을 가지게 될 것이니 말이다. 피택자도 자신의 선출이 자신이 속한 개체 교회를 위한 선출이면서 동시에 공교회를 위한 선출이라는 것을 알게 될 것이다. 노회의 제일 중요한 일은 목사후보생을 추천하고 감독하여서 그들을 목사로 임직하는 일이지만 함께 동역하고 목회하는 장로를 시취하는 것만이 아니라 교육하는 것에도 힘을 쏟아야 할 것이다. 목사와 장로가 제대로 세워지는 것이 장로교회가 살아나는 길이니 말이다.

직무교육

세례교인들의 회인 공동의회에서 피택된 사람은 당회의 지도로 6개월 이내가 아니라 6개월 이상 교육받아야 한다. 즉, 6개월이 최대한이 아니라 최소한이다. 한편, 피택 후 1년 이내에 임직식을 해야 한다고 규칙을 제정한 노회들이 많다. 고시에 통과하지 못하면 어쩔 수 없이 늘어날 수밖에 없겠지만 일반적인 경우에는 선출 후 임직이 너무 늦어지지 않아야 한다는 것을 밝힌 셈이다. 피택을 받았으면 즉시로 교육을 받기 시작하여 고시를 치르고 교회에서 임직을 해야 한다는 말이다. 교회에서 직원이 필요하여 선출을 했는데 임직을 미루어서는 안 된다는 말이다. 이게 무조건적인 것은 아니다. 피택자의 개인적인 사정이 있을 수 있기에 노회의 허락을 받아서 연장할 수 있다.

피택자 교육내용은 대부분 고시과목으로 인해 결정될 것이다. 장로고시의 경우에는 성경, 소교리문답, 교회정치가 기본이다. 그리고 소속노회에서 필요한 과목을 더할 수 있다. 이것은 교단헌법에 다 나와 있다. 교단헌법은 교리표준(웨스트민스터 신앙고백서, 대교리문답, 소교리문답)과 관리표준(예배지침, 교회정치, 권징조례)으로 나누어져 있는데 여기서 가장 단순한 것을 시험 본다고 생각하면 되겠다. 집사나 권사의 경우에는 노회에서 고시를 주관하는 것이 아니라 개체 교회 당회에서 고시를 결정하기에 쉽게 넘어가는데 이것도 노회에서 주관하는 고시 수준에서 생각해야 할 것이다.

피택자 교육은 고시를 위한 교육이 목적이 되어서는 안 되고 교회와 회중을 위해 부름 받기 때문에 '직무교육'에 충실해야 한다. 각 직원에 고유한 직무를 교육해야 한다. 직원은 직무를 위해 세운다. 피택자는 자신이 수행해야 할 직무가 무엇인지 정확하게 알아야 하고, 그 직무를 제대로 수행하기 위한 구체적인 실무를 익혀야 한다. 교회에 항상 존재해야 할 직분이 목사, 장로, 집사(권사)인데 이 직분들의 직무가 있다. 장로교회의 초석을 놓은 「스코틀랜드 제2치리서」는 앞에서도 언급했듯이 언어유희를 사용하여 항존하는 직무를 교리(doctrine, 설교와 성례를 통해서), 권징(discipline), 나눔(distribution)이라고 불렀다. 즉, 목사는 교리를 위해 세웠고, 장로는 권징을 위해 세웠고, 집사(권사)는 나눔을 위해 세웠다. 피택자는 자기가 수행해야 할 직무를 잘 익혀야 한다. 이 직무를 잘 익히는 것이 피택자 교육의 핵심이다. 이론적인 내용만 막연하게 익히는 것이 아니라 실무교육이 되도록 해야 할 것이다.

목사는 '말씀의 사역자'이기에 말씀, 즉 교리에 정통해야 한다. 목사는 예배 전체의 인도자이기에 예배를 어떻게 인도해야 하는지를 잘 배워야 하고, 특히 설교를 준비하고 설교하는 것과 성례를 집례하는 것을 잘 배워야 한다. 목사가 될 이는 성경과 교리에 정통해야 하고, 그것을 교인들에게 자신이 실제적으로 가르치는 교수방법을 익혀야 한다. 노회는 이 모든 것을 잘 배우도록 목사후보생을 신학교에 위탁한다. 나중에 노회는 그 목사후보생을 강도사로, 강도사를 목사로 세운다.

장로로 피택된 이는 '다스림의 사역자'가 될 것이기에 교회를 어떻게 다스려야 할지를 잘 익혀야 한다. 장로는 예배에서 설교단과 세례조와 성찬상을 보호하는 역할을 한다. 설교단을 보호하기 위해 장로는 이단사설이 강단을 더럽히지 않도록 말씀에 정통해야 한다. 또한 세례조를 보호하기 위해 세례 받은 이들을 세례 자리로 이끌어야 한다. 또한 성찬상을 보호하기 위해 교인들을 잘 돌아보아야 한다. 즉, 심방하는 방법을 배워야 한다. 심방할 때 물어보아야 할 것과 피해야 할 것을 배워야 하고, 장로들이 심방할 때 함께 동행하여 실습을 하는 것이 좋다.

스트라스부르크의 종교개혁자 마틴 부써는 『참된 목회학』이란 책에서 에스겔 34장에 근거하여 잃어버린 양들을 찾는 방법, 상처 입은 양들을 싸매주고 치유하는 방법, 약한 양들을 강하게 하는 방법, 건강하고 강한 양들을 보호하고 목양하는 방법을 상술한다. 요즘으로 말할 것 같으면 '목회상담학'이라고 부를 수 있는 과목을 배웠다는 말이다. 또한 장로는 목사와 함께 목회기도를 하기에 기도하는 훈련도 해야 한다. 기도문을 작성하는 것도 배워야 한다. 장로가 될 이는 당회원이 되는 것이기에 당회록을 살피는 것도 필요하다. 당회에서 어떤 논의들을 하는지, 그리고 어떤 결정들을 했는지 살피는 것이 필요하다. 당회는 교인들을 살피고 돌아보는 일을 한다는 것이 당회록을 통해 잘 드러난다면 좋을 것이다. 장로로 임직받은 이가 당회록을 통해 교인을 돌아보는 일을 구체적으로 확인할 수 있을 것이니 말이다.

집사로 피택된 이는 '긍휼의 사역'을 감당해야 하기에 교인들에게 어떻게 긍휼을 베풀어야 할지를 잘 배워야 한다. 가난하고 소외된 신자들, 정서적으로 어려움을 겪는 신자들, 질병으로 고통하는 신자들에게 어떻게 다가가서 그들의 필요를 파악하고 채워 줄 수 있는지를 배워야 한다. 이것은 아주 실제적인 문제일 뿐만 아니라 전문적인 도움을 받아야 할 부분이기도 하다. 사실 이런 피택자 교육기간이 아니고는 더 이상 교육할 수 없을지도 모른다. 이런 기회를 놓쳐서는 안 된다. 단지 고시를 준비하는 최소한의 교육이라고 생각해서는 안 된다. 최대한의 교육을 해야 할 것이다.

동역에 대한 교육

피택자 교육은 직무교육이 기본이다. 이것과 더불어 중요하게 교육해야 할 것이 다른 직분자들과 어떻게 하면 함께 일할 것인가 하는 것이다. 어느 사회에서나 혼자서는 일을 잘하지만 다른 사람과 함께 일하는 것은 어려워하고 힘들어한다. '차라리 나 혼자 하지'라고 생각할 때가 많다. 다른 사람과 함께 일하지 못할 사람은 직원으로서 자격이 없다고 해야 할 것이다. 그래서 직무교육과 함께 중요하게 생각해야 할 것은 다른 직원들과 함께 일할 자세를 가르치는 것이다. 혼자서 일하려고 해서는 안 된다는 것을 누누이 강조해야 한다.

항존직이라는 말을 통해서도 알 수 있듯이 항상 존재해야 할 직분을 맡은 이들은 함께 일해야 한다. 자기의 직무만이 아니라 타 직무를 잘 알아야한다. 타 직무를 가로채려고 해서도 안 되고, 타 직무를 무시해서도 안 된다. 개혁교회는 '직분의 동권'을 무엇보다 강조한다. 이것은 직분 내에서도 마찬가지이다. 흔히 선임장로, 수장로라는 표현들을 사용하는데 이것이 합당할까? 직원들은 동역자들이라는 것을 잊지 말아야 한다. 물론, 동양문화이기에 선임에 대한, 어른에 대한 존경이 있어야 한다. 이와 더불어 직원들은 함께 일하는 자들이기에 서로 존경하고 배려해야 한다.

장로교회는 장로 개인의 통치가 아니라 장로회를 통한 통치를 강조한다. 쉽게 말하자면 개인이 아니라 '회'(會)가 통치한다. 장로교회 직원은 회의를 잘하는 사람이어야 한다. 회의를 하면서 자기 목소리만 높이고, 자기

뜻과 의견을 끝까지 관철시키려고 하는 사람은 직분자로서 결격사유이다. 피택자 교육에서 '회의법'도 가르쳐야 하는 이유가 여기에 있다. 상식의 수준에서 말해 보아도 회의를 할 때는 상대방의 말과 의견을 끝까지 들어주어야 하고, 어떤 경우에는 서로 타협해야 하고, 회의의 결과에 대해서는 내가 그 의견에 반대했다고 하더라도 수긍해야 한다. 그리고 회의 전에 몇몇 사람들이 모여서 안건에 대해 공유하고는 사적으로 결론을 내려놓고 회의에 임해서는 안 되고, 회의 후 공적으로 결정된 것이 있는데도 몇몇 사람들이 모여서 그것을 뒤집으려고 해서는 안 된다. 회의에서는 충분히 토론하되 결정 난 것에 대해서는 하나님의 뜻이라고 생각하면서 받는 것이 무엇보다 중요하다. 이것이 가장 실제적인 교육의 내용이 될 것이다.

고시

피택자 교육을 마쳤으면 고시를 치러야 한다. 당회와 노회가 주관하는 고시는 형식적인 절차로만 생각해서는 안 된다. 그 고시 역시 하나님께서 직원을 부르시고 세우시는 과정의 일부이기 때문이다. 노회의 목사고시가 요식행위에 그쳐서는 안된다. 장로고시의 경우 피택자를 합격시키기 위해 요식행위로 고시를 치르는 것이 되어서는 안된다. 특히, 시골교회의 경우 우리 교회에서 피택된 사람은 아무것도 모르니까 시험에 나오는 문제를 가르쳐 달라고 하는 경우도 많다. 고시부에서 의도적으로 알려 주는 경우도 많다. 이미 예제집이 나와 있는데도 시험에 나올 것만을 알려 달라고 한다.

가장 기본이 되는 것조차 모른다면 어떻게 직원이 되어서 교회를 다스리고 섬길 수 있겠는가?

치리회가 주관하는 고시 역시 주님께서 직원을 부르시는 과정의 일부라는 것을 알아야 한다. 고시가 피택자를 합격시키기 위한 요식행위가 되어서는 안 된다. 구두시험을 통해 미처 필기고사에서 확인하지 못한 점을 충분히 묻고 대화하는 시간을 가져야 한다. 적당하게 넘어가서는 안 된다. 해당 직분과 그 직무에 임하는 자세와 그 직무를 얼마나 잘 숙지하고 있는지, 또 회중을 대하는 자세 등을 검증할 수 있어야 한다.

교회정치에서는 장로와 집사, 권사의 고시에 대해 정해 놓았다. 앞에서 언급했듯이 필기고사는 목사고시를 제외한 직분들의 고시과목으로 성경, 소교리문답, 교회정치가 기본이다. 이 세 가지는 신자의 생활뿐만 아니라 교회를 다스리고 섬기기 위해 필수적이다. 성경과 교리는 기본이고, 교회정치는 직분과 회의에 대해 분명하게 가르치기 때문이다. 이것은 임직식으로 이어진다. 교회직원은 임직식 때 성경을 하나님의 말씀으로 받겠다고 서약하고, 교리문답을 성경의 요약과 가르침으로 받겠다고 서약하고, 교회정치를 교회질서와 생활을 위해 정당한 것으로 받겠다고 서약한다.

필기고사는 해당 내용을 잘 외우면 통과할 수 있을텐데 중요한 것은 구두시험이다. 구두시험은 필기고사에 합격한 자에 한하여 시행되는데, 고시부원들이 원하는 것을 얼마든지 물을 수 있다. 구두시험은 필기고사를 통해 확인되지 않은 것을 무엇이든지 물어보고 직원이 될 자격이 있는지 확인해야 한다. 신자로서 성경읽기와 기도생활, 예배생활 뿐만 아니라 부부가 함께, 그리고 자녀와 함께 신앙생활을 잘 하고 있는지를 물어 보아야 한다. 가정을 잘 다스리는 것이 모든 직분자의 자격조건이기 때문이다. 직원으로서의 기본 태도와 해당 직무에 대한 정확한 이해, 그리고 그 직무를 수행하는 방식에 대해 물어보아야 한다. 이 구두시험도 요식행위가 되어서는 안 되고 적당하게 넘어가려고 해서도 안 되며 충분한 시간 동안 묻고 답을 듣고 고쳐야 할 것은 권면해야 한다.

장로고시의 경우 구두면접 시에 고시부원들의 태도도 중요하다. 고시부원들이 주로 물어보는 것이 있는데 그것은 장로가 되면 목사를 어떻게 대할 것인가 하는 것이다. 고시부원들은 장로가 되면 목사에게 협력해야 한다는 것을 강조한다. 당연하다. 그런데 "목사가 잘못하는 일이 있을 때 어떻게 하겠는가?", "목사와 교인들이 서로 나뉘어서 싸운다면 어느 편에 서겠는가?"고 묻는다고 해 보자. 고시부원들이 대부분 목사인데 오죽했으면 이런 질문을 할까? 목사와 장로가 함께 협력해야 하는데 서로 간의 갈등과 알력이 심하기 때문이다.

장로고시의 구두면접이 목사에게 무조건 협력할 것을 다짐받는 시간이 되어서는 안 될 것이다. 고시부원은 장로가 목사와 함께 교회를 목양한다는 것을 잘 가르쳐야 한다. 쉽게 말하자면 목사가 목자장이신 그리스도처럼 앞서 가면서 목양하는데, 목사가 부족함이 있으면 장로가 그 부족함을 채워야 한다는 것을 가르쳐야 한다. 예를 들어, 목사의 설교에 문제가 있으면 장로가 함께 책임져야 한다. 장로들은 목사의 설교를 도울 수 있는 방법을 찾아야 한다. 필요하면 목회대학원에 참여하게 하고, 연구서적들을 구입해 주기도 해야 한다. 장로고시에서 이런 것을 잘 가르치면 좋겠다. 목사와 장로는 한 팀이 되어 목양한다는 사실 말이다.

내용 요약

1 장로교회에서 당회는 피택자 교육을 책임져야 한다. 피택자는 자동적으로 임직받는 것이 아니라 교육을 거쳐 고시에 합격해야 한다. 교회직원이 되기 전에 마지막으로 교육할 수 있는 기회를 놓쳐서는 안 될 것이다. 당회는 장로로 피택된 자가 당회원이 될 것이기에 동일한 직원이 되도록 교육해야 할 것이다.

2 피택자 교육의 핵심은 직무교육이다. 고시과목이 있기에 그것에 대한 공부는 기본이다. 피택자는 자신이 직원이 되었을 때 해야 하는 직무가 무엇이며, 그 직무를 어떻게 수행해야 하는지를 잘 알아야 한다. 쉽게 말하자면 피택자 교육은 직업교육처럼 생생하고 구체적으로 교육해야 할 것이다. 그래야 직무를 잘 감당할 수 있을 것이다.

3 피택자는 홀로 직원으로 일하는 것이 아니다. 이미 여러 직원들이 있고, 그 직원들과 함께 일해야 한다. 피택자는 함께 일하는 방법을 배워야 한다. 장로교회는 개인이 다스리는 것이 아니라 회(會)가 다스린다. 그러므로 직원은 회의를 잘 해야 한다. 회의를 잘 하지 못하는 사람은 직분자로서 결격이다. 회의방법마저 배워야 한다.

4 장로는 노회에서, 집사와 권사는 당회에서 고시를 주관한다. 필기시험(성경, 소교리문답, 교회정치, 기타)이 있고, 구두시험도 있다. 이 고시가 요식행위가 되어서는 안 된다. 준비가 안되었는데 무조건 합격시켜 달라고 해서는 안된다. 얼렁뚱땅 넘어가서 임직을 받고 나면 돌이킬 수 없기 때문이다. 고시도 하나님께서 직원을 세우시는 과정의 일부라는 것을 명심해야 한다.

토론할 문제

1. 피택자 교육이 중요한 이유를 말해 보고, 당회가 피택자 교육을 책임져야 하는 이유도 말해 봅시다.

2. 피택자 교육의 모든 내용은 교단헌법(교리표준, 관리표준)에 나와 있다는 것을 말해 보고, 각 직분별로 교육해야 할 실무교육내용을 말해 봅시다.

3. 혼자서 직원으로 일하는 것이 아니라 여러 직원들과 함께 일해야 하기에 함께 일하는 법, 회의 잘하는 법을 배우는 것이 중요하다는 것을 말해 봅시다.

4. 고시가 피택자를 합격시키기 위한 요식행위가 되지 않기 위해서는 어떻게 해야 할까요? 고시에서 의도적으로 떨어뜨리는 경우는 없을까요?

모든 이들의 마음을 아시는 분이시여, 감독직을 위해 선택하신 주님의 이 종으로 하여금 주님의 거룩한 양 떼를 보살피며, 책잡힐 데 없을 만큼 대제사장직을 주님께 수행하게 하시고, 밤낮으로 주님을 섬겨 주님 얼굴의 노여움을 풀어 드리고, 주님의 거룩한 교회의 제물을 주님께 바치게 하소서. 대제사장의 영의 능력으로 주님의 계명에 따라 죄 사하는 권한을 가지고, 주님의 명령에 따라 직무들을 나누어 주며, 사도들에게 주신 권한에 따라 온갖 속박을 풀어 주게 하소서. 온유함과 깨끗한 마음으로 주님의 아들 예수 그리스도를 통하여 주님께 감미로운 향기를 바치게 하소서. 그분과 함께 성령과 더불어 주님께 영광과 권세와 영예가 이제와 항상 세세에 있으소서. 아멘.

_ 히폴리투스의 서품기도

 사도들도 사역을 위하여 세우고자 하는 자들을 하나님께 드린다는 의미로 그들 위에 손을 얹었습니다. 사도들은 성령의 가시적인 은혜가 임하기를 바라는 자들에게도 손을 얹었습니다(행 8:17; 19:6). 그들은 교회의 사역을 위하여 어떤 사람을 불러 세울 때마다 이런 엄숙한 예식을 행하였습니다. 그들은 이렇게 해서 목사와 교사, 그리고 집사들을 거룩히 구별하여 세웠습니다. 물론 손을 얹는 일에 대한 명확한 명령은 존재하지 않습니다. 사도들은 이를 계속해서 사용했으므로, 매우 조심스럽게 이를 지키는 것을 명령에 준하는 것으로 보아야 할 것입니다. 사역의 위엄을 이런 식의 표징을 통해서 사람들에게 높이 드러내는 것이 유익하며, 뿐만 아니라 안수를 받는 사람에게도 이제는 자기가 자기의 것이 아니요 하나님과 교회를 섬기는 일에 매인 자가 되었음을 경고하는 것이 유익할 것입니다. _ 존 칼빈(제네바의 개혁자)

임직과 임기

임직식

임직식은 하나의 형식에 불과한 것이 아니다. 웨스트민스터 교회정치에 의하면 '임직은 어떤 사람을 교회의 어떤 공적 직분에 엄숙히 구별하여 세우는 일이다.' 즉, 임직식은 어떤 사람이 어떤 직분사역에 임명되었다는 것을 공식화하는 것이고, 온 교회 앞에 드러내는 것이다. 임직식을 하지 않으면 그 직무를 공식적으로 시작할 수 없다는 말이다. 세상에서도 어떤 자리에 임명되면 소위 말하는 '취임식'을 하지 않는가? 취임식을 하면 공식적으로 그 직무를 수행할 수 있게 된다. 예를 들어, 예수님도 공식적으로 취임하시고는 그리스도로 일하셨다. 언제였을까? 이미 언급했지만 예수님이 요한에게 세례를 받으시자 벌어진 사건들이 그리스도로 공식적으로 취임하신 것을 보여 준다(마 3:13-17 참고). 제자들도 사도로 취임했다. 언제였을까? 부활하신 그리스도께서 그들을 산으로 불러 모으시고는 그들을 사도로 임명하시고 파송하셨다(마 28:19-20 참고).

교회에 일정수의 직원이 계속적으로 있어야 하기에 교회에서 임직은 계속되어야 한다. 임직식을 어디에서 하는 것이 좋을까? 장로교회에서는 목사가 노회 소속이기 때문에 노회가 열릴 때 그 장소에서 임직식을 가진다. 웨스트민스터 교회정치에 의하면 "임직은 임직될 자가 섬길 그 교회에서 거행될 것이며, 임직의 날에는 회중이 엄숙히 금식하여 더욱더 간절히 그리스도의 규례들과 그들의 유익을 위한 그의 종의 수고에 복 주시기를 위하여 기도할 것이다"라고 하는 것과 다르다. 목사의 임직, 즉 안수는 교회의 청빙이 있어야 가능하고, 그 회중을 위해 안수받는 것이기에 그 교회에서 하는 것이 맞는데 말이다. 장로와 집사, 권사의 임직식은 당연히 본인이 선출되고 봉사할 교회에서 한다.

임직식은 언제 하는 것이 좋을까? 그동안 한국 교회에서는 주중에 임직식을 많이 했다. 주중에 임직식을 해야 일가친척과 축하객들이 많이 와서 축하해 줄 수 있기 때문이다. 주일에는 임직식을 하지 못하도록 했다. 주일에 임직식을 하면 주일을 거룩하게 지키는 데에 방해가 되기 때문이라고 한다. 이것은 우리 한국 교회가 임직식을 명예를 얻는 것이라고 생각해서 잔치를 벌이며 축하하려는 마음 때문이기도 하다.

임직은 교회를 위해, 회중을 위해 하는 것이다. 그렇다면 그 교회 회중이 모두 모일 수 있는 날에 하는 것이 합당하다. 임직식은 예배의 형식을 갖추어 하는 것이 합당하다. 그렇다면 주일에 온 회중이 함께 예배하면서 임직식을 하는 것이 좋겠다. 주일에 하면 타 교회 사람이나 목회자들이 축하하려고 해도 축하할 수 없다고 생각할 필요가 없다. 임직받는 그 교회 회중의 축하로도 충분하지 않겠는가?

안수

임직식은 안수식이라고 불러야 한다. 다른 말로는 장립식이라고 부를 수 있다. 공적으로 임직 받았다는 것을 보여 주는 것이 바로 안수이기 때문이다. 우리는 구약시대에 직분자를 안수하는 것을 여러 곳에서 확인할 수 있다. 안수는 구약적인 배경을 가지고 있다. 구약의 직분자라고 할 수 있는 왕과 선지자, 제사장들은 그 머리에 기름을 부어서 직분에 임명했다. 이 기름 부음은 성령이 기름 부으시는 것을 가시적으로 보여 주는 것이다. 또 하나 더, 선임자가 후임자의 머리에 안수를 했다. 그 안수가 공식적으로 직분을 이양하는 것을 보여 주는 것이었다(민 27:23).

안수는 신약교회에서도 계속되었다. 가장 먼저는 소위 말하는 일곱 집사를 세울 때 안수했다(행 6:6 참고). 안디옥교회에서 말씀사역자로 일하던 바나바와 사울(이후에 바울로 이름이 바뀜)에게 안수하여 이방인 선교를 위해 파송했다. 사도 바울은 개인적으로 디모데에게 안수했다(딤후 1:6 참고). 하지만 성경은 당시의 안수가 장로의 회를 통해 공식적으로 이루어졌다는 것을 말씀한다. 사도 바울은 믿음의 아들 디모데에게 "네 속에 있는 은사 곧 장로의 회에서 안수 받을 때에 예언을 통하여 받은 것"(딤전 4:14)을 언급했다. 물론 그전에 회중이 기도하면서 직분자를 투표하여 선출한다. 선출 후에는 준비과정을 거쳐 장로의 회인 노회(혹 당회)에서 안수 받음으로 직분자를 세운다. 안수는 그 직분이 사람에게서 난 것이 아니라 하나님으로부터 났다는 것을 공식적으로 알리는 것이고, 안수받는 그 사람은 자신이 공적으로 임명받았다는 것을 확신한다. 한국교회는 공적으로 직분에 임명되는 이 성격을 강조하여 '장립식(將立式)이라고 불렀다.

고대 교회에서는 직분과 직책이 다르다는 것을 서품(ordinatio)과 서임(institutio)이라는 단어를 통해 분명히 했다. 서품은 소위 말하는 성직자, 성례를 포함하여 예배를 인도하는 성직자를 세우는 방식이다. 직분은 공적인 임직, 구체적으로는 서품기도와 안수를 통해 직무를 수행한다. 이 서품기도와 안수를 통해 성령이 그 직무를 수행할 능력을 부여해 주신다. 그 외 직책에 대해서는 서임을 통해 그 임무를 부여한다. 직책은 간단한 의식을 통해 직무를 수행하기 시작한다. 직책을 위해서는 공적인 임직, 즉 안수가 필요 없다. 그것을 서임이라고 부른다. 직책조차도 공적인 의식을 통해 직무를 수행하지만 직분을 받는 것과는 엄격하게 구분한다. 하나님께서 교인 중에서 뽑힌 이들을 통해 일하시는데, 그 질서를 분명하게 구분하고 드러내었던 것이다.

고대 교회에서는 직분자를 세울 때 하는 안수가 성령의 능력을 내려 주는 의식이라고 생각했다. 주교, 사제, 부제에게 안수할 자격이 정해져 있고, 안수를 통해 임하는 성령의 능력이 다르다. 주교, 사제, 부제를 우리 식으로 바꾸면 목사, 장로, 집사가 되겠다. 주교로 세울 이에게 안수하면 '위대한 영'(principalis spiritus) 혹은 '대제사장의 영'(spiritus primatus sacerdotii)이 임한다고 한다. 고대 교회로부터 주교(감독)는 위대한 영을 받고, 제사장의 영을 받아 그 직무를 수행한다고 생각했다. 주교가 모든 직분의 으뜸이라고 생각한 것이다. 사제, 즉 장로로 세울 이에게 안수하면 '은혜와 의견의 영'(*spiritus gratiae et consilii*)이 임한다고 한다. 이런 영이 필요한 이유는 깨끗한 마음으로 하나님의 백성들을 도와주고 다스려야 하기 때문이다. 부제, 즉 집사로 세울 이에게 안수하면 '은혜와 열의와 열성의 영'(*spiritus gratiae et sollicitudinis et industriae*)이 임한다고 한다. 이들에게 열의와 열성이 필요한 이유는 주교를 잘 섬기기 위함이다. 부제는 미사할 때 제단에 예물을 가져오고, 각종 예식에서 주교를 돕기 때문이다. 안수가 자동적으로 성령의 능력이 임하게 하는 것이라는 생각은 잘못되었다. 그래서 종교개혁자들은 임직식 때 안수를 잠시 유보하기도 했다.

안수는 임직예식의 하나에 불과하지만 임직받는 직분자에게 큰 확신을 준다. 그것은 이제부터 자신이 사인(私人)이 아니라 공직자로 부름 받았다는 것을 확인하기 때문이다(딤전 4:14; 딤후 1:6 참고). 안수가 이렇게 임직받은 것을 공적으로 선포하는 것일진대 안수를 남발하면 안될 것이다. 안수가 미신적인 방식으로 사용되기 쉽기 때문이다. 안수해서 병을 고치려고 하는 경우가 대표적이다. 목사가 안수를 해 주면 복을 받는다고 생각하기도 한다. 목사가 교인을 위해 기도할 때도 머리에 손을 얹고 안수하고 기도하면 왠지 모르게 그 기도가 바로 응답될 것 같은 느낌이 들기도 한다. 신체적인 접촉이 있기 때문에 느낌이 다르기는 할 것이다. 손으로 머리를 막 누르니까 무언가 대단한 일이 일어나는 것 같은 느낌을 가질 수 있고 말이다. 이렇게 안수를 남발하는 것이 옳은 것이 아니다. 안수는 하나님께서 그 직분으로 부르셔서 이제 일하게 하신다는 것을 보여 주는 것이다. 모든 직분자는 자신이 안수받은 것을 기억해야 할 것이다. 직분사역이 무료해지고 자신이 그 일로 부르심을 받았는지 의혹이 생길 때 자신이 받은 안수를 기억해야 할 것이다. 모든 신자는 세례로 사는데, 모든 항존 직분자는 안수로 산다고 말할 수도 있다.

서약

임직식에서 안수가 중요하지만 서약이 안수 못지 않게 중요하다. 로마가톨릭에서는 안수를 무엇보다 중요하게 생각했다면, 종교개혁자들은 서약을 무엇보다 중요하게 생각했다. 그렇다고 안수와 서약을 대립되는 것으로 보면 안 된다. 안수는 하나님께서 성령을 부어 주시는 것이고, 서약은 임직자가 하나님을 향해 서약하는 것이니 방향도 정반대이고, 주체도 다르다고 생각하면 안 된다. 순서적으로 보면 서약이 먼저이다. 서약을 하고 난 다음에 안수한다. 모든 직분자는 서약을 해야 한다. 세상에서도 공직자로 취임할 때 서약을 한다. 공직에 있는 기간 동안 제공받은 정보를 누설하지 않겠다는 것, 그리고 그것을 이용하여 사적인 이익을 취하지 않겠다는 것 등을 서약한다. 이것처럼 직분자는 하나님의 직분자이고, 교회에서 일하지만 온세상을 위하여 일하는 공직자이기에 서약을 해야 한다.

신자는 기본적으로 그리스도를 '시인'하는 사람이고, 신자이면서 동시에 직분을 받는 이는 하나님과 온 교회 앞에서 자신이 믿고 가르칠 바를 서약해야 한다. 서약은 자신이 믿는 바를 고백하고, 자신이 행할 바를 서약한다. 장로교회 직분자가 되는 이들은 아래와 같은 서약을 한다.

1. 구약과 신약성경은 하나님의 말씀이며, 신앙과 행위에 대하여 정확 무오한 유일의 법칙으로 믿습니까?

2. 본 장로회 교리표준인 신앙고백, 대교리문답과 소교리문답은 구약과 신약성경에서 교훈한 도리를 총괄한 것으로 알고 성실한 마음으로 믿고 따르겠습니까?

3. 본 장로회 관리표준인 예배지침, 교회정치와 권징조례를 정당한 것으로 승낙합니까?

4. 본 교회 장로(집사, 권사)의 직분을 받고 하나님의 은혜를 의지하며 진실한 마음으로 본 직에 관한 범사를 힘써 행하기로 맹세합니까?

5. 교회의 화평과 연합과 성결을 위하여 진력하기로 맹세합니까?

피택자 교육은 이 서약을 충실하게 하기 위해서 준비하는 것이다. 자신이 알지도 못하는 바를 서약할 수는 없지 않은가? 교회의 직원이 되기 때문에 장로교회가 받은 신앙고백문서(웨스트민스터 신앙고백서, 대교리문답, 소교리문답)를 잘 배워야 하고, 그 고백문서가 교회생활에 어떻게 적용되고 있는지(예배지침, 교회정치, 권징조례)를 잘 배워야 한다. 그래야 직원이 되어 교회를 치리할 수 있지 않겠는가? 교회를 봉사할 수 있지 않겠는가?

직분자가 되기 위해서 서약을 요구하는 것은 장로교 정치의 가장 첫 번째 원리인 '양심의 자유'를 거스르는 것이라고 말하는 이들이 있다. 각자의 양심에 맡겨 놓으면 될 일을 왜 서약을 요구하느냐는 것이다. 우리는 성경대로 행하겠다고 서약할 수는 있겠지만 사람이 만든 교리표준과 교회를 관리하는 관리표준을 하나의 제안정도로 받아야지 신자의 양심까지 얽어매는 것이 되어서는 안 되지 않겠나 하는 문제제기이다. 그런데 잘 생각해 보라. 첫째 서약내용인 성경을 믿는다고 하고서 끝나버리면 교회생활이 질서 있게 되고 교회들이 하나 될 수 있겠는가? 그렇지 않다. 오직 성경은 모든 성경이기 때문에 성경을 어떻게 읽느냐가 중요하다. 그래서 우리는 개혁자들이 물려준 신앙고백서와 교리문답을 받아서 성경을 일관성 있게, 그리고 바르게 해석하고 적용한다. 더 나아가 성경과 교리문서들을 교회생활과 교회일치를 위해 적용한 것이 바로 관리표준이다. 이것을 따르겠다고 서약하지 않으면 직분자가 되어서 교회를 어지럽게 할 수 있다. 그래서 이런 서약을 하지 않겠다는 것은 자기 양심의 자유를 내세워 교회를 어지럽게 해도 상관이 없다고 하는 것이기에 합당하지 않다.

　서약은 임직받는 이들만 하는 것이 아니다. 임직받아 교회의 직원이 되어 다스리고 봉사하는 이들을 향해 교인들도 서약해야 한다. 이 서약도 하나님 앞에서 하는 것이기에 신중하게 해야 한다. 형식적인 것이 되어서는 안 된다는 말이다. 서약해 놓고는 교회직원이 마음에 안든다고 비토(veto)를 놓는다든지 비방하는 것은 하나님 앞에서 한 서약을 어기는 것이다. 그 서약은 아래와 같다.

  (　　　　)교회 회원들이여 (　　　　)씨를 본 교회 장로(집사, 권사)로 받고

성경과 교회정치에 가르친 바를 따라서 주 안에서 존경하며 위로하고

복종(집사와 권사에게는 "협조"로)하기로 맹세합니까?

  이렇게 임직식에서 서약은 임직자와 교인이 함께 하는 것이기에 더더욱 온 회중이 참여할 수 있는 날인 주일, 그리고 예배시에 하는 것이 좋을 것이다.

임기

  직분과 직책의 임기가 정해져 있을까? 직책은 임시적인 성격이 강하기에 임기가 정해져 있지만 직분은 항구적인 것이기에 평생직인가? 요즘 교회들에서 '임기제'를 도입하는 것이 유행처럼 번지고 있다. 목사와 장로의 임기제를 도입해야 한다는 것이다. 3년 임기제를 도입하는 경우도 있고, 목사의 경우에 6년 봉사 후에 교인들이 투표하여 동의를 받으면 새롭게 6년을 봉사하게 하기도 한다. 안수 받았다고 해서 평생 그 직분을 수행한다는 것은 자신에게도 그렇고, 교회에도 유익하지 않다는 것이다. 임기를 정해 놓고 그 일을 수행하게 하면 아무래도 긴장하며 일할 것이다. 일정 기간 동안 일하고 그 후에는 그 일을 끝내야 할 때가 온다는 것을 생각하면, 그리고 다시 교인들의 투표를 받아야 한다고 생각하면 그 직분과 직책을 제대로 감당하기 위해 애를 쓸 것이다. 그러나 직책도 마찬가지겠지만 직분은

교인을 대표하는 것이 아니라 하나님을 대표하는 것임을 알아야 한다. 직분자는 하나님께서 직접 하시는 일을 대신하여 수행한다는 것을 알아야 한다. 하나님을 대신하여 일하는 것이다.

사실 성경에서는 직분의 임기에 대해 구체적으로 말하지 않는다. 대부분의 교단들은 직분자의 임기 종료 연령을 70세로 정하고 있다. 직분을 종신직으로 생각하는 경우는 거의 없다. 지금도 종신직으로 생각하는 경우가 있기는 하다. 특히, 로마교회에서 그렇게 생각한다. '신품성사'를 받았기 때문에 그 사람의 평생을 거룩하게 만든 것이라고 보는 것이다. 임기도 죽을 때까지 계속될 수밖에 없다. 흥미로운 것이 「스코틀랜드 제2치리서」(1578년)에서도 장로직이 종신직이라고 규정하고 있다. 은사를 받아 그 직분에 부르심을 받았다면 그 직분에서 떠날 수 없다는 것이다.

한편 스코틀랜드 장로교회만이 아니라 미국 북장로교회에서는 윤번 시무라는 것을 도입했다. 직분자 중 일부를 교체할 수 있도록 한 것이다. 개체교회는 이 윤번 시무에 대해 스스로 결정할 수 있다. 유럽의 개혁교회 장로들 경우에는 3년 단위로 휴무를 시행한다. 직장이나 사업을 해야 하는 장로가 장로직을 제대로 수행하는 것이 너무나 힘들기 때문에 자연스럽게 휴무를 한다. 한국교회에서 장로의 휴무제를 도입한 이유는 무엇일까? 혹, 장로가 교회를 다스리는 것을 한 해라도 적게 보기를 원해서라면 너무나 안타까운 것이 아닐 수 없다.

직분자는 임기제가 아니라도 스스로, 아니면 교회의 요구에 의해 휴무만이 아니라 '사임'할 수 있다. 건강의 문제나 직무를 수행하기 불가능한 상황이 생겼을 때 스스로 사임을 요청할 수 있다. 장로, 집사의 경우에는 당회가, 목사의 경우에는 노회가 받아서 처리한다. 권고사임도 있는데, 그 직분자가 직무를 제대로 수행할 수 없을 때 권고하여 사임을 요구할 수 있다. 사임만이 아니라 '사직'을 할 수도 있다. 사직은 사임과 달리 그 직분 자체를 아예 내려놓는 것을 말한다. 어떤 경우에 사직할 수 있을까? 항존직은 은퇴할 때까지 교회를 봉사하는 일에 매였기 때문에 이유 없이 그 직무를 내려놓을 수 없다. 앞에서 말했듯이 휴무를 할 수도 있고, 사임을 할 수도 있다. 하지만 그 직무를 감당할 만한 은사가 없다는 것을 깨달았을 때 스스로 사직할 수 있다. 교회가 어떤 직분자에게 사직을 권고할 수 있는데, 그 직무를 수행할 합당한 자격을 상실했다고 판단될 때, 그리고 목사의 경우 정당한 이유 없이 5년간 시무를 하지 않을 경우 사직을 권고할 수 있다.

직분에는 명예직이 있을 수 없기에 아무리 안수받았다고 하더라도 실제로 그 직분을 감당할 수 없는 상황이 되면 사임할 수도, 사직할 수도 있다. 안수받은 것이 평생의 직분수행을 자동적으로 보장하는 것이 아니라는 말이다. 로마가톨릭의 이야기이기는 하지만 이전 교황이었던 베네딕토 16세 교황도 생전에 스스로 교황직에서 물러났다. 나이 때문에 교황직을 수행하는 것이 어렵다는 이유로 말이다. 직분이 멍에일까? 굳이 멍에라고 부른다고 하더라도 예수님이 지워 주시는 멍에는 무엇보다 가볍고 쉽다(마 11:30 참고). 주님이 지워 주시는 짐은 너무나 가볍다. 주님께서 이미 이루신 것을 선포하고 누리게 하는 직분이기 때문이다.

교회직원은 개체 교회에 매이는 것이다. 자신이 하고 싶은 대로 할 수 없다고 그 직무에서, 그 봉사에서 벗어나려고 해서는 안 된다. 교인들이 알아주지 않는다고, 교인들이 욕한다고 하나님께서 매어주신 멍에를 벗으려고 해서는 안 된다. 직분자가 "돈 주는 것도 아니고 맨날 욕만 들어먹고 못해 먹겠다"는 말을 달고 사는 것은 너무나 불충한 것이다. 은사 없이 직무를 수행하는 것이야말로 가장 불행한 일이다. 하지만 누구나 다 부족할 수밖에 없기에 성령의 도움을 간절히 구해야 한다. 성령은 은사를 주시고 직분을 감당할 수 있도록 힘주신다. 교회는 직분에 의해 구원의 기관으로 우뚝 설 수 있고, 교인은 직분으로 인해 온전해져서 봉사의 일을 하도록 구비되어진다. 교회와 성도의 일어서고 넘어짐이 직분에 달렸다는 말이다. 교회의 직원이 된다는 것이 얼마나 영광스러운 일인가!

내용 요약

1 임직은 선출된 이를 공적으로 세우는 예식이다. 교회에는 다양한 직분이 일정한 수만큼 계속해서 있어야 하기에 임직이 계속되어야 한다. 임직은 그 교회 회중을 다스리고 섬기도록 임직을 받는 것이기에 주중에 할 수도 있겠지만 그 회중이 함께 모일 수 있는 날, 예배를 하면서 가지는 것이 좋겠다. 회중과 교회를 떠난 직분은 없기 때문이다.

2 임직식은 안수식이다. 구약시대부터 신약시대까지 안수를 통해 직분을 세웠다. 고대 교회는 안수를 통해 직분자를 세우는 것을 '서품식'이라고 불렀다. 종교개혁자들은 안수를 통해 성령이 임한다고 보는 것은 미신적이라고 생각했다. 안수는 그 직분으로 세우셨다는 것을 공적으로 선포하는 것이다. 이제 직분자는 자신의 안수를 기억하면서 일하면 된다.

3 임직자는 서약한다. 임직자는 자기 생각과 뜻대로 일하는 자가 아니라 공적으로 일하는 자이기에 서약해야 한다. 성경말씀을 교리로 푼 교리표준과 성경과 교리를 교회생활에 적용한 관리표준을 믿고 따르겠다고 서약한다. 이 서약을 통해 임직자는 교회를 세우고 교회일치를 위해 일한다. 교인들은 임직자에게 순복하고 협력하겠다고 서약한다.

4 항존직은 평생직이라는 의미는 아니다. 처음에 목사와 장로는 평생직이었지만 지금은 대개 정년을 정하고 있다. 목사가 아닌 경우 개인 일을 하면서 교회봉사를 계속적으로 하는 것이 쉽지 않기에 임기제를 시행하곤 한다. 어떤 직원이 휴무할 동안 다른 직원이 섬긴다. 그리고 교회직분은 명예직이 없다는 것을 알아야 하겠다.

토론할 문제

1. 임직식은 공적으로 어떤 직분에 세우는 예식이기에 언제, 어떤 형태로 하는 것이 좋을지 말해 봅시다.

2. 임직식에서 안수하는 이유가 무엇이고, 이것이 어떻게 미신적인 것이 될 수 있는지, 반대로 이 안수를 통해 임직자가 받게 되는 유익은 무엇인지 말해 봅시다.

3. 임직식에서 서약이 왜 중요할까요? 서약이 양심의 자유를 억누르는 것은 아닐까요? 무엇을 서약해야 할까요?

4. 직원의 임기가 정해져 있을까요? 교단헌법에서 직원의 임기를 어떻게 규정하고 있나요? 교회에서 직원들의 휴무를 가지도록 하는 것이 좋을까요?